1781

Otto Schily

Flora, Fauna und Finanzen

Über die Wechselbeziehung von Natur und Geld

Hoffmann und Campe

Die Deutsche Bibliothek – CIP-Einheitsaufnahme

Schily, Otto:
Flora, Fauna und Finanzen :
über die Wechselbeziehung von Natur und Geld / Otto Schily.
– 1. Aufl. – Hamburg : Hoffmann und Campe, 1994
ISBN 3-455-08590-3

Schutzumschlag- und Einbandgestaltung: Werner Rebhuhn
unter Verwendung eines Fotos von Linda Chajmović
Gesetzt aus der Goudy Old Style
Satzherstellung: Jung Satzcentrum GmbH, Lahnau
Druck- und Bindearbeiten: Mohndruck, Gütersloh
Printed in Germany

Inhalt

BESTANDSAUFNAHME

Gefährdetes Ökosystem – ein vielschichtiges Dilemma

Grenzen der Belastbarkeit

Der Mensch ist ein empfindliches Wesen. Seine Körpertemperatur ist ziemlich exakt auf 36,6 Grad Celsius eingestellt. Verhältnismäßig geringe Abweichungen setzen ihm gewaltig zu, er erkrankt. Eine Erhöhung der Körpertemperatur um mehr als sechs Grad überlebt er nicht, erst recht nicht eine Absenkung in dieser Größenordnung. Für seine Akklimatisierung an die Außentemperaturen hat der Mensch ein kompliziertes Organ ausgebildet, seine Haut. Geht ihm ein bestimmter Anteil dieses Organs verloren, ist es um seine physische Existenz geschehen.

Ob »die Natur« robuster ist, wissen wir nicht. Die Aufheizung der Erdatmosphäre über ein bestimmtes Maß hinaus könnte zu einem Kollaps des komplexen ökologischen Gefüges unseres Planeten führen, befürchten Wissenschaftler und Politiker. Wie verläßlich die inzwischen vorliegenden Untersuchungen sind, ist nicht einfach zu beurteilen.

Indessen konstatierte der Zwischenbericht der vom Deutschen Bundestag in der elften Legislaturperiode eingesetzten Enquête-Kommission »Vorsorge zum Schutz der Erdatmosphäre«: »Menschliche Eingriffe in die Natur sind auch zu einer Bedrohung der Erdatmosphäre geworden und gefährden das Leben auf der Erde... Ein Verursacher, die Stoffgruppe der FCKW, ist an der Ozonzerstörung im wesentlichen und am Treibhauseffekt erheblich beteiligt. Dabei handelt es sich um industrielle Produkte, die bereits gegenwärtig zum großen Teil und in einigen Jahren fast völlig durch chlorfreie Stoffe und andere Substitutionsmöglichkeiten ersetzt werden können.«[1]

Andere behaupten, es fehle an gesicherten Erkenntnissen, die zum Beweis der These von der zunehmenden Erwärmung der Erdatmosphäre taugen. Sogar der Verdacht wird geäußert, die Atomindustrie habe absichtsvoll ein Gerücht in wissenschaftlichem Tarngewand in Umlauf gesetzt, um von den Gefahren der Nukleartechnik abzulenken und die CO_2-Emission als das Hauptproblem der Umweltpolitik herauszukehren. Ich bin nicht so unhöflich, irgend jemandem zu unterstellen, er könnte auf gleißende Parolen der Atomindustrie hereinfallen, zumal sich bei ausreichend Informierten längst herumgesprochen hat, daß ein Ausbau der Atomkraftwerke nicht zur Lösung des CO_2-Problems geeignet ist, sondern es eher verschärft. Zweifeln die einen an der wissenschaftlichen Aussage von der drohenden Klimakatastrophe überhaupt, sehen andere – russische Wissenschaftler – eine Erwärmung des Erdklimas keineswegs als Katastrophe, sondern eher als Vorteil für die Menschheit, vor allem aber für Rußland, das vom gegenwärtigen Klima nicht gerade begünstigt wird. Für Umweltengagierte ist die Lage deshalb einigermaßen verwirrend.

Was die Ozonschicht, gewissermaßen die Haut der Erde, angeht, sind die Auskünfte klarer. Zwar spielt mitunter das Ozonloch Verstecken mit den Experten, indem es zeitweise verschwindet. Jedoch gibt es allenfalls Unsicherheiten darüber, welches Ausmaß die Zerstörung der Ozonschicht bereits erreicht hat.[2] Ernstzunehmende Einwände gegen die durch zahlreiche wissenschaftliche Untersuchungen untermauerte Feststellung, daß in der Atmosphäre freigesetzte Fluorchlorkohlenwasserstoffe hauptsächlich an der Schädigung der

Ozonschicht beteiligt sind, gibt es nicht. Ebensowenig wird von irgendeiner Seite bestritten, daß das Schwinden der Ozonschicht die Existenz des organischen Lebens auf der Erde und damit die Lebensgrundlage des Menschen extrem gefährdet.

In einer von der UNO in Auftrag gegebenen Studie wurden die Folgen beschrieben, die mit dem Abbau der schützenden Ozonschicht verbunden sind. Für jedes Prozent verlorenes Ozon erhöht sich die ultraviolette Strahlung auf der Erdoberfläche um zwei Prozent. Die verstärkte Strahlung beeinträchtigt in erster Linie die Nahrungsmittelproduktion, weil sie das Wachstum vieler Nähr- und Nutzpflanzen hemmt. Zerstörerische Wirkungen hat die verstärkte ultraviolette Strahlung auch auf das Phytoplankton in den Ozeanen. Diese Kleinlebewesen sterben ab, wenn sie verstärkter UV-Strahlung ausgesetzt werden. Da Phytoplankton aber etwa die Hälfte des global erzeugten Treibhausgases Kohlendioxid (CO_2) bindet, wird sich der Treibhauseffekt bei Ausfall der »CO_2-Pumpe« verstärken. Vermehrte UV-Einstrahlung wird den Menschen jedoch auch direkt schädigen. Sie schwächt das menschliche Immunsystem und belastet die Haut. Bei einem Abbau der Ozonschicht um 20 Prozent könnten sich die Menschen nicht mehr länger als zwei Stunden im Freien aufhalten.[3]

Die Diagnose ist also eindeutig. Sind es die Konsequenzen auch? Leider bekanntlich nicht. Die Industrie, die FCKW produziert, sträubte sich mit Händen und Füßen gegen ein sofortiges Verbot. In einer vom deutschen Unternehmerinnen-Verband veranstalteten Diskussion wurde ich gefragt, wie ich ein sofortiges FCKW-Produktionsverbot verantworten wolle, obwohl es doch keine Ersatzstoffe gäbe. Ich habe mit einer Gegenfrage geantwortet: Ob wir denn einen Ersatz für die Ozonschicht hätten?

Gewiß, das ist eine unverschämte Vereinfachung. Aber sie hat den Vorteil, die Handlungsalternative scharf zu konturieren. Die Chemie-Industrie behauptete lange Zeit, sie könne ohne FCKW keine Spraydosen, keine Kühlmittel, keine Dämmstoffe und keine Lösungsmittel für Präzisionsreinigung herstellen. Doch sollten wir für diese teils wichtigen, teils weniger wichtigen Komfortprodukte vielleicht die Ozonschicht, die Haut des Planeten, opfern? Neuerdings lenkt auch die Chemie-Industrie ein. Nachdem sie früher versucht hatte, das Problem zu verharmlosen, verlegte sie sich später auf die Forderung nach einem »geordneten« Ausstieg aus der FCKW-Produktion. Eine Frist von zehn Jahren wurde genannt. Das sei ein Zeitrahmen, »der eine zukünftige Gefährdung des stratosphärischen Ozonschutzgürtels nach derzeitigem Erkenntnisstand ausschließe«.[4]

Damit wären wir bei einer abgewandelten Fragestellung angelangt: Wie belastbar ist die Ozonschicht innerhalb eines bestimmten Zeitraums? Die Berufung auf den »derzeitigen Erkenntnisstand« ist wenig zuverlässig. Die Fluorchlorkohlenwasserstoffe benötigen etwa zehn Jahre, bis sie von der Troposphäre in die Stratosphäre gelangen. Die Verweildauer dort wird auf etwa einhundert Jahre geschätzt. Unter diesen Umständen läßt sich heute keine sichere Voraussage treffen, daß bei einer weiteren Freisetzung von Fluorchlorkohlenwasserstoffen in den nächsten zehn Jahren eine erhebliche Schädigung der Ozonschicht auszuschließen ist. Alles andere ist wirtschaftsfrommer Glaube, den wir uns schleunigst abgewöhnen sollten.

Je größer die Gefahr, um so rascher und entschiedener muß gehandelt werden. An dramatischen Aufrufen dazu fehlt es nicht. Internationale Konferenzen waren nicht völlig vergeblich. Das »Wiener Übereinkommen zum Schutz der Ozonschicht vom 22. März 1985«, das »Montrealer Protokoll vom

16. September 1987 über Stoffe, die zu einem Abbau der Ozonschicht führen«, sowie die Vereinbarungen der Folgekonferenzen der Vertragsstaaten zum Montrealer Protokoll in London im Jahr 1990 und in Kopenhagen im Jahr 1992 haben immerhin eine Einigung darüber zustande gebracht, Produktion und Verbrauch von Fluorchlorkohlenwasserstoffen und von Halonen bis zum Jahr 1996 weltweit völlig einzustellen.[5]

Das sind zwar erheblich verschärfte, aber immer noch relativ geräumige Anpassungsfristen für die Industrie, abgesehen davon, daß der Ausstieg aus Produktion und Anwendung von teilhalogenierten FCKW nach den Kopenhagener Vereinbarungen erst im Jahr 2004 beginnen und nicht vor dem Jahr 2030 beendet sein soll.[6] Es ist daher zu befürchten, daß sich auch bei vollständiger Umsetzung der Kopenhagener Beschlüsse zum Montrealer Protokoll die globale Ozonmenge immer noch erheblich verringern und sich dementsprechend das »Ozonloch« weiter vergrößern wird.[7]

Experten und Naturschützer fordern, es müsse sofort etwas geschehen. Auch die Enquête-Kommission »Vorsorge zum Schutz der Erdatmosphäre« sprach sich in ihrem dritten Bericht für straffere Reduktionsfristen bei Produktion und Verbrauch von FCKW und teilhalogenierten FCKW aus, weil sonst ein umfassender Schutz der Erdatmosphäre ausbliebe.[8]

Da die Stabilität der Natur konkret und existenzbedrohend gefährdet ist, sollten sie Gehör finden. Jedoch nimmt sich die Politik wie die Industrie Zeit. Ist das veränderbar?

Wachstum um jeden Preis?

Die Körpertemperatur ist nur eines von vielen Fließgleichgewichten des menschlichen Organismus neben einer Vielzahl von anderen Parametern (z. B. Enzyme, Säuren, Basen,

Gase etc.), die stabil gehalten werden. Ihre Gesamtheit ergibt ein äußerst kompliziertes und staunenswertes Geflecht von Wechselwirkungen, die innerhalb von Raum und Zeit zur Entfaltung gelangen. Auch die den Menschen umgebende Natur ist ein komplexes organisches Gebilde, dessen Stabilität von unübersehbar vielen Einzelelementen abhängig ist. Ein wichtiger Faktor ist die Tatsache, daß die Natur das Leben durch Aufbau- und Abbauprozesse erhält.

Um die Stabilität der Natur hat sich der Mensch des Industriezeitalters herzlich wenig gekümmert. Ihr Reichtum schien unerschöpflich, ihre Ausbeutung unbegrenzt.

Dagegen waren wir mit Eifer darauf bedacht, die Stabilität der Ökonomie, des Geldes und des Wirtschaftswachstums zu wahren. Die Bundesrepublik hat es demgemäß zu einem »Gesetz zur Förderung der Stabilität und des Wachstums der Wirtschaft« gebracht, nach dessen Vorschriften Stabilität ein »angemessenes« Wirtschaftswachstum voraussetzt. Von Verfassungsrechtsgelehrten wird sogar behauptet, das Grundgesetz enthalte einen »Verfassungsauftrag der *staatlichen Wachstumsvorsorge*«.[9]

Andere gehen noch einen Schritt weiter und proklamieren das Streben nach Wachstum als »allgemeines menschliches Ziel«.[10] Die Begründung dafür ist aufschlußreich: »Wachstum erfüllt in der gegenwärtig geltenden Weltordnung mit Stolz, Wachstum verleiht Macht und trägt zur sozialen Zufriedenheit bei ... Explizit erscheint das Ziel des Wirtschaftswachstums wohl erstmals im Merkantilismus oder Kameralismus. Die dahinterstehenden metaökonomischen Ziele sind neben der ›Glückseligkeit‹ des Menschen vor allem die Bestrebungen staatlicher Machterweiterung ...«[11]

Inzwischen mehren sich die Stimmen, die bezweifeln, daß die stetige Steigerung der Produktion von Gütern und Dienstleistungen[12] ein Indikator für das Wohlergehen der Menschen sei. Christian Leipert, Martin Jänicke, Lutz Wicke und Ernst Ulrich von Weizsäcker haben beschrieben, daß die quantitative Zunahme des Bruttosozialprodukts keineswegs generell eine Verbesserung der Lebenssituation der Menschen mit sich bringt. Im Gegenteil! Eine genauere Betrachtungsweise zeigt, daß die gesellschaftliche Entwicklung, die sich im Wirtschaftswachstum manifestiert, teilweise eher negativ verläuft. Die Häufung von Verkehrsunfällen beispielsweise kann nicht als Zugewinn verbucht werden, obwohl sie zu vermehrten Produktions- und Dienstleistungen und damit zu einer Steigerung des Bruttosozialprodukts führt.

Wenig bekannt ist der Umstand, daß das Bruttosozialprodukt anfangs überhaupt nicht als Wohlstandsmaß gedacht war. »Die Hauptaufgabe des Bruttosozialprodukts bestand zunächst, 1934 bis 1945, darin, die gesamte Wirtschaftsleistung der Vereinigten Staaten von Amerika in Hinblick auf eine einzige Frage zu untersuchen: Welche Fähigkeit hat das Land, militärische Güter hervorzubringen?«[13]

Das Wirtschaftswachstum, das von Regierungen und Parlamenten wie von Banken und Industrie als Riesenerfolg gefeiert wird, ist ein Trugbild. Es gaukelt uns einen Wohlstand vor, ohne die wahren Kosten in die Bilanz aufzunehmen. Stabilität kann beständiges Wirtschaftswachstum logischerweise sowieso nicht garantieren, weil kein Gleichgewicht zwischen Aufbau- und Abbauprozessen besteht.

Die Variante »qualitatives« Wachstum klingt freundlicher. Wachsen soll die Wirtschaft lediglich dort, wo sie nicht naturzerstörend produziert. Naturverträglich ist aber im allgemeinen eine Produktion nur dann, wenn sie inhärente Grenzen hat. Eine Ausnahme gilt allerdings für die »Software«, die ausschließlich als Information, als Gedankengebilde, ohne materielles Substrat, ihren Wert hat. So gesehen wären dem »Wachstum« von Ideen und Gedanken, von profanen und erhabeneren »Dienstleistungen« von der Natur her keine Grenzen gesetzt. Vielleicht löst sich der Begriff »Wachstum« mit der zunehmenden Immaterialisierung der Wirtschaftsleistungen von selbst auf. Einstweilen haben wir es aber mit dem naturzerstörerischen »materiellen« Wachstum zu tun.

Ludwig Erhard, der sich für die Aufbauzeit der deutschen Wirtschaft eine »beständige Hochkonjunktur« erhoffte, wollte sich damals keineswegs auf ein unaufhörliches Wachstum vereidigen lassen. Er war weise und skeptisch genug, um zu wissen, daß die wirtschaftspolitischen Vorgaben jener Jahre keine ewigen Gesetze seien. Daraus folgerte er, daß »wir in ferneren Tagen auch zu einer Korrektur der Wirtschaftspolitik kommen müssen«. Sein Rat, »niemand dürfte dann so dogmatisch sein, allein in der fortdauernden Expansion, das heißt im Materiellen, noch länger das Heil erblicken zu wollen«, scheint in Vergessenheit geraten zu sein.[14] Bemerkenswert ist in diesem Zusammenhang, daß in den ursprünglichen Entwurf des Stabilitätsgesetzes, der noch während Erhards Amtszeit ausgearbeitet wurde, die Verpflichtung auf ein »angemessenes Wachstum« bewußt nicht aufgenommen wurde.[15]

Die Umwelt schützen – aber wie?

Betrachten wir die Summe aller gesellschaftlichen Aktivitäten, vor allem im wirtschaftlichen Bereich, stellen wir fest, daß unendlich viel unnütze, unsinnige, ja sogar schädliche Arbeit geleistet wird, während vorrangige, sinnvolle und notwendige Arbeit unterbleibt. Unter der Annahme, daß die meisten Menschen es vorziehen, sich sinnvoll zu betätigen, wäre zu untersuchen, an welchen institutionellen oder sonstigen Mängeln es liegt, daß die Gesellschaft quasi zwanghaft das Falsche tut und das Richtige unterläßt.

Ist die Demokratie zu träge? Sind die Menschen oder jedenfalls zu viele uneinsichtig und unfähig? Fehlt es an Überzeugungskraft der Politik? Oder ist es die pure Geldgier, die von der wahren, guten und schönen, kurzum der richtigen Arbeit abhält? Sind es die Imperative des Geldes, die Macht der Kapitalinhaber oder ein fehlerhaft strukturiertes Steuersystem, die die Interessen der Menschen in eine unheilvolle Richtung lenken? Mangelt es den Wirtschaftsmanagern – obwohl neuerdings pausenlos Tagungen und Seminare zu diesem Thema veranstaltet werden – an Ethik? Wo fängt die Moral an, und wo hört sie auf? Auf welche Maßstäbe, was gut und richtig sein soll, wollen und können wir uns berufen?

Das Schild klebt nicht nur an den Heckfenstern zahlloser Automobile, sondern zierte auch die Schalterscheibe des Postamts im alten Flughafen München-Riem: »Erst wenn der letzte Baum gerodet, der letzte Fluß vergiftet, der letzte Fisch gefangen, werdet Ihr feststellen, daß man Geld nicht essen kann.« Der freundliche, etwas elegische Postbedienstete, der dort bei künstlichem Licht und schlechter Luft seine Tage verbrachte, begriff die Botschaft problemlos, die von einem alten Indianerhäuptling stammen soll. Die Evidenz dieses Satzes wird niemand bestreiten. Wir zerstören die Natur und schaffen Scheinwerte in Geldform.

Was ein Scheinwert und was ein realer Wert ist, unterliegt stets dem Zweifel. Subjektivität mischt sich mit objektiven Kriterien. Grenzwerte, Toleranzgrenzen können anhand objektiver Merkmale bestimmt werden. Wieviel Gift der Mensch mit dem Trinkwasser aufnehmen kann, ohne zu sterben, vermag die Medizin unter Umständen objektiv festzustellen. Daß der Mensch sowieso lieber sauberes Quellwasser trinkt als mit allerlei Unrat und Chemikalien verschmutztes, ist ein so weitverbreitetes subjektives Bedürfnis, daß es sich zu einem objektiven Wert verdichtet. Aber die Wertekonkurrenz, die berüchtigten Zielkonflikte, was wichtiger sei, z. B. die schnelle Fortbewegung durch ein bestimmtes Gebiet oder die Erhaltung eines Biotops, lassen sich nicht objektiv entscheiden. Wahrscheinlich sind die subjektiven Wünsche und Vorstellungen weitaus ungefährlicher als die scheinbar objektiven Sachzwänge, denen wir uns kraft gesellschaftlicher Suggestion unterwerfen. Der Einfachheit halber wollen wir davon ausgehen, daß Einvernehmen über das Ziel besteht, die natürlichen Lebensgrundlagen der Menschheit zu erhalten, ohne uns auf die reichlich schwierige Frage einzulassen, wieviel Natur der Mensch zum Leben braucht.

Staat, Gesellschaft und Wirtschaft, die jeweils in unterschiedlicher Weise an der Naturzerstörung beteiligt sind, versuchen seit etwa zwei Jahrzehnten die Umwelt zu schützen. Die Bilanz dieser Bemühungen ist wenig erfreulich. Im wesentlichen ist es nur gelungen, bestimmte Umweltbelastungen durch Reparaturen zu mildern. Eine bessere Filtertechnik reinigt zwar Abluft und Abwässer, die Schadstoffe sind damit aber nicht aus der Welt, sondern müssen deponiert oder »behandelt« werden, was in der Regel nur zu einer Verlagerung des Umweltproblems führt.

Naturgesetze sind nun einmal unumstößlich

Der Entropie können wir nicht entfliehen. Darin hat Christian Schütze recht.[16] Wir können sie nur verlangsamen, falls wir unseren Kindern und Enkeln nicht eine Wüste hinterlassen wollen. Nicht der Devise »Nach uns die Sintflut!« zu folgen bedarf keines besonders ausgefeilten Gewissens, so scheint es. Nach uns das Ozonloch, nach uns Unmengen radioaktiven Mülls, nach uns Steppe statt Wald, nach uns eine um Millionen Pflanzen- und Tierarten ärmere Schöpfung, nach uns ein abrupt verändertes Erdklima, nach uns verseuchte Böden, vergiftetes Wasser und verpestete Luft – diese Alt- und Neulasten nehmen wir hin. Wir vermehren sie unablässig und wälzen sie in die Zukunft. Nein, das liegt gewiß nicht in unseren Absichten, beileibe nicht, aber weil wir so weitermachen wollen wie bisher, nehmen wir es billigend in Kauf. *Dolus eventualis,* bedingten Vorsatz, nennen das die Juristen. Ein Verbrechen bleibt ein Verbrechen, auch wenn es mit bedingtem Vorsatz begangen wird.

Die Syntropie[17] kommt aus dem Lebendigen. Das Lebendige unterliegt nicht dem Gesetz der Entropie. Lebendiges entsteht niemals aus Totem. Das Leben organisiert die tote Materie in die lebendige Raum- und Zeitgestalt, die nichts anderes als eine Bewegung innerhalb eines bestimmten Zeitablaufs ist. Im Aufbauprozeß nimmt das Lebendige tote Materie in sich auf, im Abbauprozeß gibt es sie wieder in die Stofflichkeit zurück. Aus Wasser lassen sich keine Funken schlagen. Es wird niemals gelingen, aus toter Substanz Leben zu synthetisieren.

Der Organismus Erde ist sterblich. In wieviel Millionen Jahren ihr Tod eintreten wird, ist ungewiß. Ob sie in einen anderen planetarischen Zustand übergehen wird oder als ein Stück kosmischer Schlacke noch eine Weile im Weltraum herumtrudelt, ist Gegenstand von Voraussagen und Vermutungen. Gedankenausflüge in die Erdgeschichte und ihre Zukunft verführen leicht zum Fatalismus.

Ökologische Demokratie als Nahziel

Begrenzter Handlungsspielraum

Es fällt schwer, nicht in einen Predigerton zu verfallen. Kassandrarufe hören wir inzwischen an jeder Straßenecke. Kaum jemand beachtet sie noch. Versuchen wir es daher mit einigen »fürchterlichen« Vereinfachungen und fragen wir zuerst einmal: Was vermag Demokratie? Sind die parlamentarisch-demokratischen Institutionen des Staates überhaupt geeignet, die Umweltprobleme zu erkennen, taugliche Konzepte zu ihrer Lösung zu entwickeln und diese in einem angemessenen Zeitrahmen durchzusetzen?

Gelegentlich wird behauptet, Demokratie sei zu träge und beschwerlich. Deshalb könne uns nur noch eine Öko-Diktatur retten. Nur mit drakonischen Maßnahmen sei es möglich, die Katastrophe abzuwenden. Das ist kurzsichtig gedacht. Wer seine fünf Sinne beisammen hat, wird sein Gehör nicht dem Sehen opfern wollen. Genausowenig darf der Eigenwert der Demokratie, der nicht geringer ist als der Wert der natürlichen Lebensgrundlagen, zugunsten ökologischer Ziele preisgegeben werden. Abgesehen davon käme eine Diktatur jedweder Form erst recht zu spät.

Diktatur ist zentralistisch, starr, phantasielos und kommunikationsschwach. Ihre Primärmethode ist die Gewalt. Daher ist es eine Täuschung, zu meinen, für die Natur wäre mit der Abschaffung der Demokratie etwas zu gewinnen. Nicht einmal Zeit läßt sich mit Terror und Diktatur aufholen. Das Gegenteil ist richtig.

Demokratie ist ein weiträumiger Begriff. Das Grundgesetz spricht von der freiheitlichen demokratischen Grundordnung und von den Prinzipien des republikanischen, demokratischen und sozialen Rechtsstaats. Die adjektivische Verbindung »soziale Demokratie« und »freiheitliche Demokratie« ist uns geläufig. Inzwischen ist das Attribut »ökologisch« in Mode gekommen. Wenn irgendwann der Umweltschutz in die Verfassung aufgenommen wird, könnten wir uns vielleicht sogar eine »ökologische« Demokratie nennen.

Die Wortverbindung zwischen Freiheit und Demokratie entstand nicht zufällig. Sie bezeichnet den Zusammenhang, der darin besteht, daß Demokratie Freiheit erst ermöglicht, umgekehrt Demokratie Freiheit voraussetzt. Ein analoger Zusammenhang besteht zwischen Demokratie und sozialer Verantwortung. »Keine Demokratie ohne Sozialismus, kein Sozialismus ohne Demokratie«, schrieb Ernst Bloch 1961 in »Naturrecht und menschliche Würde«. Das klingt heute ziemlich altbacken. Aber der Satz erinnert uns daran, daß das Wort »Sozialismus« vornehmlich deshalb so in Verruf geraten ist, weil Blochs Mahnung nicht beherzigt wurde. Scheitern müßte gleichermaßen ökologische Politik ohne Demokratie.

Wenn demzufolge eine Relativierung der Demokratie durch ökologische Notwendigkeiten in die Irre führt, bleibt gleichwohl die Frage, welche Unzulänglichkeiten der Demokratie sozusagen systemimmanent und welche überwindbar sind. »Mehr Demokratie wagen« hieß ein berühmter Satz von Willy Brandt, mit dem mindestens zum Bewußtsein gebracht wurde, daß es Demokratie-Defizite gab. Gemeint ist damit aber keine Schwäche der Demokratie als System, sondern die unvollkommene Ausbildung der Demokratie in Staat und Gesellschaft.

Wieso aber Demokratie »wagen«? Ist Demokratie ein Risiko? Ist sie gefährlich? Gewiß ist sie gefährlich. Die Menschen selbst sind mehr oder minder gefährlich, ihre Leidenschaften, ihre Irrtümer und ihre Schlafmützigkeit. Weil in der Demokratie die Staatsgewalt vom Volke auszugehen hat, ist sie immer so unsicher und unberechenbar wie das Volk selbst. Weitaus risikobeladener sind jedoch erfahrungsgemäß staatliche Strukturen, in denen der Wille einzelner oder weniger maßgebend ist. Das gilt auch für die Experten.

Robert Badinter hat, meine ich, das Wesen der Demokratie gut mit folgendem Satz definiert: *Demokratie heißt Radikalität der Ziele und Mäßigung der Mittel.* Gelingt es jedoch der Demokratie, radikale Ziele zu bestimmen und – vor allem – sich auf diese mit der gebotenen Beschleunigung und zugleich moderaten Mitteln zuzubewegen?

Demokratie ist sowieso kein Passepartout für alle gesellschaftlichen Vorgänge und Situationen. Leider ist der Irrglaube weit verbreitet, es müsse alles und jedes demokratisiert werden: die Wirtschaft, die Kultur, die Erziehung, die Forschung, die Theater, die Hochschulen – alles, was überhaupt in der Gesellschaft vorkommt. Wenn die elementare Forderung der Demokratie darin zu sehen ist, daß jeder mündige Mensch in gleichberechtigter Weise an den Entscheidungen zu beteiligen ist, kann das nur für solche Entscheidungen gelten, für die jeder mündige Mensch die entsprechende Urteilskompetenz beanspruchen kann. Diese Beurteilungskompetenz gilt allgemein für das gesamte Normengerüst, das durch die staatlichen Institutionen erhalten, geschaffen und angewendet wird. Staatliche Gebote und Verbote bedürfen der demokratischen Legitimation, das ist das Urprinzip der Demokratie.

Wodurch wird Legitimation erreicht? Generationen von Juristen haben behauptet, die Geltung von Normen sei darauf zurückzuführen, daß bei Nichteinhaltung Sanktionen verhängt werden. Das ist falsch, so wichtig und notwendig Sanktionen sein mögen. Gebote und Verbote sind – wie das Recht überhaupt – Formen der zwischen den Menschen vorhandenen und sich in einem kommunikativen Prozeß ständig verändernden Gefühle. Im lateinischen Wort Konsens kommt das sehr gut zum Ausdruck. Recht ist in erster Linie Konsens, Zusammenfühlen. Demokratie gehört zu diesem Konsens; die demokratische Verfassung ist der Grundkonsens. Wer es gewohnt ist, Gefühle nur als eine höchst private, gewissermaßen flatterhafte Angelegenheit zu betrachten, dem wird der Gedanke schwer zugänglich sein, das Recht ausgerechnet dem Gefühlsleben zuzuweisen. Ein gemeinsames Gefühl, das Menschen miteinander verbindet, wird dadurch aber durchaus zu etwas Objektivem.

Der These, Recht sei eine Gefühlsverbindung zwischen den Menschen, widerspricht scheinbar die Tatsache, daß der demokratische Prozeß der Normsetzung eher idealtypisch als Diskussion und Entscheidung gesehen wird. Das Grundgesetz spricht von der politischen Willensbildung des Volkes, die Juristen berufen sich bei Auslegungsfragen auf den Willen des Gesetzgebers, das Parlament trifft Entscheidungen. Diese uns längst selbstverständlichen Abläufe sind zweifellos Willensäußerungen. Gleichwohl geht das Recht, das beschlossen wird und sich Geltung verschafft, stets in das Gefühl der Menschen zueinander, in ihren Konsens über. Vielleicht sind die Rechtsgelehrten in ihrer Mehrzahl über die gedankliche Verbindung zwischen Rechts- und Gefühlsleben entsetzt. Sie empfinden es wahrscheinlich als Beleidigung, daß das Ergebnis ihrer strengen und unermüdlichen Denkarbeit »nur« Gefühle sein sollen. Recht sind für sie zuallererst Begriffe, die sich zerlegen, ziselieren und zusammensetzen lassen. Es muß aber niemand gekränkt sein, weder das Parlament noch irgendein Juraprofessor. Ich bestreite dem Grundsatz nach weder die Tatsache, daß Normsetzung etwas mit der Willensentscheidung einer staatlichen Einrichtung zu tun hat, noch die Notwendigkeit von Denkanstrengungen der Rechtswissenschaft. Lediglich die Erscheinungsform des Rechts ist es, um die es mir geht. Natürlich muß ein Geigenspieler den Entschluß fassen, seine Geige auszupacken, sie zu stimmen und dann darauf zu spielen. Für das Musikstück hat der Komponist sicherlich mehr oder weniger Gedankenarbeit aufgewandt. Die Musik selbst ist jedoch nur in der Gefühlswahrnehmung des Menschen vorhanden, auch und gerade wegen ihrer spirituellen Kraft.

Voraussetzungen für eine wirksame Umweltpolitik

Sind wir vom Thema abgekommen? Die Freie Universität Berlin beschäftigte sich im April 1990 in einer Vorlesungsreihe mit der Frage, welche Voraussetzungen für eine erfolgreiche Umweltpolitik gegeben sein müssen. Martin Jänicke formulierte in der Eröffnungsvorlesung vier Bedingungen, die für die ökologische »Modernisierungsfähigkeit« einer Industriegesellschaft erforderlich seien:

- hohe Wirtschaftsleistung, die zwar einerseits Umweltprobleme schafft, andererseits aber auch die Grundlage gibt, diese Probleme effektiver anzugehen;
- die Innovationsfähigkeit, die Neuerungen in das bestehende System zu integrieren versteht;
- die Strategiefähigkeit in Gestalt einer über den Tag hinausreichenden politischen Perspektivplanung, wie sie etwa Länder wie Japan und Schweden besitzen;
- die Konsensfähigkeit einer Gesellschaft, die möglicherweise auch die wichtigste Rahmenbedingung darstellt.[18]

Konsens ist in der Gesellschaft nur mittels demokratischer Verfahren und Einrichtungen erreichbar; die »wichtigste Rahmenbedingung« für eine erfolgversprechende Umweltpolitik ist daher die Demokratie. Aber ein Konsens stellt sich vorzugsweise in der Demokratie nicht von selbst her. In gewisser Weise ist die Konsensualität der Demokratie nicht nur eine Stärke, sondern zugleich eine Schwäche. Denn sie gibt Emotionen, Sympathien und Antipathien leicht ein zu großes Gewicht. Wahlen werden häufig aus »Stimmungen« entschieden, nicht so sehr nach einem klaren, abwägenden Urteil. Das wiederum verführt zur Als-ob-Demokratie, zur Demokratie-Simulation. Es schleicht sich Fanatismus ein, gegen den Demokratie eigentlich immun sein sollte. Die Substanz der Politik wird erheblich verschlechtert, weil es mehr auf Effekt als auf Effizienz ankommt. Es mindert beispielsweise nicht eben wenig die Qualität der Politik, wenn 90 Prozent der Zeit für Legitimationsbeschaffung aufgewendet werden müssen und nur zehn Prozent für die konkrete Arbeit übrigbleiben. Allerlei Scheinheiligkeiten und Verkrampfungen sind die unausweichliche Folge.

Nebenbei: Macht Demokratie eigentlich Spaß? Oder ist sie eine entsetzlich feierliche Angelegenheit, die eher zu den unvermeidlichen, aber keineswegs unterhaltsamen Lebensumständen zählt? Die Verbissenheit, der Bierernst, die Tobsucht und das sich spreizende Geltungsbedürfnis, das häufig besonders in der deutschen Politik anzutreffen ist, sind nicht gerade Anzeichen einer heiteren und gelassenen Gesprächsdemokratie, in der das Argumentieren und Debattieren kunst- und lustvoll vonstatten geht. Das mag in Deutschland daran liegen, daß Staatlichkeit immer noch zu sehr als Gehorsamsverhältnis, als Unterordnung der Individuen verstanden wird. Hat irgendwer erst einmal ein Amt errungen, ist er höchst erpicht auf Autorität und Ehrenbezeugungen. Im demokratischen Staat gibt es indessen prinzipiell keine Unterordnung, sondern nur Zuordnung. Der demokratische Staat ist nicht autoritär und sollte sich jeder sakralen Überhöhung enthalten.

Es könnte ja sein, daß die Konsensproduktivität der Demokratie größer ist, je lebendiger und freundlicher sie ist.

Kern des Rechts ist der Konsens

Kehren wir zur Ausgangsfrage zurück. Wie wirksam sind die Instrumente des demokratischen Staates, um den notwendigen radikalen Umbau der Industriegesellschaft innerhalb angemessener Frist durchzusetzen?

Sofern präventive Umweltpolitik und nicht bloß reparierender Umweltschutz gelingen soll, müssen Struktur und Dynamik der Wirtschaft grundlegend verändert werden. Das heißt, in Produktion und Konsum werden ökologische Kriterien und Faktoren mindestens mitbestimmend werden müssen. Allgemein wird angenommen, daß eine solche Umorientierung die Wirtschaft oder der Markt nicht aus sich heraus erreichen können. Dem Staat fällt daher die Aufgabe zu, die normativen Voraussetzungen zu schaffen, damit sich die Markttendenz in eine ökologische Zielrichtung entwickelt. Selbstverständlich sind Gebote und Verbote, die der Staat vorgibt, nicht bloße Steuerungsinstrumente der Wirtschaft. Strafrechtliche Vorschriften beispielsweise werden bekanntlich nicht erlassen, um einen bestimmten wirtschaftlichen Erfolg zu erzielen, auch wenn sie indirekt die Wirtschaft positiv oder negativ beeinflussen. Gerechtigkeit, die im Recht konkretisiert wird, ist keine wirtschaftliche Kategorie. So besteht das Recht aus eigenem Recht und ist kein Derivat der Wirtschaft. Für die Wirtschaft ist das Recht eine Gegebenheit wie die Natur.

Damit Recht und Demokratie funktionieren, müssen Gebote und Verbote »angenommen« werden. Wenn das schon allgemein so ist, gilt es erst recht für die Umsetzung von umweltpolitischen Vorschriften und Gesetzen, die radikal in eingeschliffene Verhaltensweisen und Konsumgewohnheiten eingreifen. Fehlt es an der oft beschworenen Akzeptanz in der Bevölkerung, entstehen zwangsläufig die sogenannten Vollzugsdefizite, die sich häufig nicht durch Sanktionen beheben lassen. Die Tatsache, daß mitunter nur mittels einer Sanktion die Normbefolgung erzwungen werden kann, widerspricht dem nicht. Die Anschnallpflicht beim Autofahren wurde von der Mehrheit der Bürger mißachtet, weil diese sie als lästig und überflüssig empfanden. Erst ein Bußgeld von 40 DM bewirkte einen Sinneswandel: Die deutsche Nation gürtete sich. Aber auch der mißmutige, der widerwillige Konsens, der sogar die Sanktion akzeptiert, ist ein Konsens, ohne den das Recht sich in Staub auflösen würde. Die Sanktion stimuliert quasi den Konsens, ähnlich wie ein Gift in bestimmter Dosierung die körpereigenen Abwehrkräfte zu aktivieren vermag.

Je weniger Medizin ein Körper braucht, um so besser ist es um ihn bestellt. Je weniger Sanktionen das Recht braucht, um so eher verschafft es sich Geltung im Konsens.

Das Wohlgefallen der Regierenden am Volk reicht jedoch für gewöhnlich nur so weit, wie es den eigenen Interessen entspricht. Weil das Volk wankelmütig ist, verdient es nach Ansicht vieler Mächtiger kaum Vertrauen: Zuviel Recht für das Volk täte ihm nicht gut; der fürsorgliche, vormundschaftliche Staat weiß besser, »was dem Volke frommt«.

Wenn wir aber in der Umweltpolitik vorankommen wollen und der Einsicht folgen, daß das nur über die demokratische Konsensbildung möglich ist, dann gibt es keinen anderen Weg als den der Intensivierung und Extensivierung der Demokratie. Eine hinkende, eine fragmentarische Demokratie ist nicht kräftig genug, um den Konsens für umwälzende Veränderungen zustande zu bringen.

Wie kann nun Demokratie ausgebaut werden? Vor allem ist zu fordern, daß das Volk nicht nur Personen auswählen darf, die sich um die Staatsgeschäfte kümmern, sondern unmittelbar Sachentscheidungen im Wege einer Volksabstimmung – wie beispielsweise in der Schweiz und in Österreich – treffen kann. Die in der bayerischen Verfassung beinahe mustergültig geregelte Vollksgesetzgebung hat gerade unlängst ihre Bedeutung bewiesen. Ein vom Volk selbst diskutiertes und beschlossenes Gesetz hat in der Regel eine andere Konsensqualität als ein vom Parlament verabschiedetes Gesetz. Es ist insofern praxistauglicher, als es auf die Mitwirkung der einzelnen Menschen ankommt. Natürlich hängt die Legitimationskraft und damit die Reichweite des durch Volksentscheid beschlossenen Gesetzes auch von den Mehrheiten ab, auf die sich der Volksentscheid stützen kann. Der Zugewinn an Demokratie durch Einführung des Volksentscheides ist eindeutig, wenn er auch kein Allheilmittel ist. Er stärkt die Möglichkeiten für die praktische Durchführung eines Gesetzes und zugleich die Demokratie selbst, weil die Mündigkeit der Menschen zunimmt, wenn ihr eigenes Denken und Fühlen angesprochen und in den Gesamtwillen aufgenommen wird.[19]

Volksabstimmungen werden um so nutzbringender sein, als ihre bloße Möglichkeit ein Zuwachs an Kontrolle gegenüber dem Parlament ist. Sicherlich werden wir lernen müssen, damit umzugehen. Inflationierte Volksabstimmungen führen zur Politikmüdigkeit. Volksabstimmungen sind zudem schwerfällig. Sie haben auch den schwerwiegenden Nachteil, daß sie grundsätzlich nur Ja/Nein-Entscheidungen herbeiführen. Die Referenden zu den Vereinbarungen von Maastricht, die sehr differenziert zu bewerten sind, sind aus diesem Grunde problematisch.

In jüngster Zeit hat die Zahl der Befürworter einer plebiszitären Ergänzung des Grundgesetzes zugenommen. Selbst der als sehr konservativ geltende Kommentator des Grundgesetzes Günther Dürig hat seine frühere strikte Ablehnung von Volksabstimmungen auf Bundesebene aufgegeben. Inzwischen stimmen viele der These zu, daß Volksentscheide als Korrektiv gegenüber dem Parlament und der Regierung heilsam wären. So plädiert der Bonner Wirtschaftswissenschaftler Robert K. von Weizsäcker – die Weizsäckers sind offenbar überall – für einen Volksentscheid, in dem die Obergrenze der staatlichen Verschuldung festgelegt wird. Ob mit einem Volksentscheid in das parlamentarische Urrecht, das Budget-Recht, eingegriffen werden kann, wobei in diesem Fall keine bloße Ja/Nein-Entscheidung zur Abstimmung gestellt, sondern eine Art Multiple-choice-Verfahren anzuwenden wäre, begegnet allerdings sehr berechtigten Bedenken. Etwas anderes wäre es, wenn in einer Volksabstimmung über einen bestimmten Verfassungsartikel, in dem ein für allemal gewisse Grenzen der Staatsverschuldung gesetzt werden, abzustimmen wäre.

Der Ausbau der Demokratie ist auch in anderen Bereichen möglich und erstrebenswert. Angesichts der weitverzweigten ökologischen, ökonomischen, sozialen und kulturellen Dimensionen hängt der Erfolg ökologischer Reformpolitik nicht zuletzt davon ab, in welchem Ausmaß sie den Sachverstand und das Engagement vieler Bürgerinnen und Bürger zu mobilisieren versteht. Naturschutzverbände und Bürgerinitiativen haben mit spontaner und kenntnisreicher dezentraler Arbeit sehr viel zur Demokratieerweiterung beigetragen. Sie haben sich oft als gesellschaftliche Frühwarnsysteme erwiesen, auf die die Politik bedauerlicherweise meist – wenn überhaupt – nur zögernd reagiert hat. Ihre Tätigkeit darf nicht behindert, im Gegenteil, sie muß unterstützt werden. Ihnen muß ein umfassendes Informationsrecht ebenso zuerkannt werden wie das Verbandsklagerecht. Das sind oft und leider bisher vergeblich wiederholte Forderungen. Ihre Berechtigung haben sie deshalb nicht eingebüßt. Daß Bürgerinitiativen nicht selten nur Partikularinteressen vertreten und eine gewisse Neigung zum St.-Florians-Prinzip haben, mindert ihren Wert nicht, solange die Demokratie über Konfliktebenen verfügt, auf denen widerstreitende Interessen ausgetragen und ausgeglichen werden können.

Mehr Risiko-Wissen und -Gewissen

Hans Magnus Enzensberger hat dem Vernehmen nach bereits 1973 ein eigentümliches Phänomen registriert: Am Ende ihrer Traktate über den herannahenden Untergang brächten die Apokalyptiker allemal noch ein Kapitel darüber, daß es auch anders gehe; allerdings, die angekündigten Schrecken stünden in erstaunlichem Kontrast zur Harmlosigkeit der erteilten Ratschläge.[20]

Dieser sarkastische Befund darf uns nicht daran hindern, nach konstitutionellen, institutionellen, prozeduralen und materiell-rechtlichen Verbesserungen zu suchen, mit denen Demokratie ausgerüstet werden muß, damit die sich rapide beschleunigende Umweltzerstörung gestoppt oder wenigstens gebremst werden kann.

Vorschläge gibt es in Hülle und Fülle. Leider sperrt sich die Politik meist, auch nur einige in die Tat umzusetzen.

Heinz Dürrs Anregung, dem Umweltbundesamt eine ähnlich unabhängige Stellung zu verleihen wie der Bundesbank, fand bisher ebensowenig Beachtung wie der Vorschlag von Dieter Schmid, auf Bundesebene neben Legislative, Exekutive und Judikative eine »Consultative« zu errichten.

Im Jahre 1973 erschien in der »Frankfurter Allgemeinen Zeitung« ein Leitartikel, der sich mit den Auseinandersetzungen um den sogenannten Nationalen Nuklearrat beschäftigte. In diesem Gremium, einem Kabinettsausschuß der Bundesregierung, versammelten sich unter anderen Unternehmer, Gewerkschafter, Wissenschaftler und Bankiers, um weitreichende energiepolitische Entscheidungen zu erörtern und festzulegen. Der Leitartikler der »FAZ« meinte, das Verfahren sei zwar für eine Demokratie nicht ganz »geheuer«, gleichwohl sei es notwendig und gerechtfertigt, weil es um Fragen in einer sehr langfristigen Perspektive gegangen sei, deren Beantwortung nicht einfach dem Parlament überlassen werden könne. Denn Regierung und Parlament seien auf den engen Horizont der jeweiligen Legislaturperiode fixiert und deshalb außerstande, in größeren Zusammenhängen zu denken und zu handeln. Der Nationale Nuklearrat sei gewissermaßen »diskrete Demokratie durch Delegation« und um der höheren Ziele willen gerechtfertigt.

Der demokratische und republikanische Staat ginge jedoch zugrunde, wenn die wichtigsten Lebens- und Überlebensfragen nicht innerhalb der parlamentarischen Institutionen in aller Öffentlichkeit diskutiert und entschieden würden. Die Verlagerung solcher Entscheidungen in Gremien, die sich nicht gegenüber dem Volk unmittelbar verantworten müssen, ist daher strikt abzulehnen. Demokratie ist stets indiskret.

Auf der anderen Seite kann kaum bezweifelt werden, daß es der Politik nicht selten an der erforderlichen Kompetenz mangelt, um die optimale Lösung für ein bestimmtes Problem herauszufinden und entsprechend zu handeln. Politik ist daher fast immer auf Beratung durch Sachverständige in den verschiedenen Wissensgebieten angewiesen. Durch Expertenwissen wird Politik infolgedessen auf vielfältige Weise beeinflußt, sei es durch Anhörung von Sachverständigen in den parlamentarischen Ausschüssen oder im Rahmen einer Enquête, sei es durch die Jahresgutachten des Sachverständigenrates für Umweltfragen oder des Sachverständigenrates zur Begutachtung der gesamtwirtschaftlichen Entwicklung. Eine Vielzahl anderer wissenschaftlicher Einrichtungen wird ständig oder punktuell für die Politikberatung in Anspruch genommen. Wenn also wissenschaftliche Beratung für die Politik notwendig und förderlich ist, bleiben Inhalte und Zielrichtungen der Verbindung zwischen Politik und sachverständigem Rat häufig genug unklar. Nicht selten liefern weisungsgebundene Fachbehörden, aber auch wissenschaftliche Institute nur »Expertisen« zur besseren argumentativen Ausstattung einer bestimmten politischen Vorgabe. Die unsystematische und beliebige Heranziehung von Experten mindert leider in nicht geringem Maße die Effizienz der politischen Entscheidungsabläufe.

Der Vorschlag von Dieter Schmid, gesellschaftliche Kompetenz in Form einer »Consultative« zu institutionalisieren, hat den Vorzug, Parlament und Regierung zu besseren Entscheidungsgrundlagen zu verhelfen und zugleich die Demokratiequalität der Beziehungen zwischen Politik und Sachverständigen zu erhöhen. Statt zufälliger, unüberschaubarer und mitunter willkürlicher Einwirkung von wissenschaftlichen Einrichtungen auf die Politik könnten in einer »Consultative« künftig öffentlich und in Kooperation mit Regierung und Parlament Analysen und Lösungsalternativen für die jeweils aktuellen Probleme systematisch und kontinuierlich erarbeitet werden, die es ermöglichen, zu raschen und verläßlichen Entscheidungen zu gelangen. Das wäre keineswegs ein Abdanken der parlamentarischen Institutionen zugunsten einer »Expertokratie«, weil der Verfassungsrang von Parlament und Regierung durch die »Consultative« nicht geschmälert würde. Im Gegenteil: Die politische Legitimation der Entscheidungen von Legislative und Exekutive könnte sich erheblich erhöhen, wenn im Verfahren der »Consultative« transparent würde, welche realen Optionen die Politik in bestimmten Situationen hat.

Zugegeben, in der »Consultative« tätige Experten werden häufig keine eindeutige Voraussage treffen können, welche Folgen eine Entscheidung im Einzelfall haben wird. Doch kann erwartet werden, daß in einem Consultativrat Risiken genau untersucht und bewertet werden. Sofern die »Consultative« in Zukunft dafür sorgt, daß Politiker ein sensibleres Risiko-Wissen und -Gewissen entwickeln, hätte sie sich schon gelohnt. Fehler und Versäumnisse der Umweltpolitik in den vergangenen Jahrzehnten sind nicht zuletzt auf vielfach mangelhafte Risikowahrnehmung und -einschätzung zurückzuführen.

Das Betriebsverfassungsrecht müßte um eine ökologische Komponente ergänzt werden. Im Sinne einer ökologischen Mitbestimmung sollten unabhängige Umweltbeauftragte mit angemessenen Befugnissen eingesetzt werden, um eine Optimierung der Umweltbelange in den Betrieben in organisatorischer und technischer Hinsicht zu erreichen.

Auch die ökologische Modernisierung des Ordnungsrechts, etwa durch zeitliche Befristung von Genehmigungen und ein effizienteres Haftungsrecht, steht ebenso aus wie die der Normen- und Wertrechnungen; in den technischen Normen und Standards müssen ökologische Zielsetzungen verankert werden, um von vornherein umweltverträgliche Verfahren und Produkte zu entwickeln. In dem zwischen der Bundesrepublik Deutschland und dem Deutschen Institut für Normung (DIN) 1975 abgeschlossenen Vertrag wird bereits auf die Bedeutung von Normen als »Ordnungsfaktor« nicht nur im Sinne technischer Sicherheit sowie des Gesundheits- und Verbraucherschutzes, sondern auch des Umweltschutzes verwiesen.

Inzwischen ist auf Grund einer Vereinbarung mit dem Bundesumweltministerium der Umweltschutz als zusätzliche Aufgabe der Normung ausdrücklich in die Satzung des DIN aufgenommen worden. Die Umweltverbände können sich an der Normung insbesondere über die Koordinierungsstelle Umweltschutz und den Normenausschuß Grundlagen des Umweltschutzes im DIN beteiligen. Bedeutsam ist, daß auch der Verein Deutscher Ingenieure (VDI) sich jetzt anschickt, konkrete Leitbilder für eine umweltfreundliche Technikgestaltung zu entwickeln, die »zur Vermeidung, Verminderung oder Kompensierung der schädlichen Neben- oder Nachwirkungen auf die Umwelt« beitragen sollen.

Umwelt-Bürgerrechte werden anderswo derzeit eher eingeschränkt als erweitert, weil die unmittelbare Einmischung der Menschen in ihre eigenen Angelegenheiten von Behörden und Ministerien in aller Regel als störende Belästigung und nicht als hilfreich angesehen wird. Ein wirksames Umweltinformationsrecht, eine bürgernahe Umweltverträglichkeitsprüfung, Bürgerbeteiligung an allen umweltrelevanten Planungsverfahren und andere Mitwirkungsrechte von Umweltinitiativen und Umweltverbänden standen bisher leider nicht auf der Dringlichkeitsliste der Politik.

In Deutschland sind die meisten immer noch in vorwiegend staatsfixierten Denkgewohnheiten befangen, die staatlich-hierarchische Entscheidungsabläufe bevorzugen. Wenig Neigung bestand daher, Verfahren aus- oder nachzubilden, mit denen versucht wird, auf partizipativer, nicht-hierarchischer Grundlage Konflikte zu artikulieren, zu moderieren und im Konsens zu lösen. Mediationsverfahren sind in Deutschland sehr selten. Bekannter geworden sind lediglich zwei Versuche dieser Art: in Münchenhagen in Niedersachsen und in Neuß in Nordrhein-Westfalen. In beiden Fällen handelt es sich bezeichnenderweise um Fragen der Abfallwirtschaft. In

Japan dagegen und vor allem in den USA sind Mediationsverfahren längst gang und gäbe. Die positiven Erfahrungen, die in den USA mit Mediationsverfahren (alternative dispute resolution) gemacht wurden, sollten jedenfalls auch hierzulande mehr Aufmerksamkeit finden als bisher.[21]

Auch auf der Produktionsseite könnten neue Instrumente für eine deutlichere Berücksichtigung der ökologischen Komponente sorgen. Wahrscheinlich ist es kein Zufall, daß die Gewerkschaft Nahrung, Genuß, Gaststätten als erste einen Rahmen für einen »ökologischen Tarifvertrag« vorgelegt hat.[22] Ebenso hat die IG Metall »Eckpunkte für eine Betriebsvereinbarung zum Umweltschutz in Unternehmen« ausgearbeitet.[23]

Seit längerer Zeit wird ohnehin schon darüber diskutiert, wie der Umweltschutz in die Unternehmensverfassung inkorporiert werden kann. Unternehmen bemühen sich um »Umweltmanagement« oder »ökologische Unternehmensführung«. Wirtschafts- und Arbeitgeberverbände geben feierliche Erklärungen ab, wie wichtig ihnen der Umweltschutz sei, was sie nicht davon abhält, sich bei passender Gelegenheit über zuviel Umweltschutzauflagen zu beklagen. Ob der Bundesverband der deutschen Industrie oder die Gewerkschaften die kompetentesten Fürsprecher der Umweltbelange sein können, ist ungeachtet vieler ihrer begrüßenswerten Initiativen zu bezweifeln. Wahrscheinlich sind Umweltverbände, Verbraucherorganisationen und Bürgerinitiativen eher geeignet, Vereinbarungen mit Industrie und Handel über die Einhaltung von bestimmten Umweltstandards zu treffen.

Demokratie muß die Mündigkeit der Menschen anerkennen. Ihr Urteilsvermögen soll gestärkt und belebt werden. Für die Wirtschaft ist Demokratie und damit die Mündigkeit der Menschen eine unabdingbare Grundlage. Wir dürfen uns weder von der Wirtschaft noch von einer bestimmten finanzstarken Wissenschaftsrichtung einschüchtern lassen. »Mündigkeit hat dort ihre Grenzen, wo wir uns von unseren Gefühlen leiten lassen«, meinte jemand aus der Nahrungsmittelindustrie, der gern gentechnische Lebensmittel verkaufen, sie aber nicht als solche kennzeichnen lassen will.[24]

Eine solche Haltung ist keine Seltenheit. Vorbehalte gegen Gentechnik, Atomenergie, gewisse pharmazeutische Erzeugnisse, Lebensmittelkonservierung durch Bestrahlung oder Einsatz von Pestiziden und Chemiedünger in der Landwirtschaft werden als irrationales Gefühlsurteil abgetan. Um uns vor störenden wirtschaftsschädlichen Anwandlungen zu behüten, sollen uns Informationen nur dosiert und zensiert zugänglich sein. Demokratie darf derlei autoritäre Anmaßungen nicht dulden.

Auf Abwege kämen wir aber auch, wenn wir auf einfältige Weise das Recht »ökologisieren« wollten. Recht konstituiert ausschließlich Beziehungen zwischen Menschen. Rechtsbeziehungen zwischen Menschen und der Natur kann es daher logischerweise nicht geben, auch keine Rechte von Tieren oder Pflanzen. Die Ökologen, die am meisten gegen den Anthropozentrismus wettern, scheuen sich erstaunlicherweise nicht, die Natur in die anthropomorphe Vorstellungswelt einzugemeinden. Die Forderung nach Etablierung von Tierrechten ist exemplarisch für solche Absonderlichkeiten des menschlichen Geistes.

Norbert Hoerster gehört zu den Vorkämpfern dieses Unsinns. Tierrechte sieht er als mögliche »Bestandteile einer empirisch geltenden sozialen Normenordnung«. Aber wie sollen sich denn diese Tierrechte artikulieren? Vor einem Hamburger Gericht wollte ein Anwalt vor einiger Zeit die Rechte der Robben auf Schutz ihrer Biosphäre einklagen. Das Vorhaben scheiterte schon daran, daß keine Vollmacht vorgelegt werden konnte. Recht, als soziale Beziehung zwischen Menschen, setzt Sprache und denkendes Bewußtsein voraus. Es ist eine Form des menschlichen Seins. Hoerster leitet die Forderung nach Einführung von Tierrechten aus dem Umstand ab, daß Tiere Schmerz empfinden. Da für Tiere das Interesse, physisch oder psychisch nicht gequält zu werden, zweifellos ebenso wichtig und elementar sei wie für die Menschen, bestehe ein guter Grund, auch Tieren das entsprechende Recht, nicht gequält zu werden – beziehungsweise jene Einzelrechte, die dieses Recht in wirksamer Form konkretisieren –, einzuräumen. Wer diesen Gedanken schlüssig finde, müsse, so Hoerster, dann allerdings auch die Konsequenzen akzeptieren: Tiere sollten, soweit sie tatsächlich die gleichen Bedürfnisse und Interessen wie Menschen haben, auch die gleichen Rechte erhalten.

Ich finde diese Gedanken nicht schlüssig und akzeptiere daher auch nicht die Konsequenzen. Wer Tiere schützen will, muß sich nicht auf den Unfug von Tierrechten einlassen. Wer soll denn die Tierrechte beschließen? Eine parlamentarische Versammlung der Tiere unter Vorsitz von Reineke Fuchs? Wo sollen die Rechte denn real angesiedelt sein? Hält Norbert Hoerster demnächst Vorlesungen privatissime und gratis für Katzen und Hunde zur Einführung in die Tierrechte?

Tierquälerei ist nach geltendem Recht heute schon verboten. Tierversuche sollten – von sehr wenigen Ausnahmen abgesehen – verboten werden. Diese Normen regeln zwischen Menschen das Verhalten gegenüber Tieren. Es sind Rechte und Pflichten mit sogenannter Drittwirkung, das heißt, die Tiere werden geschont, weil sich die Menschen untereinander dazu verpflichten. Das Recht folgt damit einer moralisch-sittlichen Haltung des Menschen, die besagt, daß der Mensch sich entsprechend seinem Rang in der Schöpfungsordnung der ihm anvertrauten Kreatur gegenüber verhalten soll.

Welche Denktrübungen eintreten, wenn Tierrechte analog zu den Menschenrechten vorgestellt werden, beweist Norbert Hoerster mit einem waghalsigen Vergleich. »Warum sollen wir, die wir nicht der schwarzen Rasse angehören und die wir, global gesehen, in der Mehrheit sind und die Macht besitzen, nicht auf Dauer die Schwarzen unterdrücken und versklaven? Weil auch sie ebenso wie wir Menschen sind? Aber auch die Tiere sind ebenso wie wir fühlende Wesen. Warum sollen unsere Rücksichtnahme und unser Mitgefühl gerade an den Grenzen der eigenen Spezies, nicht aber an den Grenzen der eigenen Rasse aufhören? ... In Wahrheit ist die Berücksichtigung tatsächlich aller Menschen bei der Zuerkennung individueller Rechte so viel oder so wenig selbstverständlich wie die prinzipielle Berücksichtigung von Tieren ... Müßte also die gleiche Entwicklung des Denkens, die auf Gleichstellung der Farbigen geführt hat, konsequenterweise nicht auch zur partiellen Gleichbehandlung der Tiere führen?«[25] Hier werden die Abstrusitäten gemeingefährlich, denn wer die Unterschiede zwischen Mensch und Tier dermaßen verwischt, relativiert zugleich die Menschenrechte.

Das Verhältnis des Menschen zur Natur wird auch nicht – ebensowenig wie es Tierrechte oder »Natur«-Rechte geben kann – dadurch verbessert oder besser begreiflich, daß wir uns einen Vertrag zwischen den Menschen und der Natur einbilden. Der französische Philosoph Michel Serres ist in seinem

Buch »Le contrat naturel« auf diesen geistreichen Einfall gekommen. Der Mensch verhielte sich zur Natur, meint Serres, wie ein »dummer Parasit«, weil er die Natur, als seinen Wirt, nicht einmal aus Eigeninteresse am Leben erhalte. Der Mensch müsse dieses Parasitentum aufgeben und statt dessen eine »Symbiose« mit der Natur eingehen, dazu müsse er sich ihr mit »Respekt, Gegenseitigkeit, ja Liebe« zuwenden und darauf verzichten, sie beherrschen zu wollen. Diesem Rat von Michel Serres ist nicht zu widersprechen. Nur ist unklar, warum dafür die Vertragsform geeignet sein soll. Dem Vernehmen nach soll Michel Serres auf allerhöchsten Wunsch des französischen Präsidenten Mitterrand an dem »Erdgipfel« in Rio de Janeiro im Jahr 1992 teilgenommen haben, weil die Position der französischen Regierung auf dem von Serres verfaßten Buch »Der Natur-Vertrag« beruhe. Es ist nicht bekannt, ob es der französischen Regierung inzwischen gelungen ist, die Natur zur Aufnahme von Vertragsverhandlungen zu bewegen. Ich erwarte aber, die Natur wird als mindeste Vorleistung verlangen, daß Frankreich endlich für alle Zukunft auf Atomversuche im Pazifik verzichtet.

Die Konsequenz: ökologischer Umbau der Industriegesellschaft

Skeptiker werden zu bedenken geben, der Ausbau der Demokratie in dieser oder jener Richtung sei gewiß erwägenswert, ja sogar zu begrüßen, jedoch existierten so viele Widerstände und Reibungsverluste, daß innerhalb eines überschaubaren Zeitraums eine solche Umrüstung der Demokratie nicht zu bewerkstelligen sei. Damit komme alles zu spät, um die Umwelt zu retten. Ja, wie schnell wir umlernen, das weiß kein Mensch.

Es hieß, erst Katastrophen brächten die Menschen dazu, ihr Verhalten zu ändern. Daran zu zweifeln, dafür gibt es leider viele Anzeichen. Tschernobyl war ein Schock; aber wie schnell war er vergessen. Bhopal im fernen Indien, das schien eher eine Naturkatastrophe in einem vermeintlich rückständigen und überbevölkerten Land. Seveso, auch die Erinnerung daran, an die grausamen Leiden vieler kleiner Kinder, ist fast verstummt. Demokratie braucht ein gutes Gedächtnis, Selbstreflexion und Kommunikation, um sich auf eine neue gesellschaftliche Gestalt zu verständigen. Demokratie ist keine statische Angelegenheit, sie muß sich vielmehr immer wieder aus sich heraus erneuern. Demokratie läßt sich nicht dekretieren.

Galin sagte dazu in einem Interview mit der Zeitschrift »Theater heute«: »Demokratie läßt sich nicht ›einführen‹. Heute wird gesagt: Seid Demokraten! Morgen heißt es: Fangt Spatzen! Dann fangen eben alle Spatzen!«

Demokratie läßt sich *nur* von innen aufbauen, nicht von außen. Ob das gelingt und ob der demokratische Konsens die richtigen naturverträglichen Ziele und Inhalte bestimmt, das kann genausowenig oktroyiert oder verordnet werden. »Es ist unumgänglich, daß alle unsere Zeitgenossen, die die Unabhängigkeit und die Würde ihrer Mitmenschen herstellen und sichern wollen, sich als Freunde der Gleichheit erweisen, und das einzig taugliche Mittel, sich als dieser Freund zu erweisen, ist es, ein solcher zu sein«[26], empfahl Alexis de Tocqueville.

Gleichermaßen ist das einzig taugliche Mittel, uns als Freunde der Natur zu erweisen, solche zu sein.

Wie aber könnte ein ökologisch orientierter Konsens inhaltlich aussehen? Welche von den Menschen selbstgeschaffenen und scheinbar unumstößlichen strukturellen Hindernisse müßten überwunden werden?

Die paradoxe Situation, daß wir unaufhörlich dafür schuften, die Umwelt zu zerstören, daß wir uns von einer aggressiven Werbung oder aus eigener Dumpfheit tagtäglich zu umweltbelastendem Konsum verführen lassen, daß es vielen an Arbeit fehlt, daß es einerseits angeblich an Geld für den ökologischen Umbau mangelt, andererseits aber Geld zum Jonglieren in der Finanzwirtschaft mehr als genug vorhanden ist, hat sich inzwischen zu einer vertrackten Realität verknäuelt, die äußerst schwer zu entwirren ist.

»Es gibt wenig Arbeit, aber viel zu tun.« Mit dieser Feststellung hat Heinrich Böll in der ihm eigenen Unbefangenheit unsere soziale Blindheit und Phantasielosigkeit kritisiert. Eine Gesellschaft, die es hinnimmt, daß auf der einen Seite wichtige Arbeit unterbleibt, auf der anderen Seite Menschen, die eine gesellschaftliche Aufgabe suchen, Arbeit vorenthält, diese Menschen also quasi zum Nichtstun zwingt, ihren Lebensstandard verschlechtert und dafür nicht unbeträchtliche finanzielle Mittel ausgibt, ist noch nicht zur sozialen Vernunft gekommen.

Ähnliches gilt für die Ökologie. Solange wir uns nicht darauf einigen können, daß die Arbeit am ökologischen Umbau der Industriegesellschaft mindestens Vorrang hat vor dem Talmi, mit dem wir uns in der Mehrzahl beschäftigen, kann von ökologischer Vernunft noch nicht die Rede sein.

Also, woran hapert es, daß diese Einigung nicht zustande kommt?

Die Natur nimmt ab, das Geld nimmt zu

Dreh- und Angelpunkt: Geld

»Il denaro fa ballare l'orso«, sagt ein italienisches Sprichwort. »Geld läßt den Bären tanzen.«

Schon 1981 waren 81 Prozent der Bundesbürgerinnen und Bundesbürger der Ansicht, daß mehr finanzielle Mittel zur Verbesserung der Umwelt eingesetzt werden müßten.[27]

Diese Aussage ist ziemlich unbestimmt, ungeachtet der erfreulichen Verstärkung des Umweltbewußtseins, die darin zum Ausdruck kommt. Wieviel »mehr« sein soll, damit hat es die Politik zu tun; vor allem aber damit, wer die zusätzlichen Mittel aufzubringen hat: die Wirtschaft oder der Staat oder beide, die Produzenten oder die Konsumenten oder beide? Soll das »Mehr« an Geld für den Umweltschutz auch ein »Weniger« für andere Zwecke sein? Welche Geldquellen sind am ehesten geeignet und gerechtfertigt? Wo soll das Geld investiert werden?

Das Geld begibt sich schließlich nicht von allein an die Stelle, an der es für Umweltschutzinvestitionen gebraucht wird. Das wäre nur dann der Fall, wenn wir einen funktionierenden Markt für Umweltwerte hätten. Ersichtlich existiert er aber nicht – oder sagen wir: nur in sehr eingeschränktem Maße. Sicherlich ist neuerdings zu beobachten, daß die Nachfrage nach naturbelassenen Lebensmitteln, nach biologischen Farben und Holzschutzmitteln, nach chemiefaserfreier Kleidung und ähnlichem steigt. Es sind bisher jedoch eher kleine Marktsegmente, die im Vergleich zu den gigantischen Umweltbelastungen, die die »normale« Produktion und deren Konsum verursachen, nur eine unbedeutende Rolle spielen. Nach den Erfahrungen der letzten Jahrzehnte jedenfalls wird niemand behaupten, der ökologische Umbau der Industriegesellschaft sei ausschließlich mittels der Wirkungsweise des Marktes innerhalb kurzer Frist – wenn überhaupt – zu bewerkstelligen.

Warum das so ist, weiß die Wirtschaft längst. Die Natur ist ein freies Gut. Aus Wettbewerbsgründen werden die Unternehmen sie so lange nach gängiger Lesart »kostenfrei« nutzen, als auch der Konkurrent dies tut. Die Natur nutzen heißt für die Industrie in aller Regel noch, sie zu zerstören oder jedenfalls erheblich zu schädigen. Erst wenn der Staat für alle Unternehmen verbindliche Rahmenbedingungen setzt, käme eine Dynamik in Richtung technischer und betriebswirtschaftlicher Innovation zur Vermeidung von Umweltbelastungen zum Zuge.

Die totalökonomisierte Gesellschaft

Die Natur nimmt ab, das Geld nimmt zu. Das zweihundertjährige Industriezeitalter hat die Tendenz, das gesamte Leben des Menschen zu bewirtschaften. Natur, Kunst, Politik, Religion, Liebe, Geburt und Tod, alles wird zur Ware und damit mittels Geld austauschbar. Unsere Gesellschaft basiert darauf, daß grundsätzlich alles käuflich und verkäuflich ist.

Einige superreiche Hongkong-Chinesen sollten in der neokapitalistischen Übergangs-DDR eingebürgert werden, weil sie versprachen, einige Millionen in die marode Wirtschaft zu investieren. Wer diese Episode für eine Besonderheit hielt, täuschte sich. Betuchte Zeitgenossen haben in der Regel keine Probleme, sich eine Aufenthaltserlaubnis zu verschaffen, wenn sie genügend Geld mitbringen. Es war noch nie zu hören, daß etwa japanischen Bankiers, die sich in Frankfurt niederlassen wollten, die Aufenthaltsgenehmigung verweigert wurde, weil Deutschland wegen Überfüllung geschlossen sei.

Die Vergötzung des Geldes in unserer Gesellschaft macht vor nichts halt. Manchmal bringt das selbst die Kirchen in Verlegenheit. Der Christian Science Church in Boston wurde von einer begüterten Frau, die das Zeitliche gesegnet hatte, die stattliche Summe von 98 Millionen Dollar vermacht. Nur eine kleine Bedingung war mit dieser Zuwendung von Todes wegen verknüpft: Es sollte ein Buch als offizielles Kirchendokument herausgegeben werden, in dem der Ehemann der Erblasserin die kühne These vertritt, die Begründerin der Sekte, eine gewisse Mary Baker Eddy, habe den gleichen göttlichen Rang wie Jesus.[28] Wenn alles zu kaufen ist, warum sollen nicht auch »religiöse Wahrheiten« gegen eine namhafte Summe zu haben sein?

»Wie Freizeit zu Geldzeit wird«, dafür warb eine Zeitschrift in einer ganzseitigen Anzeige. Geldfreie Zonen darf es in unserer Gesellschaft nicht geben, die sogenannte Freizeit ist längst ein ergiebiger Markt. Eine ganze Industrie hat sich darauf spezialisiert. So werden alle Lebensvorgänge dem wirtschaftlichen Kalkül unterworfen.

Im Jahre 1989 stiegen in der Bundesrepublik die Ausgaben für Werbung auf knapp 37 Milliarden DM. Die größten Investoren waren die Automobilhersteller, die sich in dem genannten Jahr die Öffentlichkeitsarbeit 1,26 Milliarden DM kosten ließen. Durch »Nachholbedarf« in der Fernsehwerbung und Impulse aus der Erweiterung des Aktionsradius von Industrie und Handel im vereinigten Deutschland ist die

Werbewirtschaft nochmals kräftig angestiegen: Der Gesamtumsatz betrug 1993 nicht weniger als 48,8 Milliarden. Für das Ende der neunziger Jahre rechnet die Werbewirtschaft in Gesamtdeutschland mit einem Werbevolumen von 60 Milliarden DM. Auch in den USA gehören Autohersteller und Händler zu den großen Kunden der Werbebranche. Mit 2,42 Milliarden Dollar für Werbung animierten sie allein 1989 die Kundschaft zum Kauf von 9,8 Millionen Fahrzeugen.

Das große Geldspektakel

Während der letzten Jahre haben sich die Finanzmärkte sprunghaft ausgeweitet. Mit einer Palette von »Finanzinnovationen« wird ein großes Geldspektakel veranstaltet, das im Grunde nichts anderes ist als eine Art Roulette. »Bubble Economy« nennen es Fachleute.[29] Gigantische Summen werden eingesetzt, gewonnen und verloren, ohne daß die finanziellen Transaktionen wirtschaftlich auch nur ansatzweise sinnvoll sind. Das könnte uns vollkommen gleichgültig sein, wenn nicht die schubartigen Geldbewegungen auf den Finanzmärkten erhebliche Auswirkungen auf die »produktive« Wirtschaft und damit indirekt auch auf deren soziale und ökologische Verhaltensweisen hätten.

»Das hat es noch nie gegeben, solange Frankfurter Währungsexperten zurückdenken können«, vermerkte die »Süddeutsche Zeitung« in einem Bericht über die »Schocktherapie« der schwedischen Zentralbank, die ihren kurzfristigen Zinssatz von einem Tag auf den anderen von 25 auf 75 Prozent erhöht hatte, um den Banken den Geldhahn komplett abzudrehen.[30] Die Schweden wußten sich nicht mehr anders zu helfen, um den massiven Druck der internationalen Währungsspekulation auf die schwedische Krone abzuwehren.

Die Währungsturbulenzen in Skandinavien waren kein Einzelfall. Die italienische Lira mußte mit Milliardenbeträgen gestützt werden, das britische Pfund schied vorübergehend aus dem Europäischen Währungssystem (EWS) aus, selbst der französische Franc, obwohl Frankreich im internationalen Vergleich eine der niedrigsten Inflationsraten zu verzeichnen hatte, geriet zeitweise ins Wanken. Die »Frankfurter Allgemeine Zeitung« sprach von »extremen Preiskapriolen auf den Devisenmärkten«.[31]

Innerhalb von drei Jahren war der tägliche Umsatz im weltweiten Devisenhandel bis 1992 um 50 Prozent auf die schwindelnde Höhe von etwa einer Billion Dollar angewachsen. Das entsprach den Devisenreserven auf dem gesamten Globus.[32] Inzwischen hat sich nach einer bislang nicht veröffentlichten Studie der weltweite Devisenhandel nochmals dramatisch ausgeweitet: auf die schier unvorstellbare Summe von fünf Billionen US-Dollar täglich. Diese Geldströme bringen die Währungen in immer kürzeren Abständen in arge Bedrängnis. Die Großbanken sind an diesem Handel in hohem Ausmaß beteiligt, aber auch Industriekonzerne und Versicherungsgesellschaften verschmähen Gewinne aus Devisenspekulationen nicht.

Wie stets, wenn sich Geld bewegt, gibt es Gewinner und Verlierer. Nicht selten ist der Verlierer die Zentralbank, die riesige Summen zur Stützung der heimischen Währung einsetzen muß. Im Verlauf der Pfundkrise kaufte beispielsweise die Bank von England rund 15 Milliarden zum Kurs von 2,7780 DM auf. Gleichwohl sank der Wert der britischen Währung innerhalb kürzester Frist auf 2,61 DM. Den Kursverlust von rund 750 Millionen Pfund verbuchten die Devisenhändler als Gewinn.

»Das letzte Spiel, das diesem aus den Fugen geratenden System noch bleibt, wird gegenwärtig durch die Ökonomie und ihre hypnotische Konzentration auf das Geld erleichtert«, schreibt Hazel Henderson. »Das Geld verliert heute rasch alle Bedeutung als ein Instrument zur Messung der Produktion und der Werte in der wirklichen Welt. Das Geld, das von Wirtschaftspolitikern und Zentralbanken manipuliert, durch elektronische Überweisungen in einem multinationalen Banksystem beschleunigt und durch eine globale 24-Stunden-Anlagenverwaltung abstrahiert wird, hat kaum mehr etwas mit der Wirklichkeit zu tun. Gewitzte Investoren in aller Welt wissen, daß es leichter ist, durch Spekulation, Devisenarbitrage, bewegliches Zinsgefälle und andere Formen von papiernem Unternehmertum Geld zu ›machen‹, als in eine wirkliche Fabrik zu investieren, die wirkliche Arbeiter beschäftigt und irgendwo auf der wirklichen Welt wirkliche Produkte herstellt.«[33]

Das ist wahrscheinlich ein wenig zu nostalgisch gesehen, weil die alte »wirkliche« rußgeschwärzte Fabrik mit »wirklichen« Proletariern usw. zunehmend verschwindet. Aber daß der Wurm drin ist in unserem Finanzsystem, das wird gelegentlich schon zugestanden. »Es knistert im Gebälk der Finanzmärkte« überschrieb die »Frankfurter Allgemeine Zeitung« am 23. Februar 1990 einen Artikel, in dem von zu üppiger Geldversorgung, »überspekulierten« Immobilienmärkten und einem hohen Grad der Verschuldung die Rede ist. Böse Vorahnungen äußerte auch die britische Zeitung »Independent« im März 1990, als sie schrieb: »Der japanische Immobilienpreis-Boom hat solche Dimensionen erreicht, daß, wie man sagt, die Immobilien in Tokio wertvoller sind als das gesamte Land in den USA. Milliarden von Dollars, die aufgenommen wurden mit Absicherung durch diese Immobilienwerte, wurden von japanischen Unternehmen rund um die Welt investiert. Wenn der Vulkan explodiert, könnten Flutwellen die Märkte weltweit überspülen.«

Ähnliche Befürchtungen knüpfen sich an das Geschehen an den internationalen Börsen. Aufgeblähte Aktienkurse ohne jeden realistischen Bezug zur Rendite des Wertpapiers fallen in sich zusammen und reißen ganze Wirtschaftszweige mit in den Abgrund, wenn die Scheinwerte als Sicherheit für Kredite dienten.

Vor diesem Hintergrund ist es nicht einmal eine Kuriosität, daß die Siemens AG während des Geschäftsjahrs 1990/91 im Finanzgeschäft mehr verdiente als mit Elektrotechnik. Die Erträge als »Bankinstitut« erzielte die Siemens AG auf Grund der hohen verfügbaren liquiden Mittel in einer Größenordnung von nahezu 19 Milliarden DM.

GELD –
DIESER HÖCHST DIFFUSE BEGRIFF

Von der Realität einer imaginären Größe

Geldtheorien und -definitionen

Wir könnten uns jetzt den Kopf zerbrechen, um das »Wesen des Geldes« herauszufinden. Das ist ein beliebtes Thema der Wissenschaft und manch krauser Wirtschaftsmodelle. Ich fürchte, gegenwärtig ist die Bereitschaft nicht sehr groß, über eine Reform von Geld und Währung nachzudenken. Die Planungen und Vereinbarungen, die eine europäische Währungsunion zum Gegenstand haben, sind ja nicht als Reform der Geldstruktur gedacht, sondern als – letzte – Stufe bei der Vollendung des westeuropäischen Binnenmarktes. Der Verzicht auf die D-Mark fällt den Deutschen nicht leicht. Sie wollen sich darauf nur einlassen, wenn die Grundsätze der bewährten deutschen Geldverfassung auf die europäische Ebene übertragen werden.

Wir sind sehr stolz auf unsere kaufkräftige Währung, die uns so viele Konsummöglichkeiten bietet. Sie funktioniert so gut, daß die Frage, ob das Geldsystem reformbedürftig sei, in der öffentlichen Diskussion kaum Widerhall findet. Lediglich die Schuldenlast der Länder der sogenannten Dritten Welt haben vorübergehend die Debatte über das Weltwährungssystem wiederaufleben lassen. Störungen im Weltwährungsgefüge, die in den letzten Jahrzehnten regelmäßig aufgetreten sind, haben die Deutschen wenig beeindruckt, weil die D-Mark stetig aufgewertet wurde.

Geldtheorie, das ist äußerst sumpfiges Gelände. In den Wirtschaftswissenschaften wird heute der Geldbegriff von den Funktionen her bestimmt. Daraus resultiert die tautologische Definition: »Alles, was Geldfunktionen ausübt, ist Geld.«[1]

Folgende Funktionen werden dem Geld üblicherweise zugeschrieben: Wertüberträger (Tauschmittel- oder Zahlungsmittelfunktion), Wertspeicher (Funktion als »Wertaufbewahrungsmittel«) und Wertmesser (Funktion als Recheneinheit).[2] Diese Funktionen kann das Geld nur erfüllen, wenn sein Wert einigermaßen stabil bleibt. Geld muß wenigstens eine Weile seinen Wert behalten, wenn es eine »Währung« sein soll. »Die Massengewohnheit der Annahme des Geldes beruht weniger auf der der rechtlichen Ausstattung als gesetzliches Zahlungsmittel als vielmehr auf der Gewißheit, mit dem empfangenen Geld wieder Käufe tätigen zu können.«[3]

Die schlüpfrige Gelddefinition wird keineswegs exakter, wenn andere Objekte, die – teilweise – Geldfunktionen ausüben, als »Quasigeld« oder »near money« bezeichnet werden. Das bringt die wissenschaftliche Literatur zu der resignierenden Feststellung: »Da es keinen eindeutigen, allgemeinverbindlichen Geldbegriff gibt, kann es auch keine einhellige Auffassung darüber geben, welche Größe jeweils als die ›richtige‹ Geldmenge anzusehen ist.«[4]

Geldmenge und -funktion

Auch in der Bundesbank weiß man, daß die Geldmengenbestimmungen ziemlich willkürlich sind. So hieß es im Monatsbericht der Deutschen Bundesbank vom Juli 1971 anläßlich des neuen Geldmengenkonzeptes (M3): »Definitionen wie diese sollen den Sprachgebrauch festlegen; sie treffen keine

Feststellungen über die Wirklichkeit. Mit dem oben dargelegten Begriff ›Geldvolumen‹ sollen diejenigen Aktiva von Wirtschaftssubjekten erfaßt werden, die sie in den Stand versetzen, ohne weiteres Güter und finanzielle Aktiva zu erwerben und Dienstleistungen in Anspruch zu nehmen. Das kann allerdings auch ›ohne Geld‹ geschehen, indem man ein Zahlungsziel ausnutzt, oder weil man die Kreditzusage einer Bank besitzt. Im Geldvolumen werden also nicht alle, sondern nur ganz bestimmte Voraussetzungen der Nachfrage nach Gütern und Leistungen quantifiziert ... Die Definition des Quasigeldes folgt im wesentlichen den gleichen Kriterien wie die des Geldvolumens, nur mit dem Unterschied, daß hierzu Aktiva gerechnet werden, die inländische Nichtbanken zwar nicht unmittelbar zu Zahlungszwecken einsetzen, aber verhältnismäßig rasch mobilisieren können und die ihrer Zweckbestimmung nach, ähnlich wie Kassenbestände, dem Ausgleich vorausgesehener Schwankungen in den Einnahme- und Ausgabenströmen dienen.«[5] Daß die Geldmengenabgrenzungen auf Grund vieler sogenannter »Finanzinnovationen« (Futures, Swaps etc.) an Aussagekraft einbüßen, kommt hinzu.[6]

Wolfram Engels rät deshalb, die Vergeblichkeit aller mehr oder minder virtuosen Bemühungen um die Abgrenzung der Geldmenge einzugestehen: »Heutzutage wissen wir weder, was eigentlich die Geldmenge ist, noch wie man sie steuern soll, noch welche Wirkungen es hätte, wenn man sie steuern könnte. Das jährliche verkündete Geldmengenziel der Bundesbank ist nicht viel mehr als ein Propagandainstrument zu dem Zweck, Vertrauen im Publikum zu schaffen und die Gewerkschaften von überhöhten Lohnforderungen abzuhalten.«[7] Engels hat auch einen Vorschlag parat, wie ein besseres System aussehen könnte: »Die vernünftigste Verankerung des Geldes wäre wohl ein festes Verhältnis von Geldwerten zu Sachwerten, mit der Folgerung, daß die Zentralbank nicht den kurzfristigen Zins, sondern das Aktienkursniveau regulieren müßte.«

Ob dieser Vorschlag praktikabel und sinnvoll ist, muß hier nicht untersucht werden. Immerhin könnte sich aus unserem Verständnis eine Abwandlung der Überlegung in der Weise ergeben, daß der Wert des Geldes – oder die Geldmenge – an den »Sachwert« Natur gekoppelt würde.

Jenseits aller Schwierigkeiten, Geld begrifflich zu erfassen, können wir aus der bloßen Beobachtung konstatieren, daß dem Geld – so, wie wir es handhaben – eine unbegrenzte Vermehrungstendenz innewohnt. Weil Geld wirtschaftliche Tätigkeit anreizt, wenn es nicht in der »liquidity trap« von Keynes festsitzt, steigert die wachsende Geldmenge auch die Geschäftigkeit der Wirtschaft. Oder es spiegelt jedenfalls die wirtschaftlichen Abläufe. Oder es ist eine Wechselwirkung.

Kredit- und Warengeld

Historisch ist die Ausgabe von Banknoten in Deutschland gerade etwa zweihundert Jahre alt. Friedrich der Große glaubte, die Notenpresse der Bank von England sei die Quelle dortigen Reichtums. Er erließ am 17. Juni 1765 das »Edikt und Reglement der Königlichen Giro- und Lehn-Banco«, mit dem die erste deutsche Notenbank errichtet wurde.[8]

Die technischen Neuerungen haben es zuwege gebracht, daß Geld nur noch als elektronischer Buchungsvorgang funktioniert. Wir sprechen von Computergeld oder Zahlungselektronik, die den Zahlungsverkehr mit Banknoten, Schecks, Überweisungen und Kreditkarten ablösen. »Electronic cash« nennt es der Handel, wenn mittels Eurocheque-Karte und Geheimnummer die zu entrichtende Summe direkt vom Konto des Kunden abgebucht wird. Obwohl der Hang der

Deutschen zum Bargeld und zur Geldillusion notorisch ist, können wir uns vorstellen, daß praktisch sämtliche Geldbewegungen elektronisch abgewickelt werden. Dann käme bald zum Vorschein, daß das Geld nichts weiter ist als eine gesamtwirtschaftliche Buchhaltung mit der Recheneinheit, auf die wir uns in der jeweiligen Währung verständigt haben.

Freilich, es bleibt die Frage offen, worüber Buch geführt wird. Manche Autoren behaupten, Geld verleihe das Recht auf Inanspruchnahme von Leistungen Dritter. Das ist offensichtlich falsch, denn mit noch soviel Geld kann niemand von Rechts wegen verpflichtet werden, irgendeine Gegenleistung zu erbringen. Dazu bedarf es einer selbständigen Rechtsgrundlage. Daß ich für mein Geld etwas erhalte, hängt ausschließlich mit der Erwartung zusammen, daß der Geldempfänger damit rechnet, daß er seinerseits für sein Geld mit einer Leistung bedacht wird.[9] Damit sind wir wieder bei der erwähnten »Massengewohnheit der Annahme des Geldes«.

Günter Schmölders hat demnach eine »Psychologie des Geldes« entwickelt und faßt die unterschiedlichen Aspekte des Geldes so zusammen: »Das Wesen des Geldes liegt im psychischen Bereich, in der allgemeinen Anerkennung verbindlicher Wertordnungen, kurz, im menschlichen Wertbewußtsein, das sich in den verschiedenen Symbolen der Geldzeichen objektivieren kann und diesen Funktionen des Wertmaßes, der Recheneinheit und des Zahlungsmittels verleiht. Diese Geldfunktionen werden nicht vom Staat bestimmt oder erzwungen, sondern nur bestätigt und geregelt.«

Schaal gelangt zu folgender analoger Formel: »Geld ist unabhängig von seiner äußeren Form und von der Wirtschaftsordnung ein gesetzlich bestimmtes oder allgemein akzeptiertes Zahlungsmittel, das Werte auszudrücken, aufzubewahren und zu übertragen vermag und das in einer engen Wertbeziehung zum realen Bruttosozialprodukt steht.«[10]

Daraus folgt, daß das Geld »als solches« keinen Wert hat. Es erscheint als wertneutral; es ist lediglich ein Wertrepräsentant, eine Wertfolie. Dort, wo Geld investiert wird und neue wirtschaftliche Werte geschaffen werden, kann sich der Wertzuwachs in zusätzlichem Geld (Zins) realisieren; wird das Geld aber im Spielkasino der – abgekoppelten – Finanzwirtschaft vervielfacht, wirkt es wie eine Krebsgeschwulst.

Nun ist nach heutigem Verständnis alles umlaufende Geld sogenanntes Kreditgeld, dessen Zahlungswert – im Unterschied zum Warengeld – höher ist als sein materieller Wert.[11] Das Kreditgeld wird definiert als ein von den Emittenten des Geldes gegebenes Zahlungsversprechen in Höhe des Geldwertes. Das ist freilich wiederum eine tautologische Begriffsbestimmung, weil ein Geldbetrag das Versprechen sein soll, einen entsprechenden Geldbetrag zu entrichten.

Das Gegenbeispiel des Warengeldes, dessen materieller Wert höher ist als sein Zahlungswert, ist eine optische Täuschung. Wenn das Edelmetall, aus dem eine Münze hergestellt ist, einen höheren Marktpreis hat als den Zeichenwert der Münze (z. B. die Ein-Pfennig-Münze), beweist das nur, daß zwei unterschiedliche Wertkategorien übereinandergestülpt sind.

Das immaterielle Geld, das theoretisch auf jedes materielle Substrat verzichten kann, beschreibt in Zahlen Preis- und Wertrelationen, während das Kupfer, Silber oder Gold für sich genommen Gegenstand einer solchen Preis- oder Wertrelation sind. Wenn das Geld demnach entsprechend seinem Funktionszweck *immer* mit menschlicher Wertsetzung verkoppelt ist, nimmt der Staat nur die Rolle des Formgebers ein. Er beglaubigt, verbürgt und erzwingt das »amtliche« Geld als gesetzliches Zahlungsmittel. Dadurch erhält jedoch das Geld keine andere Eigenschaft. Die Amtssprache ist Deutsch, deshalb verändert sich im Prinzip die Sprache nicht. Daß das

Amtsdeutsch eine ziemlich verhunzte Sprachform ist, widerspricht dem nicht.

Die vom Staat autorisierten Zeichen sind somit nichts als reine Form, die den Inhalt des Rechtsgeschäfts transportieren. Genausowenig, wie die Notenschrift, in der ein Musikstück geschrieben wird, einen Wert für sich hat, abgesehen von Papier und Druck, hat die Banknote, mit der ein Entgelt entrichtet wird, einen Wert an und für sich.

Geld bringt alle wirtschaftlichen Vorgänge zwangsläufig in einen Gesamtzusammenhang. Denn die Wertbeziehung, die in einem bestimmten Kaufvertrag beispielsweise in Geld ausgedrückt vereinbart wird, relativiert und verändert sich gewissermaßen ständig durch andere Rechtsgeschäfte, die mittels Geld abgewickelt werden. Seine Kaufkraft erhält das Geld ausschließlich aus diesem sich unablässig wandelnden Marktgeschehen. Die Elektrifizierung der Geldbewegung bringt die Funktionsweise des Geldes als bloße Form am reinsten zur Erscheinung, und zwar als gesamtwirtschaftliche Buchführung.[12]

Wenn jedes Geld, auch das sogenannte Bargeld, als Guthaben in der gesamtwirtschaftlichen Buchführung verstanden wird, notiert und fixiert der Geldfluß nichts als die Erhöhung oder Senkung des jeweiligen Kontostandes, dessen Wert sich immer neu durch eine unübersehbare Vielzahl von Faktoren bestimmt. Weil aber zugleich in einer Marktwirtschaft sämtliche Preisstellungen *beliebig* sind im Sinne der bekannten Dynamik von Angebot und Nachfrage, kann Geld logischerweise nicht stabil sein: Es ist ja nur die *immaterielle Wiedergabe der Marktverhältnisse.*

Verkaufe ich heute einen Gegenstand zum Preis von eintausend DM, kann er morgen aus irgendwelchen subjektiven oder objektiven Gründen um das Zehnfache teurer sein. Das Geld, in bar oder als Buchgeld, wäre damit um den Faktor zehn weniger wert geworden. Das könnte ich verschmerzen, falls ein anderer Gegenstand, den ich erwerben will, inzwischen um das Zehnfache billiger geworden wäre. Bezogen darauf hätte sich der Wert meines Geldes um den Faktor zehn erhöht. Denkbar ist aber schließlich, daß mich die Preisentwicklung bestimmter Güter überhaupt nicht interessiert, weil es mir hauptsächlich darauf ankommt, jederzeit »flüssige« Geldmittel verfügbar zu haben (»Liquiditätsvorliebe«).

Der »Wert« des Geldes oszilliert also unentwegt auf Grund vielfältiger Einflüsse des Marktes. Das Geld signalisiert auf diese Weise die Marktlage. Es versammelt in sich alle Preisverhältnisse und Bewertungen, die der Markt vornimmt, einschließlich von Geldangebot und -nachfrage. Da sich im Markt subjektive und objektive, rationale und irrationale Elemente unauflöslich mischen, ist die Annahme irgendeiner Gesetzmäßigkeit in den Marktabläufen stets fiktiv.

Geldschöpfung und Kreditgewährung

Wir wollen uns nicht dabei aufhalten, wie das Geldsystem im einzelnen funktioniert. Die Zentralbank (bei uns die Deutsche Bundesbank) gibt die Jetons aus – in Form von Banknoten und Giralgeld –, damit die Teilnehmer am Wirtschaftsspiel ihre Einsätze tätigen können. Kurioserweise nennt man das Geldschöpfung, wobei allerdings nicht übersehen werden darf, daß das »geschöpfte« Geld noch keinen »Wert« hat, solange es druckfrisch in den Tresoren der Bundesbank liegt, sondern erst dann, wenn es in Umlauf kommt. Daher spricht man von »potentiellem« und »aktuellem« Zentralbankgeld.[13]

Daran läßt sich einmal mehr ablesen, daß das Geld als solches keinen Wert hat, sondern erst durch Einschleusung in den Markt zum Träger bzw. Überträger von Werten wird und dadurch seinen akzessorischen Eigenwert erhält.

Geldschöpfer sind neben der Zentralbank auch die Geschäftsbanken. Das Geldvolumen, das sie »produzieren«, ist erheblich größer als die Geldmenge, die unmittelbar von der Zentralbank geschaffen wird. Das Geldschöpfungspotential der Geschäftsbanken ist dadurch begrenzt, daß ihnen die Zentralbank einen bestimmten Mindestreservesatz und Barreservesatz vorschreibt. Entfiele der Reservesatz (r=o), wäre das Geld- und Kreditschöpfungspotential unendlich groß.[14]

Die Fabrikation von Geld beruht auf einem sehr einfachen Vorgang: Zahlungsmittel ist die *Forderung* gegen eine Bank auf Zahlung einer bestimmten Summe in bar. Ebenso verfahren die Organisationen, die die Geldschöpfung durch Schaffung von Geldsurrogaten (privates Geld) imitieren. Zum Beispiel bieten Kreditkartenunternehmen ihren Kunden die Möglichkeit, durch eine Forderung an das Unternehmen zu bezahlen. Das Kreditkartenunternehmen fungiert als eine Clearing-Stelle oder eine gemeinsame Buchhaltung, die die Abrechnung übernimmt, und ersetzt damit Bar- oder Buchgeldzahlungen.

Kehren wir noch einmal zu dem Begriff des Kreditgeldes zurück. Geld hat nach diesem Verständnis den Charakter des Kredits, ist also doppelseitig, nämlich Forderung und entsprechende Verpflichtung. Geld setzt damit begriffsnotwendig die Differenzierung zwischen Verpflichtungs- und Erfüllungsgeschäft voraus. Geldschöpfung ist nichts anderes, wie wir bereits gesehen haben, als die Verbriefung von Forderungen gegen die geldschöpfende Instanz. Andererseits wird Geld jedoch vernichtet, wenn »die Monetisierung der Aktiva« der geldschöpfenden Instanz wieder zugeführt wird. Das Paradoxe an dem Vorgang ist, daß die Schaffung von Buchgeld durch die Geschäftsbanken beispielsweise eine Rechtsbeziehung zwischen Bank und Kunden schafft, in der auf beiden Seiten jeweils Forderung und Verpflichtung ineinander verwoben sind. Solange das Buchgeld nicht verwendet wird, heben sich Forderung und Verpflichtung auf, abgesehen von den Bereitstellungszinsen, die von der Bank vermutlich in Rechnung gestellt werden, hier aber zur einfacheren Beurteilung außer Betracht bleiben sollen.[15]

Geld wird der Kontokorrentkredit erst, wenn der Bankkunde darüber verfügt. In diesem Augenblick trennen sich Forderung und Verbindlichkeit: Die Verpflichtung des Bankkunden gegenüber der Bank bleibt bestehen, während die entsprechende Forderung auf einen anderen übergeht.

Aber was ist der Inhalt von Forderung und Verpflichtung? Die Zahlung in Zentralbankgeld (high-powered-money) kann aus beiden Richtungen verlangt werden. Zentralbankgeld wird auch »definitives« Geld genannt im Gegensatz zum »provisorischen« Buchgeld, weil es sozusagen endgültig und nicht »einlösbar« ist. Da für die Zentralbank keinerlei Einlösungspflicht – etwa in Gold – besteht, ist es real gesehen ein Nichts.

Geld ist ein Blanko-»Wert« oder ein virtueller Wert: Es ist nur geistig vorhanden, und zwar in Zahlen ausgedrückt. Die Geldmünzen, das Bankkonto oder die Speicherung in einem Computer sind lediglich die Dokumentation des »irrealen« Geldes. Wir könnten auch sagen, das Geld ist die in Zahlen formulierte, auf unterschiedliche Weise dokumentierte Sprache der Wirtschaft, auch der Gesellschaft, soweit sie etwas als *wirtschaftlichen* Wert definiert.

Florian Coulmas hat auf die Ähnlichkeiten der inneren und äußeren Dynamik von Sprache und Geld hingewiesen. Er schreibt: »Da primär Mittel, ist Sprache kein Wert; aber sie hat Wert.«[16] Vielleicht taugt diese Unterscheidung auch für das Geld: Es ist kein Wert, aber es hat – als Mittel – Wert; es nimmt einen Wert an wie Wasser, in dem, als Trägerflüssigkeit, andere Substanzen gelöst sind.

Auch Baudrillard sieht eine Verbindung zwischen Sprache und Geld, er unterscheidet »Phasen der Geldsprache«.[17] Mit der Sprache teilt Geld die Eigentümlichkeit, daß es sowohl die Wiedergabe eines bestimmten wirtschaftlichen Ablaufs als auch zugleich unmittelbar wirtschaftliches Handeln ist. Geld ist Ausdruck und Aktion. Sein wesentliches Merkmal ist die schnelle und universale Transaktion.

Wenn alles Geld, wie wir bereits gesehen haben, Kreditgeld ist, ist Geldschöpfung genaugenommen nichts anderes als Kreditgewährung. Der Kredit wird »aus dem Nichts« geschaffen, analog dazu wird Geld ebenfalls »aus dem Nichts« produziert.[18] Das gilt selbst dann, wenn man, wie Hansjörg Herr und Hajo Riese, unter Geld nur Zentralbankgeld versteht, während das vom Bankensektor geschaffene Giralgeld als Geldsurrogat oder »near money« eingeordnet wird, weil es zwar auch Geldfunktionen übernehme, aber dennoch nur ein Forderungstitel auf Geld sei. Für Riese und Herr ist Zentralbankgeld »A-priori-Geld«, weil Geldkontrakte in letzter Konsequenz nur mit Zentralbankgeld erfüllt werden könnten; daher sei ausschließlich Zentralbankgeld Zahlungsmittel. Für die Gelddefinition gibt es allerdings kaum etwas her, wenn die unbezweifelbare Tatsache in den Mittelpunkt gerückt wird, daß nur Zentralbankgeld gesetzliches Zahlungsmittel sei und demnach Geldschulden nur mit Zentralbankgeld beglichen werden können. Geld diene zur Erfüllung von Geldschulden, das dürfe nicht ignoriert werden.[19] Schulde ich einen Zentner Hafer, muß ich Hafer liefern.

Die Abgrenzung zwischen Zentralbankgeld als »echtem« Geld und allen übrigen Geldformen als Substituten ist jedoch ihrerseits willkürlich, weil letztlich Zentralbankgeld ebenfalls nur ein Forderungstitel ist, und zwar gegen die Zentralbank.[20] Dieser Forderungstitel ist allerdings im Falle einer reinen Papiergeldwährung »leer«, weil Banknoten und Sichteinlagen bei der Bundesbank nur Medium sind und sich auf keinen zusätzlichen materiellen Gegenstand beziehen.[21] Das spiegelt sich auch darin, daß Geldvermögensbildung in einer Volkswirtschaft saldenmechanisch stets gleich Null ist. »Denn wenn das (bilanzmäßige) Aktivum Zahlungsmittel als Vermögen definiert wird, so läßt sich das entsprechende Passivum (der Zentralbank) als negatives Vermögen definieren. (Entsprechend ließe sich der Geldumlauf als negative Größe auf der Aktivseite der Zentralbank verbuchen.)«[22]

Die Geldschöpfung begann in der Bundesrepublik Deutschland übrigens – so geschehen am 20./21. Juni 1948 anläßlich der Währungsreform – damit, daß jeder eine Grundausstattung von 40 D-Mark im Umtausch gegen 40 Reichsmark erhielt. Außerdem wurden seinerzeit allen öffentlichen Kassen einschließlich der Bahn und der Post sowie allen Arbeitgebern bestimmte Beträge als Guthaben zugeteilt, die sie an die Zentralbank zuzüglich Zinsen zurückzuzahlen hatten. Weil diese Zinsen über die Bundesbank für die Allgemeinheit vereinnahmt werden und der Staat in Gestalt der Bundesbank als Währungshüter die Funktionstüchtigkeit des Geldes vermittelt und gewährleistet, mag dieser Zins, der allem Geld anhaftet, nicht anfechtbar sein.

Sehr viel weniger plausibel scheint zu sein, daß die Geschäftsbanken, die Geld »aus dem Nichts« produzieren, dafür einen Preis fordern können. Es erinnert an die Experimente der Alchemie im Mittelalter, mit denen aus Dreck Gold hergestellt werden sollte. Marco Polo, der Ende des 13. Jahrhunderts 20 Jahre am Pekinger Hof des Mongolen-Khans Kublai zubrachte, berichtete in Europa voller Bewunderung von der in China damals schon gebräuchlichen Verwendung des Papiergeldes mit den Worten, daß Kublai Khan diese »Alchemie perfekt beherrscht«.[23]

Bei näherem Zusehen ist keine Zauberei im Spiel. Über den

Zins wird der Bank nicht die Geldschöpfung, sondern ihre Dienstleistung vergütet. Meinethalben kann die Geldschöpfung der Bundesbank und der Geschäftsbanken für sich genommen als eine Dienstleistung verstanden werden. Bemerkenswerterweise verwendet die volkswirtschaftliche Gesamtrechnung für die Ermittlung der Bruttowertschöpfung des Bankgewerbes folgendes Verfahren:

Einnahmen u. a. aus Gebühren und Provisionen

+ *unterstellte* Entgelte für Bankdienstleistungen (Saldo aus Ertragszinsen; Kreditprovisionen, Aufwandzinsen u. a.)

– Vorleistungen (eventuell verbrauchte externe Güter und Dienste).

Dabei wird nach *allgemein anerkannter Konvention* die Bankleistung im zinstragenden Geschäft als Differenz zwischen Ertrags- und Aufwandszinsen gemessen.[24]

Der Sachverhalt unterscheidet sich prinzipiell nicht von der Quasi-Geldschöpfung von Kreditkartenunternehmen. Sie führen Buch über eine Vielzahl von Rechtsgeschäften, die mittels Geld abzuwickeln sind, ersetzen das Geld durch Gut- und Lastschriften und gewähren Kredit durch die zugebilligten Zahlungsziele. Weil die Kreditkartenunternehmen keine Wohlfahrtseinrichtungen sind, müssen sie an dem Geschäft verdienen. Der Verdienst besteht in den Gebühren, die den Kreditkartenkunden in Rechnung gestellt werden, und den Provisionen, die der Betrieb, der über Kreditkarte abrechnet, in Kauf nehmen muß. Die rasche Ausweitung des Kreditkartengeschäfts beruht auf der Bequemlichkeit und Zuverlässigkeit, die mit dieser Abwicklung des Zahlungsverkehrs verbunden sind. Es ist aber ein Service, der Betriebe mit zusätzlichen Kosten belastet und deshalb nicht überall gern gesehen wird.

Vorstellbar wäre, daß der gesamte Geldverkehr einer Volkswirtschaft über ein Kreditkarten-System, das von der Bundesbank verwaltet würde, abgewickelt wird. Was wäre die

Folge? Es gäbe eine gigantische Zentralverwaltung, die die Abrechnung zu bewältigen hätte. Das wäre wahrscheinlich im Zeitalter der elektronischen Datenverarbeitung keine so große Schwierigkeit. Scheitern muß aber eine derartige zentrale Clearing-Stelle, weil sie nicht die unübersehbar vielen Teilnehmer auf ihre Kreditfähigkeit überprüfen kann.

Im Geld wird somit abgerechnet. Geld ist, wo immer die Abgrenzung gezogen wird, zugleich Kredit. Kreditgeld und Kredit lassen sich nicht trennen. Aber es sind zwei verschiedene Prozesse, die simultan stattfinden, einerseits als »gesamtwirtschaftliche Buchführung« und andererseits als Kreditgewährung. Grundlage des Kredits ist das Vertrauen, das der Kreditgeber dem Kreditnehmer entgegenbringt und mit der Erwartung verbindet, der Schuldner (Kreditnehmer) werde innerhalb der vorgesehenen Frist seine Verbindlichkeit gegenüber dem Gläubiger (Kreditgeber) erfüllen. Kredit ist demnach stets auf Überbrückung von Zeiträumen angelegt. Im Fall des Geldes ist Kreditgeber der Geldbesitzer und Kreditnehmer die Wirtschaft, aus deren Warenkorb der Geldbesitzer je nach Fristigkeit und – unbeständiger – Kaufkraft des Geldes seinen »Kredit« realisieren kann. Anders ausgedrückt: In der Geldwirtschaft werden innerhalb der Tauschgeschäfte ständig Vorleistungen erbracht im Vertrauen darauf, daß die dafür erteilte Gutschrift (Geld oder Kredit) demnächst oder später gegen eine andere gewünschte Gegenleistung eingelöst werden kann.

Quantitative Wirkungen des Geldes

Unter den Geldgelehrten ist nahezu alles strittig. Selbstverständlich auch die Frage, ob Konjunktur- und Wachstumsschwankungen allein durch monetäre Faktoren oder ob umgekehrt monetäre Vorgänge nur Folgewirkungen der realen Wirtschaft sind. Oder anders ausgedrückt: Es weiß bis heute niemand mit Sicherheit, ob das Sozialprodukt wächst, weil die Geldmenge wächst, oder ob umgekehrt die Geldmenge zunimmt, weil sich das Sozialprodukt erhöht. Wahrscheinlich handelt es sich um einen reziproken Ursachenzusammenhang. Das heißt, ein vermehrtes Geldangebot *kann* eine Belebung der Wirtschaftstätigkeit hervorrufen, und diese führt wiederum zu einer größeren Geldnachfrage.

Die Bundesbank folgert aus ihren Feststellungen, »daß kurzfristig kein enger Zusammenhang zwischen der Entwicklung des Sozialproduktes und der Zentralbankgeldmenge besteht«. Nach Meinung von Schaal bestätigen mittel- und langfristige Erfahrungen in der Bundesrepublik jedoch einen solchen Zusammenhang und »damit die monetaristische Konzeption«. Aus diesem Grunde »orientiert sich die Bundesbank vornehmlich an der Entwicklung der weit abgegrenzten Geldmengenbegriffe M 3 und der Zentralbankgeldmenge, die mittelfristig in einem verhältnismäßig stabilen Zusammenhang mit der wirtschaftlichen Entwicklung stehen«.[25]

Ich werde mich hüten, mich in den heiklen Streit einzumischen, wieviel Geld der Wirtschaft angeboten werden muß, damit sie floriert, wie sich die Geldnachfrage in den Wirtschaftsabläufen steuern läßt oder gesteuert werden muß oder wie auf eine empirisch festgestellte oder theoretisch unterstellte Geldnachfrage zu reagieren sei. Ob sich Wirtschaftsvorgänge und -zusammenhänge mathematisieren lassen, halte ich für mindestens anzweifelbar, aber auch das muß uns hier nicht interessieren. In einem Lehrbuch werden immerhin auf einem Schaubild 35 Komponenten aufgeführt, die die Geldnachfrage beeinflussen oder wenigstens beeinflussen können.[26] Ökologische Faktoren kommen in diesem Wirkungsgeflecht selbstverständlich nicht vor, weil Naturverbrauch nach gängiger Sicht keine ökonomische Relevanz hat. Die Rohstoffpreise, die als Komponenten der Geldnachfrage erscheinen, sind nicht ökologisch bestimmt, sondern nur als Wert, den der Rohstoff nach Marktgesichtspunkten hat.

Jedenfalls besteht Übereinstimmung unter allen Geldtheoretikern, daß »expansive monetäre Impulse eine erhöhte gesamtwirtschaftliche Nachfrage verursachen und somit auf den realen Sektor übergreifen können, aber nicht müssen«.[27]

Interessant an dieser Feststellung ist nebenbei, daß – *argumentum e contrario* – der monetäre Sektor, wie bei Henderson, als irrealer Bereich angesehen wird. Umgekehrt ist das Ursache-Wirkung-Verhältnis eindeutiger: Restriktive monetäre Impulse übertragen sich nach allgemeiner Meinung stets dämpfend auf den realen Sektor, weil sie die Kreditvergabemöglichkeiten der Banken einschränken.

An Geldtheorien herrscht ohnehin kein Mangel. Von Geldangebots- und -nachfragetheorien, Liquiditätstheorien, Portfoliotheorien über Lagerhaltungstheorien, Substanzwerttheorien, Einkommenstheorien und Kreditmarkttheorien bis hin zu den Denkschulen der Monetaristen, Keynesianer und Post-Keynesianer, die diese Theorien aus- oder weitergedacht haben, ergibt sich ein äußerst verwirrendes Tableau von Begriffen und Begriffskombinationen, die das resignierende Fazit von Tobin, wonach wir in Wahrheit überhaupt nicht wissen, was Geld »wirklich« ist, verständlich werden läßt.

Der fiktive Charakter des Geldes, der auf der Akzeptanz oder dem Vertrauen der Gesellschaft beruht, die in der jeweiligen Währung kommuniziert, wird jedenfalls, abgesehen von den Substanzwerttheorien, von niemandem ernsthaft in Zweifel gezogen. Mit dieser sicherlich brüchigen Formel müssen wir uns begnügen, solange eine bessere nicht erkennbar ist.

Die Gegenüberstellung von realer Wirtschaft und »irrealen« monetären Prozessen ist allerdings korrekturbedürftig.

Geld und Geldbewegungen sind nicht »irreal«, sondern immateriell. Beim Austausch von Waren gegen Geld vollzieht sich demzufolge eine Entmaterialisierung der Wertbestimmung. Ein »Formwechsel von Wert«[28] (»die Ware verwandelt sich in Geld und das Geld in Ware«) findet dabei keineswegs statt. Die Ware wechselt ihren Besitzer, und der Veräußerer erhält einen immateriellen Wert in Gestalt des Geldes als Wertdokument.

Die Werthaltigkeit des Geldes – um es zu wiederholen – beruht ausschließlich auf einer gesellschaftlichen Verständigung, und sie besteht nur so lange, wie der gesellschaftliche Konsens fortdauert. Der Wert bleibt gewissermaßen außerhalb des Geldes. Insofern ist Geld auch nicht unmittelbar Wertaufbewahrungsmittel oder Wertüberträger. Diese Funktionen erfüllt das Geld nur, weil im Sinne einer gesellschaftlichen Buchführung eine Ware oder ein sonstiger wirtschaftlicher Wert zu dem gewünschten Zeitpunkt mittels Geld abgerufen oder ausgetauscht werden kann.

Aber welcher Wert ist durch die gesamte Geldmenge repräsentiert? Das Geld soll nach den Lehrbüchern »in einer engen Wertbeziehung zum realen Bruttosozialprodukt« stehen, Geld »repräsentiere eine bestimmte Kaufkraft in Relation zum Bruttosozialprodukt«.[29] Rudolf Steiner, auf den sich die anthroposophischen Geldreformer berufen, meinte, das »Geld« eines bestimmten Wirtschaftsraumes – die Währung – entspreche oder müsse entsprechen den vorhandenen Produktionsmitteln. Zugleich sah er Geld aber auch als Äquivalent für Waren und Leistungen.

Offenkundig bemißt sich der Wert des Geldes danach, ob wir uns etwas dafür kaufen können. »Wir verstehen unter Kaufkraft des Geldes die Fähigkeit des Geldes, diejenigen Güter und Dienste zu kaufen, für deren Beschaffung zu Konsumzwecken eine bestimmte Gemeinschaft von Personen ihr Geldeinkommen verausgabt«, so umschreibt Keynes den

Wert des Geldes, der sich in Kaufkraft manifestiert.[30] Gibt es mehr Geld als Waren, verliert es an Wert (Inflation).

So simpel dieser Sachverhalt erscheint, verbergen sich darin gleichwohl allerhand Komplikationen. Es müssen beispielsweise die auf dem Markt angebotenen Waren so beschaffen sein, daß sie Käufer zu Preisen finden, die in ihrer Gesamtheit der umlaufenden Geldmenge entsprechen. Unterstellt, die Hälfte des Warenangebots ist nach subjektiven oder objektiven Maßstäben Schrott, nichts wert und lohnt nicht den Erwerb, dann führt der daraus resultierende Geldüberhang zu einem – inflationären – Preisauftrieb hinsichtlich der anderen Hälfte des Warenangebots, die in ihrer Qualität den Vorstellungen und Wünschen dem Käuferpublikum zusagt. Daraus folgt, daß im Geld sich jeweils nur der ständig in Bewegung befindliche Wertschöpfungs- und Bewertungsprozeß spiegelt. Das heißt, daß die Gesellschaft – oder jedenfalls ihr wirtschaftlicher Sektor – durch ihr Verhalten den Wert des Geldes bzw. den Wert, der durch das Geld ausgedrückt wird, aktiv mitbestimmt, und zwar auch jenseits des eigentlichen wirtschaftlichen Kalküls.

Wenn die »enge Wertbeziehung« des Geldes zum Bruttosozialprodukt gewahrt bleiben soll, muß die als umlaufende, wirksame Geldmenge auftretende Nachfrage am Markt ein Angebot vorfinden, das ohne Veränderung der durchschnittlichen Preisrelationen befriedigt werden kann. Weil sich »die umlaufende, wirksame Geldmenge und das nominale Umsatzvolumen von Waren und Leistungen in einer Periode entsprechen müssen«[31], zeigt sich die inflationäre Geldwertverschlechterung erst im Vergleich mit vorausgegangenen Perioden, wobei die Vergleichsmethoden mit erheblichen Unsicherheitsfaktoren behaftet sind.[32]

»Geld regiert die Welt«

Geldgesten

Ein anderer Ansatz, das Wesen des Geldes zu erfassen, besteht darin, die sozialen »Gesten« im Umgang mit dem Geld in Betracht zu ziehen. Kaufgeld, Leihgeld und Schenkungsgeld als unterschiedliche Färbungen der jeweiligen Geldbewegungen sollen so organisiert werden, daß sich ein »gesunder« Wirkungszusammenhang des Geldes ergibt.[33] Die Schwierigkeit, diesen Ansatz zu verstehen, liegt darin, daß auch bei einem Darlehen oder einer Schenkung das Geld wiederum für Kaufzwecke verwendet wird. Alle Geldbewegungen sind ausnahmslos auf Vermittlung von Rechtsgeschäften gerichtet, die den entgeltlichen Erwerb der auf dem Markt angebotenen Güter und Dienstleistungen zum Gegenstand haben und damit sämtlich in einem sehr weiten Sinn als Kaufgeschäfte zu bezeichnen sind; Verleihen von Geld oder dessen unentgeltliche Überlassung (Schenken) sind lediglich sekundäre Geldübertragungen, die wieder in Kaufprozesse übergehen.

Dennoch ist es richtig, wenn Hardorp von einem Funktionswandel des Geldes in den drei Sphären Kaufgeld, Leihgeld und Schenkungsgeld spricht. Im Falle des Kaufs handelt es sich um eine Tauschbeziehung, im Fall des Leihens um eine zeitliche Verlagerung der Tauschbeziehung und, wenn der Kredit investiv verwandt wird, um eine Beteiligung an dem Ertrag aus der Investition, während es im Falle einer Schenkung auf die Förderung eines »ideellen Zweckes« ankommt.[34]

Aber ist Geld an und für sich ein Wert? Eine gewisse Miss Pia Zadora beantwortete diese Frage so: »Of course money isn't everything – there are also credit cards, traveller's cheques and postal orders.« Für sie ist Geld eine Lustbarkeit und beweist, daß es sinnlich macht oder – was nicht eben schlecht sein muß – den Weg zu vielerlei sinnlichen Genüssen ebnet. Die Kehrseite ist, daß fast alles in der Gesellschaft in den Sog des Marktes gerät, alles Warenform annimmt, alles käuflich wird. Der Bankier Fürstenberg faßte das in den Satz, daß Geld gewiß nicht alles sei, aber für Geld bekomme man fast alles.

Niemand wird sich gern nachsagen lassen, er oder sie sei käuflich. Die Wahrheit ist, daß die Menschen mehr und mehr »kaufbar« sind, mehr und mehr in Marktverhältnisse gezwungen werden. Das Wort »Arbeitsmarkt« ist dafür eine Chiffre. Oder wir könnten es der Einfachheit halber »die Vergeldlichung der Gesellschaft« nennen. Geld wird die universale Ausdrucksform. Konsequenterweise kämpfen die Feministinnen nicht mehr gegen die Prostitution, sondern gegen die systematische Benachteiligung der Frauen durch die Gesellschaft, die ihnen eine Vergütung in Geld für ihre sozialen Leistungen in Gestalt der sogenannten informellen Arbeit (Kindererziehung, Hausarbeit etc.) weitgehend vorenthält. Weil Geld die Voraussetzung universaler Kommunikation und damit der Unabhängigkeit ist, ist der Anspruch der Frauen nur folgerichtig und offensichtlich gerechtfertigt. Nur bleibt zu fragen, ob es wirklich gesamtgesellschaftlich gesehen ein Fortschritt ist, wenn jedes soziale Verhalten[35] in Geld bewertet wird. »Un sorriso non costa nulla, ma vale molto.« Das Lächeln der Mona Lisa läßt sich nicht in Dollar oder Mark aufwiegen, obwohl der Versicherungswert astronomische Summen erreicht.

Er werde das Geld abschaffen, verhieß Henryk Goldszmit (der legendäre Arzt Janusz Korczak) als Fünfjähriger, aber wie das zu bewerkstelligen sei und was danach kommen sollte, das war ihm schleierhaft. Nur sein Ziel war eindeutig: Es sollten die Dinge so eingerichtet werden, daß Kinder nicht mehr schmutzig und hungrig sein mußten wie der Sohn des Hausmeisters oder die Bande im Hof, mit der er nicht spielen durfte. Korczak, der die Kinder aus dem Warschauer Ghetto in das Konzentrationslager begleitete und den Tod mit ihnen teilte, war ein Mensch von beispielhaftem moralischem Mut. Das Vorhaben des Fünfjährigen, das Geld abzuschaffen, hatte etwas mit seiner Vorstellung zu tun, die Geldwirtschaft führe dazu, daß Kinder in Schmutz und Hunger leben müssen und andere Kinder, deren Eltern in besseren Verhältnissen leben, mit ihnen nicht spielen dürfen.

Es fällt uns nicht schwer, eine solche Vorstellung als Kinderunsinn abzuwehren. Immerhin trifft sich die Unbefangenheit des fünfjährigen Korczak, der bestimmte Herrschaftsverhältnisse durch Geld repräsentiert sah, mit zahllosen Kritikern des Kapitalismus, denn von »Kapitalismus« kann bekanntlich ohne eine entwickelte Geldwirtschaft nicht gesprochen werden. Dasselbe gilt für den »Industrialismus«, der ebensowenig ohne eine entwickelte Geldwirtschaft denkbar ist. Die Kritik am Kapitalismus ist ja nicht dadurch ein Anachronismus geworden, daß die Staatswirtschaften östlicher Prägung gescheitert sind.

Kinder haben oft eine sehr viel genauere Wahrnehmung der Wirklichkeit als die Erwachsenen. »Es ist ja nur das Geld, habe ich gedacht, damit wir es besser haben. Früher hatten wir überhaupt nichts. Jetzt haben wir alles: Fernsehen, Video, Stereo. Es ist mir egal, wenn die Leute schlecht über mich reden. *Jetzt ist eben Geld für uns der Liebe Gott*«, antwortete ein siebzehnjähriges thailändisches Mädchen, das drei Jahre im

Bordell zugebracht hatte, auf die Frage, wie sie nach ihrer Rückkehr in ihr Dorf von den Bekannten aufgenommen worden sei.[36]

Geld gibt Macht und verdirbt die Menschen bis hin zu Verbrechen, wenn nicht gesellschaftliche Gegenkräfte entstehen, die die Geldmacht bändigen. Die seelischen Verwüstungen, die Tausende von deutschen Sex-Touristen in Thailand und anderswo bei Kindern und Jugendlichen anrichten, sind ein düsteres Beispiel dafür, welche Abscheulichkeiten und Verkommenheiten eine ungerechte Weltwirtschaftsordnung hervorbringt.

Das Grundgesetz enthält in Artikel 14 eine – wenn auch schwache – Sozialbindung des Eigentums. Der Eigentumsbegriff der Verfassung definiert nicht nur das bloße Eigentum an Sachen, sondern jedes »vermögenswerte Recht«.[37] Demzufolge wäre auch Geld sozial gebunden. Den sozial verantwortlichen Umgang mit Geld durchzusetzen ist daher ein Verfassungsgebot. Wir können den zweiten Absatz in Artikel 14 des Grundgesetzes so lesen: »Geld verpflichtet. Seine Verwendung soll zugleich dem Wohle der Allgemeinheit dienen.«

Geld ist unentbehrlich. Ohne Geld würde die Volkswirtschaft erlahmen, der Staat zusammenbrechen und die Kultur verarmen. Geld ist eine Weltspielregel, die alle Menschen in Beziehung setzt, mit Ausnahme von Robinson Crusoe. Die fluoreszierende Vermittlung von Ansprüchen, Wünschen, Verheißungen, Werten und Scheinwerten, von Vergnügungen und Firlefanz gelingt in ihrer Buntheit und Vielseitigkeit nur durch das Geld. Abschaffen können und sollten wir daher das Geld nicht. Aber so nutzbringend das Geld als Hilfsmittel ist, so unheilvoll wirkt es als anonymes Herrschaftsinstrument, wenn es auswuchert und zerstörerische Kräfte freisetzt. Geld ist sowieso stets anonym. Kapitalgesellschaften, in denen die inhaltliche Beziehung des Investors zu dem Betrieb durch eine Geldbeziehung ersetzt wird, anonymisieren damit zugleich die Verbindung zu dem Unternehmen. Deshalb nennt das französische Recht die Aktiengesellschaft treffend »societé anonyme«.

»Il denaro è un buon servo ed un cattivo padrone«, sagen die Italiener. (»Geld ist ein guter Diener und ein schlechter Herr.«) »Reich ist, wem dient sein gelt, arm ist, wer dient dem gelt«, lautete ein altdeutsches Sprichwort. Geld, das sich verselbständigt, entfaltet zerstörerische Wirkungen weit über den Wirtschaftsbereich hinaus.

»Durch die Anbetung des Geldes ist die Menschheit ausnahmslos und rettungslos verarmt«, schreibt Egon Friedell, »völlig mechanisiert, also verdummt... Das Geld entkleidet alle Objekte ihrer Symbolik, da es sich ihnen als Generalnenner unterschiebt und sie damit ihrer Einmaligkeit und ihrer Seele beraubt... Das Geld ist der tausendgestaltige charakterlose Proteus, der sich in alles zu verwandeln vermag... Zudem besteht ein enger Zusammenhang zwischen Geldwirtschaft und exakter Naturwissenschaft, überhaupt aller modernen Wissenschaft. In beiden wirkt die Begabung, ›rechnerisch‹ zu denken, womöglich alles in weltgültigen Abstraktionen, Generalbegriffen auszudrücken... es besteht daher eine tiefe Verwandtschaft zwischen der damals emporgekommenen Plutokratie oder vielmehr Plutolatrie und der ebenfalls damals geschaffenen Lehre von der Erhaltung der Kraft, die besagt, daß Licht, Wärme, Bewegung, Elektrizität, ja sogar die Lebenserscheinungen nur Formen ein und derselben neutralen Energie sind und daher ineinander verwandelt werden können, oder mit anderen Worten: daß alle Qualitäten nur Quantitäten sind. Und in der Tat reduzieren sich ja in dem Augenblick, wo man zugibt, daß alle Werte durch Geld ausdrückbar sind, sogleich alle seelischen Beziehungen der Menschen und alle ihre Schicksale: ihr Glück und Elend, ihr

Triumph und Fall, ihre Seligkeit und Verdammnis, auf Formveränderungen der Geldkraft, deren Summe ganz ebenso wie das Energiekapital des Weltraums, eine fixe Größe darstellt... Und ebendarum, weil es (das Geld) ein überreales Prinzip... ist, hat es auch die Tendenz, Selbstzweck zu werden.«[38]

»Moneta regnat«, lautet die Inschrift über der Pforte der alten Münze in München. Damit ist wohl die Erkenntnis des Römers Syrus Publilius »Geld regiert die Welt« gemeint, die inzwischen zum Gemeinplatz geworden ist. Denkbar ist aber auch, daß sich die Münchner Münzstätte ebenso wie die Hauptmünzstätte der Republik Rom dem Regiment der Göttin Juno Moneta anvertrauen wollte, auf die das Wort »Moneten« ebenso wie »money« und »monnaie« sprachgeschichtlich zurückgeht.

»Keine Festung ist so stark, daß Geld sie nicht einnehmen kann«, behauptete Cicero und beschrieb damit die eine Seite der Medaille, auf deren anderer das Wort »Macht« steht. Nicht zufällig sind Macht und Geld für viele anrüchig, wenn nicht sogar verderblich, meist aber für die, denen es an Macht und Geld fehlt.

»Macht korrumpiert den, der sie nicht hat«, sagte der machtgeübte und gerissene Giulio Andreotti mit mafiosem Zynismus. 496 Wortverbindungen mit »Geld-« verzeichnet das »Grimmsche Wörterbuch«. Geld ist unserem Leben und in der Gesellschaft nahezu überall gegenwärtig, und es hat die Tendenz, sich in alle gesellschaftlichen Beziehungen auszubreiten. Es ist ein Gebilde, das jede Gestalt annehmen kann. Im »market-game« ist Geld der Joker, der zum Tausch der verschiedenartigsten Werte unbegrenzt einzusetzen ist.

Soll/darf Geld sich vermehren? Zinstheorien

Seit Jahrhunderten wird darüber gestritten, ob es zu rechtfertigen ist, daß für die zeitweise Überlassung von Geld ein Preis gezahlt wird. Aristoteles hielt den Geldzins für verwerflich, die katholische Kirche verfügte das »kanonische Zinsverbot«, und der Islam hält noch heute das Zinsverbot in der Theorie aufrecht (in der Praxis sieht es allerdings etwas anders aus). Aufgehoben wurde das Zinsverbot erst relativ spät: in England 1571 und in Frankreich 1789.

Die Zinstheorien begründen den Geldertrag mit unterschiedlichen Argumenten. Die *Nutzungstheorie* behauptet, der Zins sei die Entschädigung des Kapitalgebers für den Verzicht auf die Nutzung seines Geldes. Der *monetaristischen Geldnachfragetheorie* zufolge liegt der Nutzen des Geldes »in der ständigen, vollkommenen Zahlungsfähigkeit mit Bargeld oder mit gering verzinstem Giralgeld«.[39] Leider ist auch diese Definition der Nutzbarkeit des Geldes tautologisch, weil sie auf nichts anderes als auf die Feststellung hinausläuft, daß der Nutzen des Geldes darin besteht, Geld zu sein. In der sozialen Wirklichkeit ist das Resultat, daß das bloße Haben von Geld zu seiner Vermehrung führt, wenn es nicht im Sparstrumpf gehortet wird.

In einer Werbeanzeige für eine Bank verkündete der Tennisstar Boris Becker, sein Geld müsse »genauso hart arbeiten wie er selbst«. Sonderlich originell war dieser Satz nicht. Bundesobligationen werden mit dem Slogan »Sie können beruhigt sein – Ihr Geld arbeitet« ausgelobt, und Investment-Unternehmen versuchen in ganzseitigen Anzeigen mit der Frage »Isn't it time you make your money work harder?« (»Wäre es nicht an der Zeit, daß Sie Ihr Geld härter arbeiten lassen?») Kunden anzulocken.

Die stetig wiederkehrende Redewendung, das Geld müsse »hart arbeiten« gibt einen Hinweis darauf, in welchen falschen Vorstellungen wir befangen sind, was sich jenseits des Geldschleiers real vollzieht. Das Geld als solches arbeitet natürlich nicht; sondern weil es über die Bank gegen Zins als Kredit weitergegeben wird, arbeiten andere Menschen, und zwar um so härter, je höher der Zins ist, den das Geld verdienen soll. Geld kann auf diese Weise Herrschaftsverhältnisse und Abhängigkeiten begründen. Mehr noch: Es kann Menschen und ganze Völker regelrecht versklaven, wenn diese für die Zinslasten, die ihnen über Kreditgewährungen auferlegt wurden, Frondienste leisten müssen.

Im Sinne der klassischen Zinstheorien läßt sich die Verzinsung von kreditiertem Geld damit erklären, daß durch Sparen das vorhandene Geld nicht für Endverbrauch ausgegeben wird, sondern für Investitionen. Investitionen bewirken Erträge, und der Zins sei ein entsprechender Ertragsanteil für den durch Sparen ermöglichten Kredit. Darin sehen andere einen Gedankenfehler, weil Geld, das für den Konsum ausgegeben wird, nicht irgendwo verschwindet, sondern in die Kasse von Produzenten gelangt, die Konsumgüter herstellen und die den Erlös wiederum dazu benützen, neue Investitionen zu finanzieren. Sparen vermittelt demnach Investitionsmöglichkeiten, aber es entzieht zugleich anderen potentiellen Investoren die Finanzgrundlage. Denn auch Konsum eröffnet Investitionsmöglichkeiten.[40] Im einen Fall erhält der Investor einen Kredit aus dem Sparkapital, im andern kann er seine Investition aus dem Gewinn finanzieren, den er beim Verkauf seiner Produkte an den Konsumenten erzielt.

Eine dynamische, innovative Wirtschaftsentwicklung ist wahrscheinlich eher erreichbar, wenn durch Sparen Kreditmöglichkeiten für neue Ideen und Vorhaben eröffnet werden (Schumpeter »Dynamische Zinstheorie«). Weil jedoch jede wirtschaftlich sinnvolle Betätigung letzten Endes einem Konsumbedürfnis dient, ist Sparen nur zeitweiser Konsumverzicht bei gleichzeitiger Nachfrageverschiebung zugunsten von Investitionsgütern anstelle von Konsumgütern und späterer Übergang auf eine neue Konsumvariante.

Altern von Geld

Der Natur nach sind Waren und Dienstleistungen vergänglich. Für Dienstleistungen, die ihren Wert in einem bestimmten Zeitquantum entfalten, ist das sowieso selbstverständlich. Indessen haben gegenständliche Waren, die gebraucht und verbraucht werden, ihrerseits nur einen zeitlich begrenzten Wert. Die Wertdauer (Lebensdauer) einer Ware kann künstlich verlängert oder verkürzt (eingebauter Verschleiß) werden. Der Wert einer Ware kann sich nach Ablauf einer Zeitperiode in Ausnahmefällen erhöhen (Antiquitäten), in der Regel vermindert er sich (durch Abnutzung, veränderte Konsumgewohnheiten etc.). Wirtschaftliche Werte sind demzufolge nicht stabil, sondern verfallen innerhalb bestimmter Zeiträume. Buchungstechnisch wird diese Wertminderung mittels der sogenannten Abschreibung registriert. Die Wirtschaft verhält sich damit ähnlich wie die Natur: In beiden Bereichen ist alles dem Gesetz von Entstehen und Vergehen unterworfen.

Ebenso wird gesetzlich ein Rechtsverhältnis im Regelfall nicht als zeitlich unbegrenzt anerkannt. Forderungen verjähren in bestimmten Fristen, Rechte verfallen. Eine Ausnahme bildet das Eigentum (an Grund und Boden sowie an beweglichen Gegenständen). Nur das geistige Eigentum (Urheberrecht) ist zeitlich begrenzt und fällt nach Ablauf einer bestimmten Frist an die Allgemeinheit zurück.

Aber auch Geld hat ähnlich dem Sacheigentum insofern scheinbar einen »Ewigkeitswert«, als es nicht verjährt. Allerdings gibt es bekanntlich den der Geldschöpfung gegenläufigen Prozeß der Geldvernichtung, in dem Geld wieder vergeht. Das bei Kreditvergabe geschaffene Giralgeld wird beispielsweise bei Rückzahlung des Kredits beseitigt. Demnach sind die Geldbewegungen ein kontinuierlicher Prozeß der Geldschöpfung und -vernichtung.

Muß das Geld gleichwohl »altern«, damit es nicht zum Störfaktor für die Wirtschaft und die Gesellschaft insgesamt wird? »Altert« das Geld sozusagen von sich aus, oder bedarf es dazu bestimmter Regelungen im Geldsystem?

Im Bereich des Kredits gibt es in der Tat einen quasi natürlichen Prozeß der »Alterung«. Altschulden werden unter bestimmten Bedingungen abgeschrieben, Kredite werden »faul«, eine Kreditforderung verjährt, Unternehmen brauchen »frisches Geld«. Jedoch ist die Wertabnahme einer Geldforderung nicht die Regel wie beim Verschleiß eines Wirtschaftsgutes, sondern der höchst unwillkommene Ausnahmefall eines wirtschaftlichen Mißerfolgs.

Manche behaupten, das Geld »altere« auch durch Inflation. Immerhin hat die D-Mark von 1950 bis 1987 mehr als zwei Drittel ihrer Kaufkraft eingebüßt.[41] In den folgenden Jahren verlangsamte sich der jährliche Kaufkraftverlust etwas, nimmt jedoch inzwischen an Geschwindigkeit wieder zu. Die Stabilität des Geldes als Zirkulations- und Transaktionsmittel wird dadurch kaum tangiert, weil der inflationäre Preisanstieg durch komplementäre Einkommenssteigerungen kompensiert wurde. Immerhin ist der inflationäre Verfall der Währung mindestens zeitweise auch eine Störung der wirtschaftlichen Abläufe, weil durch Ungleichzeitigkeit der Anpassungen soziale Konflikte und Verwerfungen der Märkte unvermeidlich sind.

Die Tauglichkeit als Wertaufbewahrungsmittel dagegen ist durch die Inflation massiv beeinträchtigt. Geldvermögen verliert durch Inflation an Wert. Das wird sicherlich durch die jeweilige Vermögens- und Einkommensstrategie der Wirtschaftssubjekte häufig ausgeglichen; trotzdem kann Inflation für wirtschaftlich Schwächere, denen nur die üblichen Vermögensbildungsinstrumente (Sparguthaben, Bausparguthaben, Lebensversicherung) zur Verfügung stehen, eventuell zu einer Art kalten Enteignung führen. Wenn Inflation nicht abrupt eintritt, sind die damit verbundenen sozialen Verwerfungen nicht bedeutend, weil die Vermögensbildungsrate sich der Inflationsrate angleichen kann.

Die Wissenschaft teilt die Geschwindigkeit der Inflation nach den Fortbewegungsarten von Katzen und Pferden ein: schleichende, trabende und galoppierende Inflation.

Inflationsbekämpfung gehört zu den gesetzlichen Aufgaben der Bundesbank. Langfristig war sie damit nicht sonderlich erfolgreich. Die D-Mark gilt dessenungeachtet als harte Währung, weil sich die Inflationsrate bisher nicht in nennenswertem Maße von der Zuwachsrate des Sozialprodukts entfernt hat.

Damit hat die Geldpolitik eine umsetzungsfähige Vorgabe. Sie muß dafür sorgen, daß

1. die – unvermeidliche[42] – Inflation nicht zu traben oder sogar zu galoppieren beginnt und sich

2. im Rahmen des Wirtschaftswachstums hält.

Um das zu bewerkstelligen, versucht die Bundesbank das Anwachsen der Geldmenge zu steuern, was ihr dadurch erheblich erschwert wird, daß sie keinen verläßlichen Überblick über die vorhandene Geldmenge hat.

Freilich ist das Anwachsen der Geldmenge nur eine mögliche Ursache der Inflation. Auch die Verknappung von Gütern kann bei gleichbleibender Geldmenge das Preisniveau erfahrungsgemäß erheblich beeinflussen und inflationäre Auswirkungen haben. Je nachdem, aus welcher Richtung die inflationäre Gleichgewichtsstörung sich bemerkbar macht, unterscheidet die Theorie mehrere Spielarten der Inflation: unter anderem die nachfrage-induzierte Inflation (demand-pull inflation), die Kostendruck-Inflation (cost-push inflation), die Lohndruck-Inflation (wage-push inflation), die Steuerdruck-Inflation (tax-push inflation) oder die Zinskosten-Inflation (interest-rate inflation). Die letzte Spielart der Inflation ist besonders interessant, weil sich das Geld gewissermaßen durch seine Vermehrung selbst entwertet. Der Staat kann eine Inflation auf verschiedenen Wegen bewirken: über die bereits erwähnte Steuerdruck-Inflation, aber auch mittels seiner »Marktmacht«, wenn »administrierte Preise« festgesetzt werden.

Wie Inflation entsteht, von welchen Variablen die Verschlechterung des Geldwertes abhängt, welche Wirkungen die Inflation hat, darüber streitet die Wissenschaft schon seit Jahrhunderten. Erst recht darüber, wie sie möglichst effizient zu bekämpfen sei.

Sogar Kopernikus soll sich mit der Proportionalität von Geldmenge und Geldwert beschäftigt haben. Er wird als Urahn von den Quantitätstheoretikern in Anspruch genommen, die meinen, daß ein umgekehrt proportionaler Zusammenhang zwischen der umlaufenden Geldmenge und dem Geldwert besteht. Die behauptete Proportionalität zwischen der Veränderung der Geldmenge und der Veränderung des Preisniveaus und Geldwertes wird inzwischen – auch durch empirische Untersuchungen – als widerlegt angesehen.

Die Neo-Quantitätstheorie oder monetaristische Theorie hat verfeinerte Gleichungen ausgearbeitet, die aber, so wird kritisiert, keine ausreichenden Voraussagen über die Wirkungen des monetären Sektors auf den realen Bereich der

Wirtschaft erlauben. Dies leistet nach Meinung von Milton Friedman und der Chicago-Schule die von ihm entwickelte Geldnachfragetheorie. Ihr zufolge bestimmen fünf Variablen die reale Geldnachfrage (Quotient der Geldmenge und des Preisniveaus): und zwar Gesamtvermögen, Aufteilung des Gesamtvermögens (in Geld, Rentenpapiere, Aktien, Sachkapital und Humankapital), erwartete reale Erträge dieses Vermögens und Präferenz der Bargeldhaltung. Für diese Theorie ist die Geldmenge die für die Entstehung der Inflation entscheidende Variable. Denn der zu schnelle Anstieg der Geldmenge finanziert eine volkswirtschaftliche Gesamtnachfrage, die durch das Güterangebot des vorhandenen Produktionspotentials nicht erfüllt und somit nur durch erhöhte Preise ausgeglichen werden kann.

Die Liquiditätstheorien, insbesondere die von John Maynard Keynes, sehen im Unterschied zur Quantitätstheorie keinen Kausalzusammenhang zwischen Ausweitung der Geldmenge und Inflation. Nach Keynes verursacht eine erhöhte Geldmenge ein Absinken des Zinssatzes, dadurch angeregte Investitionen, vermehrte Nachfrage und Beschäftigung. Die erhöhte Geldmenge bleibt aber inflationsneutral, es sei denn, daß die Nachfrage sich zu dynamisch entfaltet und Angebotsengpässe wegen Auslastung der Produktionskapazitäten auftreten.

Keynes wird allerdings auch den Einkommenstheoretikern zugerechnet. Ihre Grundidee besteht darin, daß »die Gesamtnachfrage und in Abhängigkeit von dieser die wirtschaftliche Aktivität und Inflationssrate nicht von der umlaufenden Geldmenge oder vorhandenen Liquidität der Wirtschaftssubjekte, sondern nur von der gesamten Höhe aller in der Volkswirtschaft ausgezahlten Einkommen und der Art ihrer Verwendung für Sparen, Horten, investive und konsumtive Nachfrage abhängig« seien.[43] Eine Geldwertverschlechterung tritt nach den Einkommenstheorien immer dann ein, wenn gesamtwirtschaftlich oder auf einzelnen Märkten der durch die Einkommensentwicklung bedingte Ausgabenanstieg nicht auf ein entsprechendes Angebot trifft.

Oeconomia Augustana

Ein interessanter Ansatz, Geld »altern« zu lassen, ist das Konzept der Oeconomia Augustana (OA) von Dieter Suhr. Suhr meint in Anlehnung an Keynes, das entscheidende Charakteristikum des Geldes sei seine alle übrigen Güter übertreffende Liquidität; wir könnten auch sagen: seine universale Tauschfähigkeit. Dieser Vorzug des Geldes müsse mit Kosten aufgewogen statt mit Zinsen belohnt werden. Der bankseitige »Zins« für die Überlassung von Liquidität hingegen solle nur noch durch die Risikoprämie und den Inflationsausgleich bestimmt und demzufolge tendenziell niedrig sein. Das Resultat sei »neutrales« Geld, das dorthin fließe, wo es gebraucht werde. Voraussetzung für die Neutralisierung des Geldes in diesem Sinne wäre aber wohl, daß OA-Geld vom Gesetzgeber als gesetzliches Zahlungsmittel anerkannt würde.

Dafür sind politische Mehrheiten nicht erreichbar, solange nicht beweisbar ist, daß mit der neuen Liquidität in Form des OA-Geldes – wie Dieter Suhr behauptet – »langfristig alle realwirtschaftlich tätigen Produzenten und Konsumenten bei ihren Geschäften des Produzierens, Konsumierens, Kaufens und Verkaufens sehr viel besser fahren als mit der alten«, und sich das neue Kredit- und Liquiditätssystem nachteilig auf lange Sicht »nur für diejenigen Haushalte auswirkt, die bisher auf direktem oder indirektem Wege insgesamt mehr Zinsen und Renditen einnehmen, als sie selbst zahlen, die also privat über einen positiven Netto-Zinssaldo verfügen«.[44]

Dieter Suhr glaubt, diesen Beweis dadurch führen zu können, daß sich ein OA-Banksystem auf Grund seiner offenkundigen Vorzüge neben dem herkömmlichen Geld- und Kreditsystem etablieren könne, sofern nur die »kritische Teilnehmerzahl« – ähnlich wie bei Barter-Clubs – erreicht und überschritten werden könne. Dieter Suhr ist sogar so optimistisch, daß sich »die preiswerten Liquidisierungsdienste am Ende im Wettbewerb mit dem kapitalistischen Geld« durchsetzen werden, das »alternde Geld« sei »eben durch seinen Alterungsprozeß ungeheuer kräftig«, und zwar »so kräftig, daß es dem kapitalistischen Geld die Nachfrage abgraben« könne.[45]

Als »autonomes« Geld innerhalb einer separaten Gemeinschaft wird OA-Geld aber deshalb aller Voraussicht nach keinen Erfolg haben, weil gewiß viele das zinsgünstige oder sogar zinslose OA-Geld als Darlehen in Anspruch nehmen wollen, sofern damit Kaufkraft verbunden ist. Jedoch wird die Neigung, Geld auf OA-Konten einzulegen, sehr viel schwächer sein, weil das Geld dort »schwindet«. Selbst wenn das unberücksichtigt bliebe, hätte das OA-System zwangsläufig eine Erhöhung der Umlaufgeschwindigkeit des Geldes zur Folge, weil mit »Strafzins« belastete Guthaben einen Druck zu vermehrter Geldausgabe ausüben.

Silvio Gesell, der Begründer der »Freigeld«-Lehre, dessen System eines »Schwund«-Geldes schon wegen des hohen Bürokratie-Aufwandes abzulehnen ist, wollte eben das erreichen, die Beschleunigung der Umlaufgeschwindigkeit des Geldes. Seine Methode sollte expressis verbis einen »Umlaufzwang« bewirken.

Die Erhöhung der Drehzahl des Geldmotors mag man aus wirtschaftlichen Gründen für wünschenswert halten, für die Umwelt wäre damit nichts gewonnen. Eher kämen die für die Umwelt belastenden Folgen einer ausufernden Wirtschaft noch stärker zur Geltung.

Der Vorstellung, Geld müsse altern, kann ich wenig abgewinnen. Die Schwierigkeit besteht nicht darin, wie Dieter Suhr meint, die richtige Verfallszeit herauszufinden. Analog zu Verjährungsfristen könnte gesetzlich eine bestimmte Verfalldauer festgelegt werden. Die Schwierigkeit besteht darin, daß die Existenz von jungem und altem Geld zu einem heillosen Durcheinander führen müßte, weil die Prüfung, ob mit jungem oder altem Geld gezahlt wird, mit einem gigantischen Aufwand verbunden wäre.

Rudolf Steiner sprach von Aufprägung einer Jahreszahl auf Münzen und Geldscheine. Das umlaufende Bargeld ist jedoch nur ein Teil der wirtschaftlich wirksamen Geldmenge, die aber wiederum abhängig ist von der sogenannten monetären Basis. Das umlaufende Bargeld gehört zur monetären Basis. Wie soll die Geld- und Kreditschöpfung der Banken funktionieren, wenn die monetäre Basis – jedenfalls zum Teil – unterschiedlichen Wert hat, je nachdem ob es sich um junges oder altes Geld handelt? Und wie wirkt sich dann das Greshamsche Gesetz aus? Gerät das »alte« Geld nicht beständig unter Inflationsdruck und das junge unter Deflationsdruck? Wie sollen Preise errechnet werden, in »altem« oder »jungem« Geld? Und ist die erstrebte Wirkung, die Umlaufgeschwindigkeit des Geldes zu erhöhen, wirklich erstrebenswert?

»Kurzfristig würde das alternde Geld wohl zu einer Wirtschaftsbelebung führen, die zwar das Problem der Arbeitslosen entschärft und auch Gelder für Umweltschutz freimacht, die aber auch Ressourcen in Anspruch nimmt und daher auch umweltbelastend wirkt«, meint Dieter Suhr. Auf längere Frist sei alterndes Geld jedoch umweltverträglicher als das heutige, »denn der vom Geld gesetzte übermäßige Rentabilitätsdruck läßt nach, der pathologische Wachstumszwang verschwindet, und es ist zu erwarten, daß Anleger eher wertbeständige Güter als Geldvermögensanlagen suchen, die nur noch eine Null-Rendite erwarten lassen«.[46]

Zweifel gegenüber diesen längerfristigen Erwartungen sind schon deshalb angebracht, weil nicht plausibel ist, inwiefern in weiterer Perspektive die durch die »Umlaufsicherung« bewirkte Beschleunigung des Geldumlaufs zu den behaupteten wohltätigen Folgen führen soll. Es käme eine noch größere Hektik in den Geldverkehr mit unabsehbaren inflationären Tendenzen, denn auch die Erhöhung der Umlaufgeschwindigkeit des Geldes wirkt bekanntlich unter Umständen inflationär.

Wird dem Geld durch »Altern« die Wertaufbewahrungsfunktion mindestens partiell genommen, muß außerdem befürchtet werden, daß der Wirtschaftsverkehr auf andere Güter ausweicht. In jedem Fall wäre die Kommunikationsfähigkeit der Wirtschaft erheblich beeinträchtigt. Das gilt auch für die Funktion des Geldes als Wertmesser. Geld ist ohnehin infolge subjektiver Preisgestaltung ein höchst variabler Wertmesser. Unterschiedliche Generationen von Geld als gültige Zahlungsmittel müßten seine Wertmesserfunktion vollständig untergraben, weil damit die Verständigung zwischen den Wirtschaftssubjekten in einer halbwegs einheitlichen Geldsprache nahezu unmöglich würde.

Auch geldtechnisch gibt es bisher keinen praktikablen Vorschlag. Eingebauter Verschleiß ist beim Geld nicht denkbar. Wie soll Buchgeld altern? Wer das Altern des Geldes auf Grund der Jahrgänge der Banknoten eintreten lassen will, klebt zu sehr an der Vorstellung des Geldes als Wertzeichen, das – als Warenrepräsentant – an Wert im Laufe der Zeit einbüßen soll. Die Renovatio Monetarum, mit der das Geld im Mittelalter periodisch erneuert wurde, war eher eine Geldsteuer. Alle Überlegungen, die Liquidität mit Nutzungsgebühren (carrying costs), Negativzins und ähnlichem belasten wollen, ähneln mindestens in ihrer Wirkung der Einführung von staatlichen Abgaben auf Liquidität.

Dieter Suhr verkennt nicht, daß auch unter den bestehenden Verhältnissen Liquidität Kosten verursacht. »Die Transaktionsbereitschaft ist den Menschen heute die Opportunitätskosten der Kassehaltung wert (die entgehenden Erträge aus Geldanlagen).«[47] Mit anderen Worten, die Wirtschaftssubjekte, die aus bestimmten Motiven – nach J. M. Keynes ist der Wunsch, Vermögen in Form von jederzeit verfügbarer Kasse zu halten, in drei Richtungen vorhanden: als Transaktionskasse, als Vorsichtskasse und als Spekulationskasse – »liquide« sein wollen, lassen sich das auch heute schon etwas kosten, und zwar durch Inkaufnahme der Opportunitätskosten (entgehende Erträge durch Geldanlage) und des Geldwertverlustes gemäß der Inflationsrate. Dementsprechend gibt es, wegen des Liquiditätsnutzens, eine Nachfrage nach Liquidität, die ihren Preis hat, und das ist nach Keynes der Zins.[48]

Daß der Zins auch eine Risiko- und eine Inflationsausgleichskomponente hat, können wir in diesem Zusammenhang außer Betracht lassen. Überschüssige Liquidität wird demzufolge dorthin übertragen, wo sie nachgefragt wird. Diesen Kreditvorgang kann man mit Dieter Suhr als »transtemporalen Liquiditätstausch«[49] verstehen, bei dem »Zukunftspräferenz«, also die Bevorzugung, Liquidität erst zu einem in der Zukunft liegenden Zeitpunkt verfügbar zu haben, zur »Gegenwartspräferenz«, die die alsbaldige Disposition über Liquidität bevorzugt, in Beziehung gesetzt wird. Der Preis, der sich als Zins bei diesem »Liquiditätstausch« herausbildet, hängt davon ab, wie sich »Gegenwarts-« oder »Zukunftspräferenz« einpendeln. Unter bestimmten Voraussetzungen erscheint bei günstiger Realverzinsung die »Zukunftspräferenz« als profitabel, die »Gegenwartspräferenz«, die für den Erwerb von Liquidität Zinsen zu entrichten hat, hingegen als teuer. Näheres erfahren wir aus den Marktverhältnissen.

Dieter Suhr nimmt nun an, wir säßen einer »kapitalistischen Täuschung« auf, weil wir Ursache mit Wirkung verwechselten und »uns nicht vorstellen können, daß es auch anders sein könne«.[50] Aber die »kapitalistische Täuschung« ist die schlichte Wahrnehmung der Marktsituation.

Markt und Steuern als Regulative

Vom Markt hängt ab, ob sich die »Besitzer« von Liquidität durch ein bestimmtes Entgelt (Zins) zum »Liquiditätstausch« verlocken lassen oder nicht. Selbstverständlich kann – wie in anderen Fällen – die Marktsituation durch staatliche Intervention oder entsprechende vertragliche Regeln in einem neuartigen Banksystem verändert werden: Liquiditätskosten sind beispielsweise durch eine zusätzliche Belastung, in Form eines Negativzinses, zu erhöhen. Es mag sich dann die »Liquiditätsneigung« abschwächen. An der zugrundeliegenden Marktkonstellation ändert sich im Prinzip jedoch nichts, solange Liquidität nach subjektiver oder objektiver Einschätzung einen Nutzen darstellt.

Wenig überzeugend ist schließlich die These von Dieter Suhr, Liquidität sei kein persönliches Eigentum, sondern »Dienst der Volkswirtschaft an ihren Mitgliedern«.[51] Genausogut könnte argumentiert werden, Geld sei ein öffentliches und kein privates Gut.

Das gesamte Geldvolumen wäre durchaus mit einem öffentlichen Gut vergleichbar, dennoch entsteht an den einzelnen Geldsegmenten, die gleichbedeutend mit Liquidität sind, privates Eigentum und damit ein Markt. Versuchen wir, diesen Markt durch eine starre, staatlich vorgegebene »Tarifordnung« zu verdrängen, die Liquidität auf verschiedenen Stufen mit unterschiedlichen Gebühren belastet, wie es Margrit Kennedy[52] vorschwebt, bleibt immer noch wenigstens ein Markt-Torso zurück, es sei denn, die »Gebührenordnung« für die Nutzung von Liquidität wird mit einem Zinsverbot gekoppelt. Weil in der Geldwirtschaft Liquidität Voraussetzung für wirtschaftliches Handeln ist, wird es Liquiditätsbedarf zu Transaktions- und Spekulationszwecken sowie als Vorsichtskasse immer noch geben, auch wenn die Kosten der Liquidität durch staatlich verordnete Abgaben verteuert werden. Wenn Liquidität infolge der »Nutzungsgebühren« mehr kostet, wird sich das Liquiditätsangebot verringern. Logischerweise müßte sich bei gleichbleibender Nachfrage eine Angebotslücke herausschälen, die den Preis für »Liquiditätstausch« in Form des Zinses erhöht. Die Vorstellung, der vorhandene Liquiditätsbedarf könne ohne weiteres aus zinsfreien Bankkrediten gedeckt werden, weil die Banken auf die Einlagen keine Zinsen zu vergüten haben, sondern Nutzungsgebühren erheben, verkennt erstens, daß die Banken ohne Zinsverbot dazu nicht verpflichtet werden könnten, und zweitens, daß die Banken um die Liquidität, die infolge der »carrying costs« teuer und dadurch knapp geworden ist, konkurrieren und deshalb für Einlagen ungeachtet der »Nutzungsgebühren« Zinsen zahlen werden. Möglicherweise käme es auf dieselben Zinsstrukturen heraus, wie sie sich je nach konjunktureller Lage und den geld- und finanzpolitischen Vorgaben entwickeln, nur mit einer zusätzlichen steuerlichen Belastung einer bestimmten Vermögensart, dem Geld. Dann stellt sich die Frage, ob diese spezielle Besteuerung von Geld – abgesehen von den technischen Schwierigkeiten, die vor allem bei Bargeld mit der Erhebung einer solchen Geldsteuer verbunden sind – überhaupt mit den allgemeinen Steuerrechtsgrundsätzen vereinbar wäre.

Da Liquidität unbestritten einen Nutzen bringt, unabhängig davon, ob dieser Nutzen besteuert wird oder nicht, ist die administrative Verteuerung von Liquidität auch unter Verteilungsgesichtspunkten problematisch. Schließlich ist auch die Behauptung fragwürdig, durch Nutzungsgebühren auf Liquidität werde sich der Preisauftrieb verlangsamen, denn auch die Nutzungsgebühren werden in den Preis eingehen mit möglicher inflatorischer Tendenz, abgesehen von der Inflationswirkung, die durch die Steigerung der Umlaufgeschwindigkeit verursacht wird.

Wenn aber, parallel zu den Nutzungsgebühren, von den Banken Kredite zinslos – abgesehen von Risikoprämie und Inflationsausgleich – vergeben würden, müßte das zu einer uferlosen Ausweitung der Kreditnachfrage zu Investitions- und Konsumzwecken führen, weil daneben die Nutzungsgebühren für Liquidität zu vernachlässigen wären.[53] Oder ganz simpel ausgedrückt: Bei einem Zinssatz von Null für Kredite und einem negativen Zins für Bankguthaben wird alle Welt darauf aus sein, die Bankguthaben abzuräumen und hohe Kredite aufzunehmen.

Ungeachtet aller Bedenken und Einwände gegen »alterndes« Geld, negativen Zins, Nutzungsgebühren für Liquidität und andere Modelle ist der grundsätzlichen Fragestellung, bis zu welcher Grenze das exponentielle Wachstum der Geldmenge auf längere Sicht ohne katastrophale Verwerfungen im Geldsystem weitergehen kann, nicht auszuweichen. Solange der Geldbedarf der Wirtschaft im Sinne der verschiedenen Geldfunktionen exponentiell wächst, scheint das kongruente Wachstum der Geldmenge keinen größeren Schaden zu verursachen als den, den die Wirtschaftssubjekte mit ihren Aktivitäten, zu deren Abwicklung sie Geld benötigen, sowieso anrichten. Oder stiftet das exponentielle Wachstum der Geldmenge die Wirtschaft zu exponentiellem Wachstum an?

Oder hat es eine katalytische Wirkung? Jedenfalls können Geldwachstum und realwirtschaftliches Wachstum nicht isoliert diskutiert werden.

Wenn realwirtschaftliche Aufbau- und Abbauprozesse »organisch«, das heißt dem Vorbild der Natur folgend, verlaufen sollen, müßte das Geldsystem so »organisiert« werden, daß Geldschöpfung und Geldvernichtung in ein dynamisches Gleichgewicht gebracht werden. Dabei wird sich das Augenmerk vor allem auf den Gegenpol zur Geldschöpfung, die Geldvernichtung oder das Absterben des Geldes, zu richten haben.

Dazu bedarf es einer genaueren Untersuchung, welche Bedeutung die Schenkung im volkswirtschaftlichen Prozeß hat. Kann die Schenkung in einen Zusammenhang mit dem Absterben des Geldes gebracht werden? Die Schwierigkeiten wären dann aber nicht im Geldsystem selbst, sondern im Umgang mit Geld zu suchen und zu überwinden. Denn wir können dem Geld nichts einimpfen oder es zu wohltätigen Zwecken auf irgendeine Weise imprägnieren. Es läßt sich in die Geldordnung auch kein Automatismus zugunsten des Kulturbereichs einbauen, wie manche anthroposophischen Geldtheoretiker meinen, indem auf mirakulösem Wege »Leihgeld« in »Schenkungsgeld« mehr oder weniger umstandslos »übergeht«. Soll eine Kreditsumme nach Ablauf der Kreditfrist anstelle der Rückzahlung an den Kreditgeber einer gemeinnützigen Einrichtung als Schenkung zufließen, handelt es sich eben um eine befristete oder aufschiebend bedingte Schenkung.[54] Das läßt sich nicht verordnen, sondern nur im Sinne einer autonomen Entscheidung als verantwortlicher Umgang mit Geld verwirklichen.

Christian Matthiessen dämpft die Hoffnungen auf eine neue Geldordnung, wenn er schreibt: »Den Kapitaltheoretikern bleibt das Geldproblem, den Geldtheoretikern das Kapitalproblem verschlossen. Die Krise ist dabei eine doppelte: eine kapitalistische und eine monetäre. Beide Aspekte sind *technisch nicht lösbar* (Hervorhebung durch den Verf.). Sie wurzeln in den Grundstrukturen, im ›Geist‹ unseres gesellschaftlichen Zusammenlebens. Deshalb ist das quantitative Geldproblem und damit die konjunkturelle, beschäftigungs- und wachstumspolitische Krisenproblematik von untergeordneter Bedeutung. Das Geld ist am allerwenigsten die Frage nach einem Rezept oder einer Lösung. Eine ›Geldordnung‹ ist erster und letzter Schritt zugleich.«[55]

Das Mißtrauen in »technische« Lösungskonzepte ist berechtigt. Aber zu widersprechen ist der Annahme, das »quantitative Geldproblem« und »die konjunkturelle, beschäftigungs- und wachstumspolitische Krisenproblematik« seien sozusagen nebensächlich. Das ist Gedankengewölk aus dem Elfenbeinturm, das den Opfern der »Krisenproblematik« wie Hohn in den Ohren klingen wird.

Geld als Makler des Umweltschutzes

Vom Gegenwert »Natur«

Wir können dem Geld nicht mehr abverlangen, als es zu leisten vermag. Geld mißt ökonomische Werte, es vermittelt – tauscht, zirkuliert – ökonomische Werte, und es bewahrt – vielleicht – ökonomische Werte auf. Es überbrückt Zeit und Raum. Es sorgt – möglicherweise – für die optimale Verteilung der Ressourcen. Daß es dasselbe für ökologische Werte vollbringt, hängt vornehmlich davon ab, ob ökologische Werte in ökonomische übersetzt oder sogar in sie integriert werden können.

In einer Geldwirtschaft geht nichts außerhalb des Geldes. Für Altvater »verkörpern globale monetäre Prozesse und die aus ihnen als Resultat hervorgehenden Prozesse das ökonomische Prinzip schlechthin«.[56] Demnach ist einstweilen *jede* gesellschaftliche Innovation nur über Geld zu vermitteln. Wo kann der Einstieg für die Ökologie in die Geldwirtschaft sein?

»Normalerweise« funktioniert die Marktwirtschaft so, daß über den in Geld ausgedrückten Preis u. a. private Eigentums-, Besitz-, Gebrauchs- und Verbrauchsrechte (property rights) getauscht werden. Das läßt sich offenkundig nicht unmittelbar auf die Natursphäre übertragen. Die Natur ist immer noch zum größten Teil – dem Himmel sei Dank – nicht Privateigentum. Sie steht deshalb nicht zum Verkauf, sie ist allenfalls partiell (segmentär) in den Markt aufgenommen, wenn zum Beispiel ein Touristik-Unternehmen im Prospekt die »unberührte Natur« anpreist, in die die Zivilisationsgeschädigten verfrachtet werden sollen.

Die Natur ist in einem sehr weiten Sinn Allmende, also unsere gemeinsame »Weide«, die elementare Lebensgrundlage. Wir kaufen Natur nicht, sie wird uns geschenkt. Wir zahlen keinen Preis für die Luft, die wir atmen, für das Wasser, das wir trinken, für die Sonne, die uns wärmt, und für die Erde, die uns ernährt. Das widerspricht scheinbar jeglicher alltäglichen Erfahrung. Die meisten werden sofort einwenden, die Rechnung des Wasserwerkes müsse beglichen werden; für die Luftreinhaltung müsse letztlich jeder aufkommen, entweder über den Preis der Produkte, in denen die Kosten für Filteranlagen und ähnliches einkalkuliert sind, oder über Steuern und Abgaben; für Rohstoffe, die der Erde entnommen werden oder die sie hervorbringt, müsse schließlich ebenfalls ein Preis entrichtet werden. Bei genauerem Hinsehen kann jedoch wohl kaum bestritten werden, daß in allen denkbaren Fällen in Wahrheit kein Entgelt unmittelbar für die Natur zu erbringen ist, sondern für eine Arbeit: beim Wasserwerk die Zu- und Abführung des Wassers und dessen Reinhaltung oder Reinigung, bei der Luftreinhaltung ebenso, bei Rohstoffen die Gewinnung oder auch die vorausgegangene bloße Aneignung. Die Natur selbst kennt weder Eintritts- noch Verkaufspreise, weder Zins noch Zinseszins, weder Mieten noch Löhne.

Die Natur ist daher von Natur aus kein ökonomischer Wert. Sie ist zwar die Grundlage der Wirtschaft, aber sie verfährt nicht nach Marktgesetzen. Einer anthropomorphen Denkweise mag es entgegenkommen, vom wirtschaftlichen Wert der Natur zu sprechen.

Mittelbar läßt sich selbstverständlich alles als wirtschaftliche Kategorie bestimmen. Dann ist eine intakte Landschaft, ein gesunder Wald, ein sauberer Fluß jeweils ein »Freizeitwert«, der für einen Betrieb unter wirtschaftlichem Vorzeichen einen »Standortvorteil« bietet. Wir können die Natur als Sachkapital definieren und ihr eine Ziffer anheften wie für eine Maschine oder ein sonstiges Anlagegut. Oder die Natur ist ein »öffentliches Gut«, das grundsätzlich der Nutzung durch alle zur Verfügung steht und auf diese Weise seinen wirtschaftlichen Wert hat.

Immler beschreibt indes überzeugend, daß eine »warenförmige Erfassung der Natur nur sehr begrenzt funktionieren kann«. »Die Vieldimensionalität der Natur steht der Eindimensionalität des monetären Wertmaßstabes entgegen... Die Ausdehnung der Warenrationalität auf die ganze Natur kann deren Imkompatibilität mit dem Tauschwert nicht überwinden.«[57]

Frederic Vester hat den »Wert eines Vogels« auf Heller und Pfennig vorgerechnet, um den »hartgesottenen Materialisten« beizubringen, daß die Erhaltung der Natur auch bei Beibehaltung des Profitdenkens ernstzunehmen sei.[58] Er präsentiert folgende Zahlen für den Wert eines Vogels:

Materialwert	DM	0,031
Leistungen für:		
Gemüt	"	30,–
Insektenvertilgung	"	60,–
Pflanzung	"	20,–
Warnrolle	"	100,–
Symbiose	"	36,50
Bionik	"	1,60
Erholung	"	12,–
Artenvielfalt	"	8,–
Politische Entscheidung	"	0,50
Umweltentlastung	"	10,–
Finanzierung	"	3,–

Regeneration	DM	1,50
Gesamtstabilität	"	18,25
insgesamt	DM	301,38

Die Zahlen erscheinen auf den ersten Blick vollkommen willkürlich. Sie sind kaum nachprüfbar. Wer aber die Kosten für Aufforstung kennt, wird den Betrag von 20,00 DM für die Pflanzung eines Baumes, die ein Vogel durchschnittlich pro Jahr leistet, nicht als zu hoch gegriffen ansehen. Wer alle Umweltleistungen der Vögel in monetäre Größen übersetzen will, kann durchaus eine fiktive Rechnung nach dem Muster von Frederic Vester aufmachen, die vielleicht noch sehr viel höher ausfällt, wenn Preisentwicklung und andere Faktoren einbezogen werden.

Eigentlich dürfe man eine solche Rechnung nicht aufstellen, erläutert vorsichtshalber aber auch Vester. Falls es uns gelingt, aus dem Wirtschaftstaumel für einen Augenblick zu Besinnung zu kommen, werden wir entdecken, daß in unserem Denken etwas kaputtgegangen ist, wenn wir den Wert eines Vogels in Geld definieren. Das Wohlgefallen, das unsere Seele beim Gesang eines Vogels verspürt, als Gewinn für unser Gemüt in Geld zu beziffern, wäre eine grobe Verunstaltung unseres Denkens und Fühlens. Sofern wir unseren Willen darüber hinaus nur durch Rechenwerk in Bewegung zu bringen vermöchten, wäre auch er verwahrlost.

Monetarisierung und Ökonomisierung von Naturwerten

Die Frage ist ganz einfach: Können Naturverluste (oder -gewinne) ökonomisiert werden?

In der Diskussion um ökologische Folgekosten, ökologische

Bilanzierung und Buchführung wird von vielen behauptet: Naturzerstörung sei jedenfalls zum Teil ökonomisch erfaßbar. Diese These ist sicherlich unanfechtbar, soweit Naturzerstörungen durch aufwendige Technik wieder behoben werden. Aber der Ökonomisierung geht eine nichtwirtschaftliche Bewertung voraus, eine ethische, moralische, ästhetische oder wie immer, die die Naturerhaltung als notwendig oder mindestens erstrebenswert erklärt.

Es ist jedoch möglicherweise gleichgültig, ob »die Natur« als wirtschaftlicher Wert qualifiziert werden kann oder nicht. Wenn durch Ökonomisierung umweltbelastender Produktionsfaktoren eine wirtschaftliche Dynamik erzeugt werden kann, die im Ergebnis zu mehr Umweltschutz führt, muß uns das willkommen sein, ohne Rücksicht auf begriffliche Präzision.

Die Wirtschaftswissenschaften sind nach meinem respektvollen Verständnis eine Unterabteilung der Verhaltensforschung. Daraus ergibt sich eine riskante Spannung zwischen Theorie und Erfahrung. Den Wirtschaftssubjekten wird mit Vorliebe eine rechnende Rationalität unterstellt. Allerdings wird sie nicht immer eingelöst. Die wirtschaftstheoretischen Bemühungen sind daher nicht selten der wenig aussichtsreiche Versuch, dem Zufallsprinzip unterliegende (stochastische) Sachverhalte deterministisch zu erklären.[59] Vielleicht ist meine Skepsis unbegründet. Der Homo oeconomicus als »Menschenbild« hat allerdings eher normativen Charakter, während die »verhaltenstheoretische Betriebswirtschaftslehre« ein empirisches Vorgehen bevorzugt.

Ob die Menschen auf wirtschaftlichem Feld dies oder jenes tun, dies oder jenes unterlassen, läßt sich wahrscheinlich deshalb so unzulänglich in mathematischen Formeln einfangen, weil viele Einflußgrößen, die zu berücksichtigen sind, »unabhängige« Variablen sind, auch wenn hie und da eine Abhängigkeit zu bestehen scheint, die sich in einer Funktionsgleichung definieren läßt. Auch Keynes äußerte Skepsis gegenüber »symbolischen pseudomathematischen Methoden, mit denen ein System der ökonomischen Analyse formalisiert wird... und die dem Autor erlauben, den Blick für die Komplexitäten und Interdependenzen der wirklichen Welt in einem Wust anmaßender und nutzloser Symbole zu verlieren«.[60]

Geld als Sprache der Wirtschaft redet nun in der Tat zwischen den Wirtschaftssubjekten jenseits ihrer sonstigen Gedanken und Empfindungen in Zahlen und Rechenarten. In Zahlen nimmt Geld verschiedene Gestalten an: Preis, Kosten, Einkommen, Ausgaben, Vermögen, Guthaben, Kredit usw. Wenn nicht zu leugnen ist, daß die Umweltbeeinträchtigungen unmittelbare Folge der produzierenden und konsumierenden Wirtschaft sind, dann kann die notwendige Resonanz in der Wirtschaft, um einen ökologischen Strukturwandel zu erreichen, nur über Geld vermittelt werden.

Die ökologischen Kosten und Schäden, die in der einzel- und gesamtwirtschaftlichen Rechnung nicht ausgewiesen werden, bezeichnen wir »als externalisierte Kosten«. Dieses Wort ist gut gewählt, denn es benennt die Tatsache, daß ein Sachverhalt von großer ökologisch-ökonomischer Bedeutung außerhalb (extern) unseres Bewußtseins und zugleich außerhalb unserer Handlungsmuster, unseres Willens, bleibt.

Warum ist das so? Die Umweltzerstörung ist doch, wenigstens in großem Umfang, evident. Die »Wirtschaftssubjekte« sind jedoch – oder waren bisher – blind für Naturverluste, weil sie nicht in Wirtschaftsziffern, das heißt in Geld, erfaßt wurden. Wird Schädigung der Natur in die Geldsprache übersetzt, erhält sie plötzlich ökonomische Relevanz, die sie zwar auch schon vorher hatte, aber aus dem verengten Horizont der herkömmlichen einzel- und gesamtwirtschaftlichen

Bilanzierung nicht wahrgenommen wurde. Also ist die Einbeziehung von Umweltbelastungen in die wirtschaftlichen Entscheidungsprozesse nur über Geld zuwege zu bringen.

Die Übersetzung von Vorgängen in der Natur in die Geldsprache – auch Monetarisierung genannt – ist indes nicht einfach. Lutz Wicke hat 1985 als erster den Versuch unternommen, die ökologisch-ökonomischen Schäden, die wir jährlich mit unserer Wirtschaft anrichten, systematisch in Geld zu bewerten. Er kam seinerzeit – bezogen auf die einstige »Teil«-Bundesrepublik und gerechnet vom Basisjahr 1984 an – auf eine Schadenssumme von 103 Milliarden DM pro Jahr.[61] Ähnliche Zahlen hatte vor einigen Jahren das Umweltbundesamt ermittelt. Bei beiden handelt es sich jedoch um sehr zurückhaltende Schätzungen, weil in die Berechnungen eine Vielzahl von Schäden nicht eingegangen waren, für die sich eine ökonomische (Geld-)Ziffer nicht finden läßt und weil bei einer Streubreite von Bewertungen vorsichtshalber stets der niedrigere Wert angesetzt wurde. Weil Natur und Naturgüter in aller Regel keinen Marktwert haben, können Einbußen, die die Natur erleidet, logischerweise nicht in Marktwerten gemessen werden. Wicke hat deshalb die Geldwerte zum Teil mittels der sogenannten »Zahlungsbereitschaftsanalyse« ermittelt, bei der, wenn man so will, ein nicht existenter Markt simuliert wird. Wicke verweist in seinem Standardlehrbuch »Umweltökonomie« auf die Komplikationen, die einer monetären Erfassung von Naturverlusten entgegenstehen, sieht sie aber als überwindbar an.[62]

Die Wahl der Methode ist jedenfalls schwierig. Im wesentlichen hat man sich bisher auf vier Bewertungsansätze konzentriert:

- Marktpreise von Rohstoffen;
- Kosten, die bei der technischen Vermeidung von Schadstoffbelastungen anfallen würden (Vermeidungskosten);

- Reparaturkosten für bereits eingetretene Schäden;
- den (durch Befragung zu ermittelnden) Betrag, den Bürger für eine bestimmte Umweltqualität zu zahlen bereit wären (die bereits erwähnte Zahlungsbereitschaftsanalyse).

Die größte Mühe bereitet dabei vor allem der Vermeidungskosten- und Reparaturkostenansatz, da es für Vermeidung und Reparatur von zahlreichen Umweltschäden weder ausgereifte Techniken noch verläßliche Kostenniveaus gibt.[63]

Inzwischen sind die Schätzungen, mit denen zu erwartende Umweltschäden monetär quantifiziert werden, erheblich nach oben korrigiert worden. In dem 1991 veröffentlichten Schlußbericht eines vom Bundesumweltministerium in Auftrag gegebenen Forschungsprogramms »Kosten der Umweltverschmutzung/Nutzen des Umweltschutzes« wurden folgende Zahlen genannt: Jährlich entstehen in Deutschland Kosten in Höhe von 3,6 Milliarden DM bei emissionsbedingten Materialschäden, 150 bis 300 Millionen DM durch Lärmschäden, 130 Millionen Verluste in der Fischereiwirtschaft, zwischen 22 und 60 Milliarden durch Bodenverschmutzung. Die psychosozialen Folgekosten der Umweltverschmutzung beziffert der Bericht auf 65 Milliarden DM.

Lutz Wicke errechnete für das Jahr 1992 Umweltschäden in Höhe von 203,3 Milliarden DM.[64] Andere Schätzungen errechnen noch dramatischere Dimensionen. Sie kommen auf Summen zwischen 600 bis 1 000 Milliarden DM, die jährlich als Schaden durch Umweltverschmutzung anzusetzen seien.[65] Das Fraunhofer-Institut für Systemtechnik und Innovationsforschung in Karlsruhe hat 1993 eine Studie veröffentlicht, in der die »verdeckten Folgekosten« der gegenwärtigen Energiepolitik allein für die Bundesrepublik Deutschland auf 600 Milliarden DM jährlich geschätzt werden. Das Institut geht davon aus, daß sich der Kohlendioxidgehalt der Atmosphäre verdoppeln wird, wenn es nicht gelingt, den Energieverbrauch drastisch zu reduzieren und auf emissionsfreie Energiearten umzusteigen. Für diesen Fall errechnet das Institut weltweite Schäden in der gigantischen Größenordnung von 900 Billionen Dollar.

Freilich werden gerade in dieser Studie die Grenzen sichtbar, die einer umfassenden Monetarisierung von Umweltschäden gesetzt sind. Den Wert eines Menschenlebens (»eine sehr konservative Schätzung am unteren Rand«) beziffern die Autoren dieser Studie auf eine Million Dollar. Läßt sich aber der Wert eines Menschenlebens in Dollar ausdrücken? Die Ökonomen sind da wohl in derselben Kalamität wie Juristen, die Schadensersatzsummen für die Verletzung oder Tötung eines Menschen bestimmen sollen. Die Gerichtspraxis ist höchst unterschiedlich. Während in den USA oft riesige Beträge als Schadensersatz zuerkannt werden, bewilligt die deutsche Justiz in aller Regel nur vergleichsweise kleine finanzielle Trostpflaster.

Christian Leipert verwendet in seinen Arbeiten den Begriff der »defensiven Kosten«. Dieser Begriff ist schwer abzugrenzen, denn jegliche Kosten zur Substanzerhaltung (Seife und warmes Wasser dienen beispielsweise der »Verteidigung« gegenüber dem Schmutz) sind »defensive Kosten«.[66] Besser ist der Titel seines Buches »Die heimlichen Kosten des Fortschritts«, in dem sehr detailgenau die verdeckten (»heimlichen«) Kosten zusammengetragen sind, die in den gewöhnlichen Wirtschaftsrechnungen nicht aufscheinen.[67]

Die Diskussion um die »heimlichen Kosten« hat immerhin zu verschiedenen Ansätzen geführt, Bilanzklarheit und Bilanzwahrheit auf einzelwirtschaftlicher und gesamtwirtschaftlicher Ebene dadurch zu verbessern, daß ökologisch-ökonomische Posten einbezogen oder jedenfalls getrennt erfaßt werden.

Entsprechend dem sozialen Bereich wird seit einigen Jahren versucht, eine ökologische Orientierung für wirtschaftliche Abläufe dadurch zustande zu bringen, daß der Wert der natürlichen Lebensgrundlagen in Geld beziffert wird. Ökologische Buchführung, ökologische Bilanzierung und ökologische Volkswirtschaftsrechnung sollen dafür sorgen, daß die Menschen künftig nicht mehr Raubbau an der Natur treiben, sondern mindestens ebenso sorgsam mit ihr umgehen wie mit dem Sparkonto.

Öko-Bilanz, ökologische Buchführung, Öko-Auditing

In der Industrie gibt es bereits eine Reihe von Unternehmen, die versuchen, aussagekräftige Öko-Bilanzen zu erstellen. Sie können in zweierlei Form ausgebildet werden. Die Alternative ist: Umweltwirkungen zu monetarisieren – wobei ökologische Folgen auf der Grundlage der mit ihnen direkt oder indirekt verbundenen monetären Kosten quantifiziert werden –; oder eine Stoff- und Energiebilanz zu erstellen, die stoffliche und energetische Ströme in physikalischen Meßgrößen erfaßt.[68]

So hat sich die Kunert Aktiengesellschaft in Immenstadt (Allgäu), ein Textilunternehmen, zum Ziel gesetzt, eine konzernweite, flächendeckende und systematische ökologische Bestandserhebung durchzuführen und der Öffentlichkeit zugänglich zu machen. Im Jahr 1991 hat sie eine erste Öko-Bilanz dieser Art vorgelegt, die dazu beitragen soll, daß ökologische Schwachstellen im Unternehmen herausgefiltert und auf Vorlieferanten Druck zur Belieferung mit umweltfreundlichen Produkten ausgeübt wird. Vorbeugende Umweltmaßnahmen gehören nach Überzeugung des Unternehmens zur langfristigen Unternehmenssicherung. Für den Bericht wurden in einjähriger Arbeit die rund 80 000 von der Firma Kunert eingekauften Artikel ökologisch durchforstet und teilweise auf Alternativprodukte umgestellt. Das Grundkonzept baut auf einem Input-Output-Bilanzschema auf: Dem Input-Bereich werden die Umlaufgüter wie Rohstoffe, Verpackungsmaterial etc. sowie Anlagegüter, Wasser, Luft, Energie und Boden zugerechnet; als Output werden die Produkte, Abfälle, Abwasser, Abluft, Energieabgabe und Bodenbelastung erfaßt. Die Kosten der Öko-Bilanz mit ihren Konsequenzen seien im einzelnen nicht zu ermitteln, erläuterte ein Firmensprecher bei deren Veröffentlichung, weil sich manche Umstellung wieder in Einsparungen niederschlage und sich selbst finanziere.[69]

Ökologische Buchführung und Bilanzierung werden so immer häufiger Bestandteil einer ökologischen Unternehmensführung, nicht zuletzt weil vermeidbare Kosten aufgedeckt und eliminiert werden können.

Es kommt vor, vermutlich aber eher selten, daß die Wirtschaftssubjekte ihre ökonomischen Dispositionen auch durch nichtmonetäre Impulse beeinflussen lassen. Wenn heute weitblickende Unternehmen, wie wir gesehen haben, dazu übergehen, Öko-Bilanzen – mit und ohne Monetarisierung – für ihre Betriebe zu erstellen, versuchen sie, mittels dieser Öko-Bilanzen Umweltschäden nach Möglichkeit abzubauen. Das kann einerseits zu finanziellen Einbußen und Produktionseinschränkungen führen, andererseits werden der »good will«, das »standing« und die Reputation des Unternehmens verbessert und damit sogar die Marktposition. Nicht selten bedeutet die Verbesserung der ökologischen zugleich auch die der ökonomischen Bilanz.

In Ausnahmefällen verzichtet ein Unternehmen bisweilen sogar aus rein ethischen Motiven auf die Fortsetzung einer bestimmten Produktion. So entschied – gegen den Rat der Geschäftsleitung – der Schweizer Eternit-Erbe Schmidheiny, die

Herstellung von Asbest-Zement zu beenden, weil er es für moralisch nicht verantwortbar hielt, die mit der Herstellung und Verarbeitung von Asbest-Zement verbundenen gesundheitlichen Gefährdungen (Krebserkrankungen) zugunsten wirtschaftlicher Interessen in Kauf zu nehmen. Die Entscheidung, die Produktion auf asbestfreie Baustoffe umzustellen, erwies sich langfristig als wirtschaftlich erfolgreich, weil die Verwendung von Asbest-Zement verboten wurde. Das ist immerhin ein Indiz dafür, daß Ethik bei unternehmerischen Entscheidungen mitunter nicht der schlechteste Ratgeber ist.

Das Umweltbundesamt sieht den Wert der Erstellung von Öko-Bilanzen vor allem als »Schwachstellenanalyse«. Das heißt, bestimmte störende bzw. nicht vertretbare Umweltauswirkungen einzelner Produktgruppen sollen identifiziert werden, um eine bessere Umweltqualität zu erreichen. Ebenso positiv beurteilt das Umweltbundesamt die Durchführung von »Sensitivitätsanalysen«: Damit lassen sich die Auswirkungen bestimmter Innovationen, z. B. Energieeinsparung, auf andere Indikatoren prognostizieren.

Öko-Bilanzen erleichtern es, bei der Einführung neuer Produkte die voraussichtlichen Umweltauswirkungen festzustellen und den umweltorientierten Innovationsbedarf zu ermitteln. Nach Ansicht des Umweltbundesamtes können Öko-Bilanzen auch für einzelne Materialien oder chemische Stoffe von Nutzen sein, um im Rahmen der Produktherstellung oder -konstruktion die für die Umwelt günstigsten Material- oder Stoffoptionen zu untersuchen.

Mit Recht warnt das Umweltbundesamt jedoch vor der zunehmenden Tendenz, Öko-Bilanzen offensiv im Produktmarketing mit dem Ziel einer eigenmächigen positiven Auslobung einzusetzen, insbesondere im Vergleich zu anders gestalteten Wettbewerbserzeugnissen oder bei Produkten, deren Umweltauswirkungen intensiv diskutiert werden. Derlei

Werbeaussagen werden nach Beobachtung des Umweltbundesamtes von den Einkäufern überwiegend als »objektiv« aufgenommen und können daher irreführend sein. Das Umweltbundesamt sieht auch einen Trend, gesicherte Standpunkte des Umweltschutzes oder in Vorbereitung befindliche neue Maßnahmen mit dem Hinweis auf fehlende bzw. selbst in Auftrag gegebene Öko-Bilanzen in Frage zu stellen und dadurch Irritationen in der Öffentlichkeit hervorzurufen oder umweltpolitisch notwendige Maßnahmen zu verzögern. Zur Vorsicht gegenüber Öko-Bilanzen mahnt deshalb auch Fritz Vorholz, weil sich die Lobbyisten jeglicher Couleur inzwischen dieses Instruments bemächtigt haben. Die trügerischen Öko-Bilanzen, die für die Projekte »Elektro-Auto« und »Rapsöl« vorgelegt wurden, sind dafür ein beredtes Beispiel.[70]

Skeptisch gegenüber Öko-Bilanzen ist auch Ulrich Steger, der bei den Volkswagenwerken – eine bemerkenswerte Neuerung – den Vorstandsbereich »Umwelt und Verkehr« verwaltet. Eine Öko-Bilanz könne es nicht geben, weil eine Bilanz voraussetze, daß gleichnamige Dinge verglichen werden, meint er. In der klassischen Unternehmensbilanz werden die Vermögenswerte in Geld ausgedrückt, bei der Umweltbilanz gehe das nicht. Grundsätzlich bezweifelt Steger die Aussagekraft von Öko-Bilanzen: Man sei hinterher so schlau wie vorher. Statt dessen setzt Steger wie andere Unternehmen auf das »Environmental Auditing« (Ökologische Innenrevision) im Sinne eines »Managementinstruments«.[71] Ob Öko-Bilanzen und Ökologische Buchführung nicht dennoch sinnvolle Bestandteile eines Umwelt-Auditing zu sein vermögen, können wir als terminologische Frage auf sich beruhen lassen.

Der EU-Ministerrat hat im Juli 1993 die Umwelt-Auditverordnung erlassen, welche »die freiwillige Beteiligung gewerblicher Unternehmen an einem gemeinschaftlichen Öko-

Audit-System« ermöglichen soll. Als »Öko-Audit-System« werden »systematische, umwelttechnische und umweltrechtliche Betriebsprüfungen« bezeichnet.[72] In der Begründung zu dieser Verordnung heißt es, die europäische Umweltpolitik habe zum Ziel, »die Umwelt zu erhalten, zu schützen und ihre Qualität zu verbessern, zum Schutz der menschlichen Gesundheit beizutragen und eine umsichtige und rationelle Verwendung der natürlichen Ressourcen zu gewährleisten«. Sie sieht die Europäische Union dem Grundsatz verpflichtet, »Umweltbeeinträchtigungen vorzubeugen und sie nach Möglichkeit an ihrem Ursprung zu bekämpfen«. Und sie verweist ausdrücklich auf das vierte EU-Aktionsprogramm zum Umweltschutz, in dem die Notwendigkeit hervorgehoben wird, »in stärkerem Maße integrierte Politiken zu entwickeln, die globale Umweltkonzepte sowie eine Bekämpfung der Umweltverschmutzung an ihrem Ursprung begünstigen«. Mit dem Angebot einer Beteiligung am Öko-Audit-System soll eine Art freiwillige Umweltkontrolle »mit Gütezeichen« erreicht werden. Auf diese Weise könnten die Unternehmen dem öffentlichen Druck begegnen. Dazu wird festgestellt: »Die Unternehmen sehen sich immer mehr veranlaßt, durch eine Politik zur Information der Öffentlichkeit, die darauf ausgerichtet ist, ihre Maßnahmen und Absichten mit Bezug auf den Schutz der Umwelt, der Verbraucher und der Bevölkerung insbesondere auf lokaler Ebene, transparent zu machen, ihr Image in der Öffentlichkeit zu verbessern . . .« Dabei will die Europäische Union den Unternehmen durch das freiwillige Öko-Audit-System mit möglichst breiter Beteiligung behilflich sein. Wer teilnimmt, erhält eine Art Öko-TÜV-Gütezeichen, das dazu dienen soll, das Engagement der Unternehmen im Umweltschutz »zur Aufbesserung ihres öffentlichen Images« in ihrer Werbung herauszustellen.

Die Bemühungen, die gesamten technischen und wirtschaftlichen Abläufe in den Unternehmen nach ökologischen Kriterien zu untersuchen, zu überprüfen und Schwachstellen nach Möglichkeit zu eliminieren, ist ohne Zögern zu loben, selbst wenn noch genauer untersucht werden müßte, ob und inwieweit eine geldliche Bewertung im Rahmen solcher ökologischen Buchführung und Bilanzierung überhaupt praktikabel ist und sich spürbar auf das wirtschaftliche Agieren des Unternehmens in bezug auf Umweltverbrauch auswirkt.

Jedoch wird viel davon abhängen, wem die institutionelle Zuständigkeit für die Umweltbetriebsprüfungen zuerkannt wird. Im Gespräch ist der Deutsche Industrie- und Handelstag, der sich bisher meist nur durch Warnungen vor einem »Übermaß« an Umweltschutz hervorgetan hat. Besser wäre es, dem Umweltbundesamt die Kompetenz zuzuordnen.[73]

Umweltökonomische Gesamtrechnung

Das statistische Bundesamt beschäftigt sich seinerseits mit Überlegungen zu einer »Umweltökologischen Gesamtrechnung«. Diese soll nicht umittelbar mit der volkswirtschaftlichen Gesamtrechnung zusammengefaßt werden. Dafür werden vorwiegend praktische Gründe geltend gemacht. Ziele der Umweltökonomischen Gesamtrechnung sind die quantitative Erfassung und Darstellung des Zustandes der Umwelt und seiner Entwicklung unter Einbeziehung sowohl der Einflüsse menschlicher Tätigkeit auf die Umwelt als auch natürlicher Umweltvorgänge.[74]

Die Hürden, eine einigermaßen aussagekräftige Umweltökonomische Gesamtrechnung auszuarbeiten, sind ziemlich hoch. Frank Dorow beschreibt die Probleme einer monetären

Bewertung in einer Umweltökonomischen Gesamtrechnung wie folgt:

»Für alle Bewertungsvorgänge im Umweltbereich muß man sich vor Augen halten, daß die Natur selbst *keinen* in monetären Größen ausgedrückten Wert für ihren Nutzen (aus anthropozentrischer Sicht) zur Verfügung stellt. Knappheit und Wert sind ökonomische Begriffe. Alle (quantitativen, d. V.) Bewertungsversuche sind ökonomische Bewertungen. Es gibt keine ›ökologischen‹ Knappheiten. Bewertungen im Umweltbereich sind deshalb künstlich, fiktiv. Strenggenommen wird deshalb auch keine Bewertung im engen Sinne vorgenommen, es wird kein Wert verliehen, sondern es werden modellhaft monetäre Äquivalente gebildet. Anders als z. B. bei der Volkswirtschaftlichen Gesamtrechnung liegen für die Mehrzahl der umweltrelevanten Vorgänge keine Preise vor. ›Umwelt‹ wird als ›freies Gut‹ in Anspruch genommen. Die beobachteten Preise für Rohstoffe und Rohstofflager, Konzessionsabgaben und Pachten usw. sind ökonomische Preise, die mit dem ›Wert‹ der Umwelt in einem ökologischen Sinn nichts zu tun haben.

Daraus folgt, daß Bewertungen der Umwelt durch direkte Nichtmarktbewertungsvorgänge (z. B. Zahlungsbereitschaftskonzepte) oder durch analoge Bewertungen (z. B. Schadensvermeidungskosten) jeweils einen sehr *eingeschränkten Aussagewert* haben, weil hier auf der eigentlichen Nutzungsebene der Umwelt quantitative Tauschrelationen, die dazugehörigen Präferenzstrukturen der Wirtschaftssubjekte und die Tauschkonditionen (Eigentum und Substituierbarkeit) fehlen. Damit ist klar, daß allen Bewertungsmaßstäben – zu welchen man sich letztlich auch entschließt – ein gewisses Maß an Willkür und damit Kritikanfälligkeit anhaften wird. Die Bewertung in der Umweltökonomischen Gesamtrechnung beruht also auf Konvention (wie bei der Wertschöpfung der

Banken! d. Verf.). Für die Auswahl der Bewertungsmaßstäbe in einer Umweltökonomischen Gesamtrechnung sind das Aussageziel der in D-Mark bewerteten Größen und die praktische Durchführbarkeit der Bewertung von Bedeutung ... Für das Grundprogramm einer Umweltökonomischen Gesamtrechnung wurde auf weitgehende Operationalität geachtet, indem an vorhandene Preise, also an echte ökonomische Tauschrelationen, angeknüpft wird. Das sind im Bereich des Rohstoffverbrauchs Marktpreise, also Preise der Förderproduktion oder Einfuhrpreise, im Bereich der Emissionen Preise, die für den Bau und den Betrieb von Schadensvermeidungsanlagen gezahlt werden, und im Immissionsbereich Preise, die für die Sanierung von Umweltschäden gezahlt werden ...

Ein wichtiger Teil der Umweltökonomischen Gesamtrechnung ist die Darstellung der Nutzungen der Umwelt, soweit sie sich nicht auf die Entnahme von Ressourcen oder die Emissionen von Stoffen aller Art und die damit verbundenen Verschlechterungen der Immissionslage und Nutzungseinschränkungen bezieht. Die umfassende Beschreibung von Umweltnutzungen ist wegen der existentiellen Bedeutung der Umwelt für den Menschen als Lebensraum schwierig. Im vorgeschlagenen Grundprogramm der Umweltökonomischen Gesamtrechnung sollen Nutzungen der Umwelt deshalb nur aufgenommen werden, wenn die menschliche Nutzung die Umwelt in irgendeiner Weise beeinträchtigt. Ein häufiger Fall sind dabei die Nutzungsänderungen, z. B. Verminderung von Landwirtschafts- und Waldflächen zugunsten von Verkehrs- und Siedlungsflächen.«[75]

Dorow lehnt das Konzept eines »Öko-Sozialprodukts« ab, will jedoch die Umweltökonomische Gesamtrechnung mit dem Nachhaltigkeitsprinzip verbinden.

In der Umweltwissenschaft einschließlich der Umweltökonomie wird inzwischen fast unisono gefordert, wirtschaftliches Handeln am Prinzip der Nachhaltigkeit (sustainable development) zu orientieren. Das Nachhaltigkeitsprinzip (verstanden als Ausdehnung des Begriffs des Kapitalstocks auf die Natur) ist längst Gegenstand internationaler Dokumente und Appelle. Der »Brundtland-Bericht« beruft sich darauf ebenso wie der »World Watch Report« und das Umweltgutachten 1994 des Rates von Sachverständigen für Umweltfragen. Man findet es wieder in Kommuniqués von Gipfelkonferenzen der G7-Staaten (der wichtigsten Industrienationen der Welt), in Umweltplänen der Europäischen Gemeinschaft, in der Rio-Deklaration und in den auf der Rio-Konferenz beschlossenen »Agenda 21«. Zu nennenswerten Konsequenzen für die internationale und nationale Wirtschafts- und Umweltpolitik hat all das jedoch nicht geführt.

Der Begriff »sustainable development« wird zudem leider nicht nur unterschiedlich übersetzt, sondern auch verschieden definiert. Kritiker behaupten sogar, es sei ein leerer Begriff, der alles und nichts bedeuten könne.[76] Seine Aussagefähigkeit ist jedenfalls erheblich dadurch eingeschränkt, daß er da und dort als »nachhaltiges Wachstum« interpretiert wird, so im Vertrag von Maastricht und in der Edinburgher »Wachstumsinitiative« der Europäischen Gemeinschaft. Die korrekte Übersetzung lautet »nachhaltige Entwicklung« oder »dauerhafte Entwicklung«. Entwicklung ist eben nicht gleichzusetzen mit unbegrenztem Wachstum. Im »Brundtland-Bericht« von 1987 wird dauerhafte Entwicklung als eine Form von Fortschritt verstanden, die »die Bedürfnisse der Gegenwart deckt, ohne zukünftigen Generationen die Grundlage für deren Bedürfnisbefriedigung zu nehmen«.[77]

Eine Abkehr vom Leitbild des anhaltenden wirtschaftlichen Wachstums befürwortet der »Brundtland-Bericht« jedoch nicht, im Gegenteil, er spricht sich für »Strategien für ein dauerhaftes industrielles Wachstum«[78] aus und ist damit eher ein Beispiel für die Vieldeutigkeit des Begriffs »nachhaltige Entwicklung«.

Daß es den meisten so schwerfällt, sich von der Fixierung auf das unaufhörliche wirtschaftliche Wachstum zu lösen, hat seinen Grund hauptsächlich darin, daß in vielen Weltgegenden ein erheblicher Nachholbedarf im Konsumbereich besteht, der über eine expandierende Wirtschaft gedeckt werden soll. Die weltweite Angleichung der Konsumniveaus an den Verschwendungslebensstandard der Industriestaaten ist freilich ohne totale Überforderung des Naturhaushalts nicht denkbar. Jeder kann sich mit einem Taschenrechner vergewissern, wie ein Umweltszenario aussähe, wenn in der Volksrepublik China über den sich bereits jetzt anbahnenden Boom hinaus der Pro-Kopf-Ressourcenverbrauch auf den der Industriestaaten angehoben würde.

Das Erfordernis partiellen und periodischen Wachstums wird vernünftigerweise niemand leugnen. Dadurch wird jedoch die grundsätzliche Kritik an einer Wirtschaftsform, die sich pauschal einem stetigen Wachstum verschrieben hat, nicht außer Kraft gesetzt.

Erstmals soll John R. Hicks das Nachhaltigkeitsprinzip so formuliert haben: ». . . we ought to define a man's income as the maximum value which he can consume during a week and still expect to be as well at the end of the week as he was at the beginning.«[79] Diese Formel hatte aber nichts mit der Erhaltung der Umwelt im Sinn, sondern sollte lediglich einen dynamisierten Einkommensbegriff bestimmen.

Für die wirtschaftliche Praxis ist es sowieso keine Neuentdeckung, daß der Kapitalstock nicht aufgezehrt werden darf, wenn ein Unternehmen auf Dauer – nachhaltig – Erträge abwerfen soll. Bei der Unternehmensbewertung nach dem Ertragswertverfahren werden dementsprechend von den Erträgen nur solche berücksichtigt, die *nachhaltig* zu erzielen sind. Jeder Bauer weiß, daß er sein Saatgut nicht verbrauchen darf, wenn er im nächsten Jahr noch etwas ernten will. Er weiß auch, selbst wenn er nicht danach handelt, daß er auf Dauer nur Erträge erwirtschaften kann, wenn die Bodenfruchtbarkeit erhalten bleibt. Ein Waldbesitzer meinte, daß der Begriff der Nachhaltigkeit erstmals, und zwar zu Beginn des vorigen Jahrhunderts, in der Forstwirtschaft aufgekommen sei. Der Wald könne sich nur dann regenerieren und damit einen Ertrag abwerfen, wenn der Humusgehalt intakt bleibe.

Immler konzentriert sich bei seinen Überlegungen ebenfalls auf das Nachhaltigkeitsprinzip: »Das zentrale Prinzip – leider das bis heute am geringsten beachtete – ist ein wirtschaftliches Verhalten, das die Quellen der physischen Produktion auf keinen Fall gefährdet, statt dessen die langfristige Erzeugung eines Nettoprodukts gesellschaftlich sichert. Unabhängig vom jeweiligen Wirtschafts- und Gesellschaftssystem muß daher die Reproduktion der Produktivkräfte der ganzen Natur das überragende ökonomisch-gesellschaftliche Ziel der Industriegesellschaften sein bzw. werden, weil jede Abweichung von diesem Ziel entweder volkswirtschaftliche Verluste oder aber sogar eine Gefährdung der ökonomischen und physischen Existenz der Menschen und der Gesellschaft bedeuten würde.«[80]

Anne Harrison transponiert die Formel von Hicks auf die Erhaltung des Natur-Kapitals und erweitert seine Aussage folgendermaßen: »Hick's definition of income ... is equivalent to saying that new capital must be at least as great as capital consumed during the year so that the capital stock at the end is at least as great as at the start.«[81] Danach müßten für eine nachhaltige Entwicklung (sustainable development) der reproduzierbare (manmade capital) und der nicht reproduzierbare (natural capital) Kapitalstock am Ende der Periode gleich oder größer sein als zu Beginn der Periode.

Diese Definition hat, so Dorow, den Vorteil, daß sie auch ein operationales Maß für die Abweichung vom angestrebten Soll-Zustand angibt. Offen bleibt für Dorow jedoch u. a. die Frage, inwieweit das Wachstum des »manmade capital« die Abnahme des »natural capital« kompensieren kann. Diese Frage ist allgemein nicht entscheidbar, läßt sich aber durchaus zuspitzen:

Grundsätzlich gibt es zwei Wege, der Umweltkrise zu begegnen. Die erste – sanfte – besteht darin, alle umweltbelastenden Tätigkeiten in allen Lebensbereichen (Industrie, Landwirtschaft etc.) auf ein Niveau unterhalb der Schwelle natürlicher Selbstregulation zu beschränken. Es dürfen bei dieser Alternative demnach Stoffe nur in solchen Mengen und Konzentrationen in die natürliche Umwelt ausgebracht werden, die deren Potential zur Selbsterhaltung und Selbsterneuerung nicht überfordern. Der zweite – harte – Weg müßte die technisch-ökonomische Entwicklung so forcieren, daß es gelingt, ausfallende Leistungen der Natur künstlich zu ersetzen. Bestimmte neuere Entwicklungen in der Medizin und der Gentechnik deuten in diese Richtung. Das logische Ende einer solchen Perspektive wäre das Leben in einer Raumstation, in der sämtliche physischen Vorgänge unter technischer Kontrolle stehen.

Wird die Frage so grundsätzlich gestellt, plädiere ich für den ersten Weg, weil der zweite es uns sehr erschweren wird, die Menschen noch von Zombies zu unterscheiden.

Anzumerken ist, daß sich in die Umschreibung des Nachhaltigkeitsprinzips bei Anne Harrison ein kleines Mißverständnis eingeschlichen hat. Naturkapital kann richtigerweise nicht als ausschließlich nicht reproduzierbares Kapital bezeichnet werden. Die Natur reproduziert ihren Kapitalstock aus sich heraus, das ist überhaupt das Lebensprinzip der Natur. Nur durch menschliche Eingriffe – allerdings zuweilen auch durch Naturkatastrophen – wird die Reproduktion vereitelt.

Die Crux des Nachhaltigkeitsprinzips ist die Konkretisierung. Daran hapert es noch gewaltig. Dorow schlägt als Konkretisierung des Nachhaltigkeitsprinzips drei umweltökonomische Zielsetzungen vor. Sie lauten:

- »Sparsamer Verbrauch nicht regenerierbarer Ressourcen und Beschränkung des Verbrauchs regenerierbarer Ressourcen auf den in der jeweiligen Periode netto hinzuwachsenden Teil (Ziel der Ressourcenschonung).
- Möglichst weitgehende Herabsetzung der Schadstoffbelastungen in Boden, Wasser und Luft (Ziel der Immissionsminderung). Als Unterziel soll dazu die möglichst weitgehende Vermeidung von Abfällen und Emissionen aller Art, weitgehende Entsorgung und Recycling formuliert werden (Ziel der Emissionsminderung).
- Ökologisch schonende Behandlung der Natur als Lebensraum und als Standort für menschliche Aktivitäten (Ziel der ökologischen Lebensraumoptimierung).«

Andere wollen über diese interpretierbaren Generalklauseln noch hinausgehen und entwerfen »Aktionspläne«, in denen sehr ehrgeizige Reduktionsziele anvisiert werden.[82] Genauer besehen sind diese Aktionspläne nichts anderes als eine Rationierung des Umweltverbrauchs oder Zuteilungen von Naturkontingenten. Wie das einzurichten wäre, weiß vorderhand noch niemand so recht. Die einen setzen auf eine »langfristige sowie kultur- und sozialverträgliche Strategie der Technikentwicklung, denn Emissionen und Rohstoffverbrauch müßten um bis zu 95 Prozent gesenkt werden, um eine nachhaltige Wirtschaftsweise zu realisieren« (Brüsseler Institut für Europäische Umweltpolitik).[83] Das ist die Option der »Effizienzrevolution«, für die auch Schmidheiny votiert.

Bei anderen setzt sich allmählich die Erkenntnis durch, daß die Umorientierung auf einen nachhaltigen Lebens- und Wirtschaftsstil nur über einen kulturellen Wandel zustande kommen kann, der eine Änderung der Bedürfnisstruktur umfaßt. Wolfgang Sachs vom Wuppertaler Institut für Klima, Umwelt und Energie plädiert aus diesem Grunde anstelle der propagierten »Effizienzrevolution«, die rasch an ihre ökologischen Grenzen stoße, für eine »Suffizienzrevolution«. Sie befähige die postmodernen intelligenten Gesellschaften, unterhalb ihres wirtschaftlich möglichen Levels zu bleiben, um auf Dauer gut leben zu können.

Eine neue Ökologie müsse sich an den Kategorien »Ent«- statt »Be-schleunigung« und »Ent«- statt »Ver-flechtung« orientieren. Sachs spricht sich für eine »Renaissance der Orte« (Regionalisierung und Dezentralisierung) und gegen eine »strukturell undemokratische, hochverflochtene globale Verteilung von Gütern« aus. Es gelte, die »Eleganz des einfachen Lebens« zu entdecken, das ein Mehr an persönlicher Identität, Autonomie und an selektivem Genuß ermögliche.

Vielleicht ist manches in dieser Perspektive zu kleinteilig gedacht, weil sich die Ausbildung der Weltwirtschaft nicht mehr rückgängig machen läßt. Vielleicht kommt der Verdacht auf, es sei eine Wiederauflage der Devise »Zurück zur Natur«. Aber daß ein neues Profil für die kulturell-ökonomische Lebenswelt gefunden werden muß, wenn das Nachhaltigkeitsprinzip nicht nur Fassade bleiben soll, ist unbestreitbar.

GESELLSCHAFTLICHE KOORDINATEN

Natur und Politik

Wirtschaftspolitische Zielvorgaben

Wenn wir an das Gegensatzpaar »Be-« und »Entschleunigung« usw. anknüpfen, dann käme es ganz allgemein darauf an, der ständigen Ausdehnung der Wirtschaft in alle Lebensbereiche, der »Bewirtschaftung« aller Lebensvorgänge eine »Entökonomisierung« entgegenzustellen, in der die Kultur ihr Eigenrecht und ihre Eigenmacht gewinnt oder zurückgewinnt. Niemand sollte das aber mißverstehen. Kultureller Wandel bedeutet, aus freier Einsicht und freiem Willen einen anderen Lebensstil zu wählen, nicht etwa, eine »Diktatur über die Bedürfnisse« zu etablieren.

Der wirtschafts- und sozialpolitische Zielkatalog sollte auf jeden Fall um Umweltzielsetzungen im Sinne des Nachhaltigkeitsprinzips erweitert werden. Eine Reform des Stabilitätsgesetzes der Bundesrepublik Deutschland in dieser Richtung ist überfällig. Ob der von den Grünen im Herbst 1990 vorgelegte Entwurf als Grundlage dafür dienen kann, lasse ich offen. Es war jedenfalls ein anerkennenswerter Versuch, der nicht einfach durch Stillschweigen in Vergessenheit geraten sollte. Die SPD hat inzwischen einen Antrag »zur Anpassung des Gesetzes zur Förderung der Stabilität und des Wachstums der Wirtschaft an die neuen ökologischen, sozialen und wirtschaftlichen Anforderungen« vorgelegt, der hoffentlich die Debatte neu beleben wird.

Die Erweiterung des wirtschaftspolitischen Zielkataloges wird natürlich die gesellschaftlichen Realitäten genausowenig unmittelbar verändern wie die Aufnahme eines Staatszieles Umweltschutz in die Verfassung. Zu hoffen ist aber, daß dadurch die wirtschaftspolitische Auseinandersetzung eine andere Färbung erhält und die Konturen der unterschiedlichen Horizonte deutlicher hervortreten. Bisher sind die wirtschaftspolitischen Überlegungen von Regierung und Parlamenten, von Wirtschaftsverbänden, Banken und Unternehmen immer noch zum überwiegenden Teil den herkömmlichen wirtschaftspolitischen Zielen verhaftet; umweltpolitische Gesichtspunkte sind meist nur Dekoration. Das stellt sich spätestens dann heraus, wenn die Konjunktur lahmt und alle guten Vorsätze zur Integration der Ökologie in die Ökonomie in Vergessenheit geraten.

Zur Belebung und Vertiefung der ökologisch-ökonomischen Diskussion sind Umweltökonomische Gesamtrechnungen hilfreich und von großem Nutzen. Aber sie sind zunächst auch nicht mehr als eine Information. Für sich genommen äußern sie noch keinen Handlungsdruck oder -anreiz. Es läßt sich nicht einmal ausschließen, daß die Umweltökonomische Gesamtrechnung zwar ein mehr oder minder großes Presseecho findet, ohne die Wirtschaftssubjekte jedoch sonderlich zu beeindrucken. Der Bundesverband der Banken oder die Arbeitgeberverbände haben in der Vergangenheit auf die Veröffentlichung des Waldschadensberichtes sehr gelassen reagiert.

Die Bundesregierung erstellt neuerdings Jahr für Jahr einen Umweltbericht, der freilich die wirtschaftsstrategischen Planspiele von Konzernen ebenfalls kaum sonderlich tangieren dürfte. Dasselbe Schicksal wird wohl einer Umweltökologischen Gesamtrechnung beschieden sein, wenn der Informations-(Erkenntnis-)Wert nicht in wirtschaftspolitisches Handeln umgesetzt wird.

In einer Umweltökonomischen Gesamtrechnung sind die darin enthaltenen Zahlen im großen und ganzen fiktiv; damit ist auch die Information fiktiv, weil sie innerhalb der wirtschaftlichen Abläufe, für die sich die Marktteilnehmer interessieren, überhaupt nicht vorkommen.

Umwelt als Marktfaktor

Die Verschränkung von Umwelt- und Wirtschaftspolitik wird aus diesem Grunde erst wirksam, wenn der Umweltverbrauch innerhalb des Marktes oder als Rahmenbedingung des Marktes monetarisiert wird: wenn er real (und nicht fiktiv) nur noch zu einem bestimmten Preis zu haben ist. Das ist das Credo der Marktwirtschaft. Nur ist es keine lupenreine Marktwirtschaft, denn der Preis wird nicht am Markt aus Angebot und Nachfrage gebildet. Es ist ein administrierter Preis, der nicht in einer Höhe festgesetzt wird, die die Nachfrage anregt und damit Umsatz und Gewinn ergibt, sondern ein Preis, der gerade die Nachfrage nach Umweltverbrauch senken und tendenziell Verbrauchsvermeidung erwirken will.

Alle Ökosteuer-Konzepte, die nach der hier verwendeten Terminologie nichts anderes sind als ein staatlich reguliertes Preissystem für Umweltverbrauch, und alle sonstigen Vorschläge für den Einsatz von ähnlichen »marktwirtschaftlichen Instrumenten« stimmen darin überein, daß der Preis für Umweltverbrauch nicht den »simulierten« Markt für Umweltgüter räumen, sondern die Nachfrage drosseln soll. Der Markt werde aber dafür sorgen, daß die beste Umwelttechnik angewendet und der Umweltverbrauch in der effizientesten Weise gesenkt werde.

Besser angepaßt an das Marktgeschehen scheint die sogenannte Mengen-Lösung, bei der der Staat keinen – administrierten Preis bestimmt, sondern sich auf die Festlegung des maximalen Umfangs der Umweltbelastung (in Mengeneinheiten dargestellt) beschränkt.

Die Mengen-Lösung: Zertifikate und andere Verrechnungsmodelle

Nicht ganz zu Unrecht reklamieren die Verfechter der Zertifikat- (Mengen-)Lösung, sie sei das exemplarische marktwirtschaftliche Instrument für den Umweltschutz. Der Staat gibt handelbare Zertifikate aus, die das Recht verleihen, die Umweltmedien in einem bestimmten Umfang zu belasten, sei es durch Abgase, Abwasser oder Abfall. Die Zertifikate heißen deshalb auch Verschmutzungsrechte.

Auf den ersten Blick scheint die Ausgabe von Zertifikaten ein eleganter Kunstgriff zu sein, mit dem ein politisch zu bestimmender Umweltstandard für eine Region mit den geringst möglichen volkswirtschaftlichen Kosten erreicht werden kann.[1]

Lutz Wicke listet folgende Vor- und Nachteile der Umwelt-Zertifikate auf:

Vorteile:

- Durch eine politische Vorgabe werde eine Höchstgrenze der Umweltbelastung sichergestellt. Außerdem werde durch den Handel mit Umweltzertifikaten ermöglicht, daß sich neue Firmen in einem belasteten Gebiet ansiedeln können, wenn Emissionen aus anderen Quellen vermindert werden. Damit erhöhe sich die umweltpolitische Flexibilität.
- Die einzelbetrieblichen Umstellungskosten werden insgesamt minimiert, weil innerhalb der einzelwirtschaftlichen Kalkulation infolge der Lizenzierung stets die effizientesten Vermeidungsmaßnahmen ergriffen werden.

- Es könne eine auf eine regionale Belastung abgestellte Umweltplanung entsprechend der jeweiligen ökologischen Kapazitätsbedingungen betrieben werden.
- Der Staat, aber auch private Institutionen, z. B. Bürgerinitiativen, können durch den Aufkauf von Umweltlizenzen die gewünschten Umweltstandards erhöhen.
- Der Staat gibt der Wirtschaft bzw. den Umweltverschmutzern nur die umweltpolitischen Rahmenbedingungen vor, beläßt aber weitgehend die einzelwirtschaftliche Verantwortung und Dispositionsfreiheit. Es handele sich deshalb weitgehend um eine marktwirtschaftskonforme Lösung.
- Das Verfahren sei administrativ relativ einfach, da sich der Staat im wesentlichen auf die Fixierung der maximalen Emission und deren Kontrolle beschränken könne.

Nachteile:

- Bei bestimmten Umweltproblemen, bei denen regional konzentrierte Umweltgefährdungen auftreten, könne dieses Instrument nur regionalisiert angewendet werden. Das heißt, man könne in solchen Fällen nicht für ein gesamtes Land handelbare Lizenzen ausgeben, denn dann könnte es eventuell zu einer sehr starken Massierung von Lizenzen und damit Emissionen innerhalb eines Belastungsgebietes dieses Landes kommen. Bei der deshalb erforderlichen regionalen Differenzierung dieser Lizenzen müßten ökologische Regionen abgegrenzt werden. Dies sei allerdings infolge der Überregionalität vieler Umweltprobleme nur sehr schwer möglich.
- Außerdem müßten die Probleme der zweckmäßigen Stükkelung der Umweltlizenzen gelöst werden, damit auch kleinere Unternehmen die Möglichkeit der Umweltnutzung erhalten. Die Institutionalisierung und Aufrechterhaltung einer Umweltbörse, an der Umweltlizenzen gehandelt werden, dürfte nicht unerhebliche praktische Schwierigkeiten mit sich bringen.

- Bei einer sehr großen und schwer überschaubaren Zahl von Umweltlizenzen sei mit sehr hohen Überwachungskosten zu rechnen.
- Bei einer kostenlosen Erstabgabe von Umweltlizenzen sei die Verteilungsgerechtigkeit nicht gewährleistet. Das gleiche gelte auch bei einer kostenpflichtigen Erstabgabe mit einem im voraus festgelegten Lizenzpreis, da im vorhinein nicht der tatsächliche Wert der Umweltlizenzen geschätzt werden könne.
- Umweltlizenzen seien weitgehend ungeeignet, raumbedeutsame Umweltprobleme und -belastungen aus den komplexen Teilen des Umweltschutzes vermeiden zu helfen.

Nach Lutz Wicke sind die Umweltzertifikate daher »keineswegs ein universell zur Lösung aller umweltpolitischen Probleme geeignetes Instrument«; andererseits will er sie nicht a priori aus dem Kreis potentiell anwendbarer Instrumente ausschließen. Sein Beispiel der Lizenzierung von FCKW ist aber sicherlich auch nach seiner Ansicht inzwischen durch die neueren Erkenntnisse überholt.[2]

Ernst Ulrich von Weizsäcker nennt die handelbaren Zertifikate »wirtschaftstheoretisch äußerst elegant«, sieht aber ein Problem vor allem in dem hohen Meß- und Kontrollaufwand; außerdem seien sie »zwar für Emissionen, aber schwerlich für Energieverbrauch, Stoffströme, Personenkilometer, Biovielfalt usw. vorstellbar«.[3]

Noch schärfer fällt die Kritik von Joseph Huber und Harald Müller-Witt aus. Huber meint, die Zertifikate seien nur ein »scheinelegantes Verfahren«, in Wirklichkeit gerieten sie zu »einer meß- und kontrollbürokratischen Absurdität«.[4] Sehr ausführlich hat sich Harald Müller-Witt mit der Zertifikat-Lösung auseinandergesetzt. Einen der gravierendsten Mängel sieht er neben dem Problem der Kontrolle und Überwachung in dem Verstoß gegen die Verteilungsneutralität. Sie wirke außerdem nicht fördernd auf die ökologisch-technische Innovation, sondern sei »struktur-zementierend«.[5]

Unabhängig von den praktischen Problemen des Umwelthandels bleibt die Frage, ob wir mit der Natur tatsächlich wie mit anderem Handelsgut umgehen können. Gibt der Staat Umweltlizenzen aus, verhält er sich wie ein Eigentümer, der bestimmte Nutzungsrechte überträgt. Wir könnten auch sagen, der Staat privatisiert einen Teil der Allmende Natur.

Wicke begegnet diesem Einwand mit dem Argument, das sei immer noch besser, als wenn die Natur von jedem zum Nulltarif genutzt werden könne. Solange wir innerhalb einer wirtschaftlichen Denkweise verharren, ist es sicherlich vorzuziehen, wenn durch staatliche Vorkehrungen ein Preis für Umweltnutzung festgelegt und damit die Umweltnutzung als Kostenfaktor innerhalb der wirtschaftlichen Überlegungen erscheint.

Holger Bonus propagiert schon seit langer Zeit handelbare Umweltzertifikate. Der Handel mit »Verschmutzungsrechten« ist zweifellos ein echtes marktwirtschaftliches Instrument, während Steuern, Abgaben, Auflagen und dergleichen den staatlich-dirigistischen Interventionen zuzuordnen sind. Nach Holger Bonus haben wir nur die Wahl zwischen einer sogenannten Preis-Lösung oder einer Mengen-Lösung. Weil man nicht Preis und Menge zugleich freigeben könne (sonst würde der Preis Null sein und Übernutzung eintreten), müsse man einen der Parameter fixieren, während der andere sich auf dem Markt einspiele. Der Staat könne entweder mittels Steuern und Abgaben die »Preise« von Umweltnutzungen festlegen (Preis-Lösung) und es dem ökonomischen Kalkül der Nutzer überlassen, in welchem Ausmaß die Natur beansprucht wird. Oder der Staat fixiert mittels Zertifikaten und flexiblen Auflagen ein Kontingent als Höchstmenge der zulässigen Umweltbelastung (Mengen-Lösung) und überläßt dem Markt die Preisbildung für Umweltnutzungsrechte. Beide Methoden seien ökonomisch effizient, denn sie sorgten dafür, daß die volkswirtschaftlichen Kosten des Umweltschutzes minimiert werden. Das liege daran, daß der zu zahlende Preis – sei er staatlich fixiert oder ein Marktpreis – als »Kostenfilter« wirke; dort, wo die Kosten der Emissionsverhinderung höher seien als der Preis für Umweltnutzungen, würden Umweltnutzungsrechte nachgefragt, während die Nachfrage nach diesen Rechten dort unterbleibe, wo die Emissionsverhinderung billiger sei als der Kauf von Umweltnutzungsrechten auf dem Markt. Auf diese Weise werde Emission verhindert, wo das preisgünstig möglich ist, und fortgesetzt, wo die Verhinderung zu aufwendig wäre. Die überhöhten Kosten der Drosselung von Emissionen bei manchen Anlagen würden so »herausgefiltert« und fielen der Volkswirtschaft nicht mehr zur Last. Dieses Herausfiltern könne das Ordnungsrecht nicht leisten, deshalb sei der ordnungsrechtliche Umweltschutz um vieles teurer.

Den Unterschied zwischen Mengen- und Preis-Lösung sieht Bonus daher nicht in der ökonomischen Effizienz, sondern in der »ökologischen Treffsicherheit«. Hier hapere es bei den Preis-Lösungen. Um das zu begründen, arbeitet Bonus mit dem »nützlichen Begriff des Schattenpreises«. Ein Schattenpreis enthalte in komprimierter Form alle benötigten Informationen: Die subjektive Wertschätzung eines Gutes durch seine Verbraucher, aber auch den Verzicht, der einem Dritten dadurch auferlegt wird, daß man selbst das knappe Gut für sich beansprucht. Schattenpreise seien die Folgen ökonomischer Restriktionen, sie seien gewissermaßen der Schatten, den solche Restriktionen auf unsere individuellen Entfaltungsmöglichkeiten werfen. Schattenpreise »räumen den Markt«: Wenn sie verlangt werden, schöpft die Nachfrage das knappe Gut aus. Das Geheimnis einer funktionierenden Marktwirtschaft bestehe darin, daß die Schattenpreise dort als Marktpreise in Erscheinung treten. Getreu der Tradition der Adam-Smith-Schüler ergibt sich nach Bonus die »spontane Selbstorganisation« der Volkswirtschaft durch die Preisbildung. Er vergleicht die Vorgänge auf dem Markt mit der »selbststeuernden negativen Rückkopplung« von natürlichen Öko-Systemen, die beispielsweise die Populationen zwischen Raub- und Beutetieren ausbalanciere. »Die negative Rückkopplung erfolgt in einer Marktwirtschaft mit Hilfe von Preisen.« Offen bleibt dabei freilich die Frage, wer die Rolle der Raubtiere übernimmt und wer sich als Beutetier zur Verfügung stellen muß.

Beim Vergleich der Mengen- mit der Preis-Lösung beruft sich Bonus auf die Schattenpreise. Damit der ökologische Rahmen für die Umweltnutzungen insgesamt gerade ausgeschöpft wird, müßten die Abgabensätze den Schattenpreisen entsprechen, die aber unbekannt seien und sich ständig änderten. Würden die Schattenpreise verfehlt, so werde auch der ökologische Rahmen nicht eingehalten. Abgabensätze unter dem jeweiligen Schattenpreis führten zur Übernutzung der Umwelt, während Abgabensätze darüber zwar ökologisch unbedenklich seien, aber ökonomisch gesehen (an sich zulässige) Nutzungsmöglichkeit unausgeschöpft gelassen. In der Regel würden erfahrungsgemäß auf Grund langwieriger Auseinandersetzungen mit den interessierten Wirtschaftsteilnehmern die Abgabensätze zu niedrig ausfallen und damit die ökologische Wirkung abgeschwächt.

Das sei anders bei Zertifikaten. Hier bildeten sich Schattenpreise für Umweltnutzungen auf den regionalen Märkten als Marktpreise von Umweltnutzungsrechten heraus, der Preis entspreche dem kapitalisierten Abgabensatz, wie er bei einer »idealen« Umweltabgabe anzusetzen wäre, das heißt bei jeweils bekannten Schattenpreisen. Zertifikate seien daher nicht nur ökonomisch, sondern auch ökologisch effizient. Wolle man die ökologischen Rahmenwerte wirklich einhalten, so bliebe im Grunde die Zertifikat-Lösung als einzige Möglichkeit übrig.

Da Abgaben und Zertifikate sich spiegelbildlich zueinander verhielten, sei der große Vorteil der Zertifikate allerdings mit einem Nachteil verbunden: Während bei Abgaben die ökologische Wirkung ungewiß sei, die ökonomische Belastung aber kalkulierbar bleibe, treffe für die Zertifikate das Gegenteil zu. Da die ausgegebenen Zertifikate die Höchstmenge der Emissionen begrenzen, wird der ökologische Rahmen zuverlässig eingehalten. Jedoch könnten sich die Schattenpreise auf dem Markt als sehr hoch herausstellen. Die Einhaltung der ökologischen Rahmenwerte erwiese sich dann als recht teuer, vielleicht weil dieser Rahmen zu anspruchsvoll wäre.

Sowohl die Mengen- als auch die Preisvariante sind für Bonus »marktwirtschaftliche Lösungsmodelle«. Für welche der beiden Modelle man sich entscheide, hänge deshalb davon ab, was wichtiger sei, die Kosten oder die Ökologie. Gelte das Interesse mehr einem berechenbaren Kostenrahmen, so sei die Preislösung vorzuziehen; lege man hingegen mehr Wert auf eine zuverlässige ökologische Wirkung, müsse man sich für die Mengen-Lösung entscheiden. Die Erstausgabe der Zertifikate muß nach Meinung von Holger Bonus nach dem Grandfathering-Modell erfolgen: Die Zertifikate werden erstmalig an die bisherigen Umweltnutzer nach Maßgabe der bisher (legalen) Umweltnutzung gratis abgegeben, so daß alle Besitzstände gewahrt bleiben. Später sollen die Zertifikate abgewertet werden, falls die Emission von Schadstoffen insgesamt reduziert werden soll.[6]

Dagegen vertritt Joachim Weimann die Auffassung, »daß es offensichtlich *das* in jedem Fall beste umweltökonomische Instrument nicht gibt, sondern daß jeweils im Einzelfall zu prüfen ist, auf welchem Wege ökologische und ökonomische Ziele am besten erreicht werden können«.[7] Er attestiert der Zertifikat-Lösung, in Übereinstimmung mit Holger Bonus, gegenüber dem Preis-Standard-Ansatz (Preis-Lösung) erhebliche Vorteile bei der »ökologischen Treffsicherheit«. Ursache dafür sei die Tatsache, daß bei Zertifikaten direkt die Emissionsmengen kontrolliert werden, während beim Preis-Standard-Ansatz eine Mengenfestlegung nur in Form einer Zielvorgabe erfolge, die sich der Planer auferlege, und nicht als Mengenrestriktion für die Emittenten. Die Beeinflussung wirke indirekt – über die administrative Preisfestsetzung. Da der Planer den Zusammenhang zwischen Preis und resultierender Menge in der Regel nicht kenne, sei diese indirekte Steuerung notwendigerweise erheblich ungenauer als die direkte Emissionsbegrenzung. Verschärft werde die ökologische Ungenauigkeit des Preis-Standard-Ansatzes dadurch, daß dynamische Einflüsse wie Wirtschaftswachstum, Inflation, Markteintritt usw. unmittelbare Auswirkungen auf die Schadstoffemissionen haben könnten. Die langfristige Aufrechterhaltung eines Umweltstandards sei deshalb bei der Preis-Lösung nur durch ständige Anpassungsmaßnahmen zu gewährleisten. Im Falle der Zertifikat-Lösung bleibe das Emissionsniveau dagegen von solchen Einflüssen unberührt, der Umweltstandard sei gegen dynamische Einflüsse resistent.

Nach Weimann sind sowohl die Mengen- als auch die Preis-Lösung ökonomisch effizient. Werde der »richtige« Steuersatz gewählt, führe die Emissionsbesteuerung dazu, daß der angestrebte Standard kostenminimal erreicht werde. Würden Zertifikate auf Wettbewerbsmärkten gehandelt, sei die Kosteneffizienz ebenfalls gesichert. Unterschiede ergäben sich jedoch hinsichtlich der Implementierungskosten. Das »trial-and-error«-Verfahren, mit dem beim Preis-Standard-Ansatz der Steuersatz bestimmt werden müsse, könne zur Errichtung zu kleiner oder zu großer Vermeidungskapazitäten bei den Emittenten führen, und in beiden Fällen dürften höhere Gesamtkosten der Emissionsvermeidung entstehen als bei unmittelbar richtiger Dimensionierung. Diese sei bei der Zertifikat-Lösung gewährleistet, wenn die Erstvergabe nach dem auch von Bonus bevorzugten Grandfathering-Verfahren vorgenommen werde. Die dynamische Anreizwirkung einer Zertifikat-Lösung sei *»im Falle kompetitiver Märkte«* – im Gegensatz zu »dünnen« Märkten, auf denen nur wenige Wettbewerber agieren – mit der einer Emissionssteuer vergleichbar. In beiden Fällen führe technischer Fortschritt dazu, daß neben der Kostensenkung bei den »historischen« Vermeidungsmengen durch zusätzliche Emissionsvermeidung ein Vorteil in Höhe der Differenz zwischen Grenzvermeidungskosten und Steuersatz bzw. Zertifikat-Preis entsteht.

Bei Vorhandensein von kompetitiven Zertifikat-Märkten sei daher das Zertifikat-Modell dem Preis-Standard-Ansatz *eindeutig* überlegen, weil das Zertifikat-Konzept in *allen* Belangen mindestens so gut abschneide wie das Preis-Modell und in einzelnen Punkten deutliche Vorteile aufzuweisen habe.[8] Die Voraussetzung kompetitiver Märkte schränke jedoch die Eignung des Zertifikat-Modells wiederum ein, weil sie mit ökologischen Erfordernissen nur dann vereinbar sei, wenn die Kontrolle der Schadstoffemission weder eine zeitliche noch eine räumliche Differenzierung notwendig mache. Das sei in erster Linie bei Emissionen von Schadstoffen der Fall, die unter globalen Aspekten zu beurteilen sind, während bei der großen Gruppe von Oberflächenschadstoffen auf ein differenziertes Regelungssystem kaum verzichtet werden könne, und es stelle sich die Frage, inwieweit die dann resultierenden »dünnen« Zertifikat-Märkte noch Vorteile des Zertifikat-Modells gegenüber der Preis-Lösung bestehen ließen. Weil jedoch die Berücksichtigung räumlicher Schadstoffverteilung auch im

Falle des Preis-Standard-Ansatzes zu Komplikationen führe, sei die Kosteneffizienz in diesen Fällen bei beiden Instrumenten nicht gesichert. Im Blick auf die ökologische Treffsicherheit behielte die Zertifikat-Lösung zwar ihren Vorteil, denn »dünne« Märkte änderten nichts daran, daß durch Zertifikate eine direkte Mengensteuerung möglich sei. Diesem Vorteil stehe allerdings der Nachteil gegenüber, daß die von Zertifikaten ausgehende dynamische Anreizwirkung im Falle »dünner« Märkte geringer einzuschätzen sei als die einer Emissionsbesteuerung. Auch der Vorteil einer eher einfachen Implementierbarkeit der Zertifikat-Lösung relativiere sich bei differenzierter Ausgestaltung. Die Erstvergabe durch das einfache Grandfathering-Verfahren sei dann nicht mehr notwendig die beste Lösung. Es könne sich als vorteilhaft erweisen, Versteigerungsverfahren anzuwenden, die natürlich erheblich aufwendiger seien. Dazu komme, daß auf Grund der Vielzahl von Märkten, auf denen jeder einzelne Emittent tätig werden müsse, um in den Besitz von Zertifikaten zu gelangen, die er für seine Produktion benötige, ein differenziertes Zertifikat-System bei den Unternehmen zu erhöhten Transaktionskosten führe. Das Informationsproblem, das sich beim Preis-Standard-Ansatz für den Planer stelle, werde bei differenzierten Zertifikaten zumindest teilweise auf die Emittenten verlagert.[9]

Holger Bonus ist von der Zertifikat-Lösung so fest überzeugt, daß er jegliche Bedenken als »Voreingenommenheit, die mit rationalen Erwägungen nicht begründet werden« könne, zurückweist. Unter den Politikern vermißt er den Visionär, der der marktwirtschaftlichen Zertifikat-Lösung zum Durchbruch verhilft.[10]

Es sind aber nicht nur psychologische Barrieren zu überwinden, wie Holger Bonus vermutet, um die Vorzüge der Umweltzertifikate anzuerkennen. Umweltzertifikate haben auch erhebliche Nachteile, die Holger Bonus leider nur unzureichend diskutiert. Zu den Nachteilen gehört der Umstand, daß die Schaffung eines institutionellen Rahmens für Umweltzertifikate einen relativ hohen staatlichen Aufwand erfordert, der in Frage stellt, ob Umweltzertifikate tatsächlich marktkonform sind. Alle Arten von Umweltverschmutzung, die nicht bestimmten Unternehmen anzulasten sind oder die aus mehreren Quellen stammen, können durch Umweltzertifikate nicht erfaßt werden. Weil das in der Mehrzahl der Fälle so ist, sind nur relativ wenige Schadstoffe »zertifizierbar«.

Umweltzertifikate können zu Wettbewerbsverzerrungen führen, indem sie Marktzugangsbeschränkungen schaffen. Schließlich kann nicht übersehen werden, daß aus verteilungspolitischen Gründen die Erstausstattung mit Zertifikaten sehr schwierig ist. Die »Großvater«-Methode, die Holger Bonus vorschlägt, ist alles andere als gerecht. Warum sollen die »Besitzstände« der großen Umweltverschmutzer geschützt werden? Das erinnert an den Beginn der Marktwirtschaft nach der Währungsreform, die wenige – darunter viele Nazis und deren Gehilfen – gegenüber der überwiegenden Mehrheit der Bevölkerung massiv bevorzugt hat. Daß diese Privilegien notwendig waren, um die Marktwirtschaft in Gang zu bringen, wird wohl niemand ernsthaft behaupten.

Aber auch die Abwägung der Vor- und Nachteile von Mengen- und Preis-Lösung geht nicht ganz so auf, wie Holger Bonus es annimmt. Er sieht die Preis-Lösung zu statisch. Bei einem linear ansteigenden Preis (Konzept Müller-Witt und Ernst Ulrich von Weizsäcker) soll eine dynamische Wirkung erzielt werden, die die Unternehmen mit »sanftem« Druck zur Umstellung der Produktion auf umweltschonende Technik veranlaßt. Selbst wenn zu Beginn der »Schattenpreis« nicht zielgenau getroffen wird, wird die Abgabe zu einem bestimmten Zeitpunkt den »Schattenpreis« erreichen und damit die gewünschte volle ökologische Wirkung entfalten. Wenn im weiteren Verlauf der Schattenpreis überschritten und eine Verschmutzungsmöglichkeit ungenutzt bleibt, mag das ein ökonomischer Nachteil sein, der sich aber verschmerzen läßt, weil er durch den volkswirtschaftlichen und ökologischen Zugewinn, der durch einen Strukturwandel im Sinne von mehr Öko-Effizienz zu erzielen ist, bei weitem aufgewogen wird. Wenn Holger Bonus den Verdacht äußert, daß wegen des harten Widerstandes der Interessenten die Festsetzung von zu niedrigen Abgabesätzen zu befürchten sei, kann ihm im Blick auf bisherige Erfahrungen nicht widersprochen werden. Nur werden sich die Interessenten auch bei der Festsetzung von Höchstmengen zu Wort melden und dafür zu sorgen wissen, daß sie nicht zu niedrig ausfällt. Die Interessenten sind im übrigen vornehmlich im Kreis der umfänglichen Umweltverschmutzer zu suchen, die Holger Bonus mit seiner Grandfathering-Methode gratis bedienen will.

Das Zertifikat-Modell soll nach Horst Siebert, der sich schon 1976 dafür ausgesprochen hat, »ideal« für die Lösung globaler Umweltprobleme sein. Auf ein Grandfathering-Verfahren bei der Erstausgabe von Lizenzen werden sich die Entwicklungsländer aber wohl kaum einlassen, denn das hieße, daß die bisher höchst ungleiche Verteilung der Umweltbelastung festgeschrieben würde. Siebert hat, abweichend von Holger Bonus, offenbar auch eine andere Vorstellung, nach welchen Gesichtspunkten Umweltlizenzen zu Beginn vergeben werden sollten.

Gibt es noch andere systematische oder praktische Einwände gegen die Zertifikat-Lösung, die nicht nur als »tiefes Unbehagen am Markt« dem Bereich des Irrationalen zuzuordnen sind? Lutz Wicke und Burkhard Huckestein führen das Lizenz- oder Zertifikat-Modell auf den Property-Rights-Ansatz von Ronald H. Coase zurück, der negative externe Effekte durch das Fehlen von Eigentumsrechten an vielen Gütern verursacht sieht. Nach Wicke/Huckstein war der kanadische Nationalökonom John Harness Dale der erste, der aus dem Property-Rights-Ansatz nach Coase ein Modell entwarf, das die ökonomische Effizienz von Abgabenlösungen mit der ökologischen Wirksamkeit von Auflagen in Einklang zu bringen suchte. Wie Coase habe auch Dale das Fehlen von Eigentumsrechten für viele unerwünschte externe Effekte verantwortlich gemacht. In Anlehnung an Dale meinen Wicke und Huckstein, es könnten auch für öffentliche Güter wie Luft, Wasser und Boden Eigentumsrechte geschaffen werden. Für diese Umweltgüter sei »Inhalt der Eigentumsrechte das Recht zum Einleiten oder Aufbringen von Schadstoffen oder zur sonstigen Belastung«.

Das sind seltsame Vorstellungen. Eigentum ist nach der Definition des bürgerlichen Gesetzbuches das umfassendste, dingliche Recht an einer Sache. Es verleiht dem Inhaber das Recht, soweit nicht ein Gesetz oder Rechte Dritter entgegenstehen, mit der Sache nach Belieben zu verfahren und andere von jeder Einwirkung auf die Sache auszuschließen. Das Eigentum wird von der Verfassung (Artikel 14 Grundgesetz) geschützt, mit der Einschränkung, daß Eigentum auch dem Gemeinwohl verpflichtet sei. Jedoch bezieht sich die verfassungsrechtliche Garantie auf einen weiten materiellen Begriff des Eigentums und ist nicht auf das bloße Sacheigentum beschränkt. Eigentum im Sinne des Grundgesetzes ist nach weitverbreiteter Verfassungsinterpretation jedes vermögenswerte Recht. Geldforderungen, Aktien, Urheberrechte und vielerlei andere Rechte gehören dazu.

Die Leibeigenschaft ist glücklicherweise kein vermögenswertes Recht, das die Verfassung gewährleistet. Die Vergabe von Verschmutzungsrechten käme aber in gefährliche Nähe zur Leibeigenschaft, weil sie finanzstarken Unternehmen die

Befugnis zuspräche, über die Umweltmedien die leibliche und seelische Existenz vieler, wenn nicht aller Menschen zu belasten. Das mag schon bei vielen Rechten heute der Fall sein, wenn die Menschen auf Grund zivilrechtlicher Vereinbarungen oder öffentlich-rechtlicher Vorschriften bestimmte Immissionen innerhalb ihres Lebensraumes dulden müssen.

Wann die Grenze zur verfassungsrechtlich nicht mehr zulässigen Beeinträchtigung der körperlichen Unversehrtheit überschritten ist, beschäftigt uns seit geraumer Zeit in der sogenannten Grenzwert-Diskussion. Grenzwerte lassen sich nur mit außerordentlichen Schwierigkeiten objektivieren, der Expertenstreit ist häufig nur die verdeckte Auseinandersetzung mit wirtschaftlichen Interessenten. Höchstmengen einer Schadstoffausbringung werden, um wirtschaftlichen Interessen nicht in die Quere zu kommen, immer so ausgelegt sein, daß gesundheitliche und ökologische Vorsorge nur Kulisse sind. Wenn es dann ein »Recht« zur Umweltverschmutzung gibt, wird es voraussichtlich den ökologischen Strukturwandel eher behindern als ihn fördern, weil der Status quo für die Unternehmen die größeren Vorteile bietet.

Überall, wo in der Marktwirtschaft etwas einen Preis hat, wird es direkt oder indirekt auch Gegenstand des Handels. Die Wirtschaftsordnung kann das erleichtern oder erschweren, jedoch nicht völlig unterbinden. Ein Preis kann in der Marktwirtschaft jedoch nur für ein Objekt verlangt werden, das – im weiteren Sinn – eigentumsfähig ist, also Inhalt eines vermögenswerten Rechtes werden kann.

Nach dem Zusammenbruch der sozialistischen Planwirtschaft im Osten wird das Privateigentum als Allheilmittel für eine gedeihliche Wirtschaft angepriesen. Den hohen Rang des Privateigentums stelle ich nicht in Frage. Privateigentum ist die Voraussetzung einer freiheitlichen Lebensweise. Wo Eigentum und Besitz zusammenfallen, das Eigentum gewissermaßen die Inkorporation der menschlichen Individualität in die Güterwelt vermittelt, hat es einen positiven Aspekt. Eigentum regt die Kreativität des Menschen an, es stimuliert seinen Willen und bis zu einem gewissen Grad auch sein Denken. Das Eigentum, das aber nur noch über Dritte, die im bürgerlichen Gesetzbuch bezeichnenderweise Besitz*diener* genannt werden, ausgeübt werden kann, verliert – jedenfalls ab einer bestimmten Größenordnung – seinen autonomen Charakter zur Beherrschung von Sachen und wird zur Herrschaft über Menschen.

Das haben Marx und seine Schüler richtig gesehen. Ihre richtige Erkenntnis wurde nicht deshalb falsch, weil anstelle des Privateigentums das Staatseigentum gesetzt wurde, das die tyrannischste Form der Herrschaft über andere Menschen ist, die außerdem noch den Nachteil hat, daß sich für das anonyme Staatseigentum niemand verantwortlich und zur pfleglichen Behandlung verpflichtet fühlt.

Ich glaube nicht, daß wir uns einen Gefallen tun, wenn wir alles Erdenkliche dem Privateigentum zugänglich machen. Die Luft läßt sich nicht parzellieren und an Kleinaktionäre verteilen. Sie ist von Natur aus kein privates Eigentum. Nicht einmal der Begriff »gemeinschaftliches Gut« oder »öffentliches Gut« ist angebracht, sondern Luft wie die Natur in ihrer Gesamtheit können nicht Gegenstand exklusiver Verfügungsrechte sein, weder des Staates noch eines einzelnen. Eigentum schafft einen Raum für den Eigenwillen. Es begründet kein Rechtsverhältnis mit der Sache, sondern nur gegenüber anderen Menschen in Ansehung der Sache. Die Gesellschaft würde sich erwürgen, bliebe die Natur nicht zum größeren Teil eigentumsfrei. »Das freie Meer befreit den Geist«, belehrt uns Mephisto in Goethes »Faust«.

Eigentum an Produktionsmitteln, das nur gemeinschaftlich genutzt werden kann, hat einen anderen Charakter als das bloß »private« Privateigentum. Die Verfügungsmacht über Produktionsmittel ist heute meist durch eine Vielzahl komplizierter vertraglicher und gesetzlicher Konstruktionen vermittelt, die das Privateigentum im Grunde nur noch als Schimäre beläßt. Aktionäre mögen sich einbilden, sie seien die Eigentümer des Unternehmens, die Realität sieht anders aus. Rechtlich ist Eigentümer der Produktionsmittel sowieso die Aktiengesellschaft als juristische Person, die – im Gegensatz zur natürlichen Person – nur in der Vorstellung der Menschen existiert.

Selbst wenn das Eigentum an Produktionsmitteln auch in der Gesetzgebung gegenüber dem Privateigentum stärker gesellschaftlich akzentuiert würde, dürfte »die Natur« nicht als Ganzes exklusiven Verfügungsrechten ausgeliefert werden. Daß große Teile »der Natur« – Boden und Bodenschätze, Wasserläufe, Seen, Wälder und vieles andere, neuerdings sogar »biologische Ressourcen« – bereits in großem Ausmaß kollektiver oder privater Aneignung unterworfen wurden, muß uns nicht dazu verleiten, diese Art von »Kolonisierung« immer weiter auszudehnen. Gen-Patente und dergleichen darf die Rechtsordnung daher nur in Ausnahmefällen (z. B. bei Pharmaka) anerkennen. »Die Natur« sollte zum größeren Teil eine eigentumsfreie Zone bleiben. Eigentum und die damit verbundene Rente haben nur bedingt eine »naturschützende Funktion«, auch wenn es innerhalb marktökonomischer Kategorien vielleicht anders aussieht.

Nach Mohssen Massarrat ist »die Rente der ökonomische Ausdruck der Kapitalisierung der Natur«. Daraus folgert er: »Je höher die Rente, desto stärker die Eigentumsfunktion und desto größer die marktökonomischen Hindernisse der Naturausbeutung.« Umgekehrt signalisiere die niedrige Rente eine schwache Eigentumsfunktion und die Tendenz zur Entkapitalisierung der Natur. Setze sich diese Tendenz ganz durch, sei

»damit die Natur marktökonomisch für eine unbegrenzte Ausbeutung freigegeben«.[11]

Massarrat postuliert diesen Wirkungszusammenhang nicht für eine bestimmte – private – Eigentumsform, sondern für die Eigentumsfunktion, die auch als Staatseigentum oder »universales Eigentum« für den Schutz der Naturressourcen vor freier und uneingeschränkter Nutzung sorge. Als Beispiel nennt er die Überfischung als Folge des freien Zugangs zu den Weltmeeren. Als »universales Eigentum« verflüchtigt sich der Eigentumsbegriff im rechtlichen Nebel, weil »die Menschheit« kein artikulationsfähiges Rechtssubjekt ist. Zudem birgt die Konstruktion jedweder Eigentumsfunktion die Gefahr, daß sie als Recht zur exklusiven Ausbeutung der Natur gedeutet wird. Wir können oder sollten die Natur nicht ausschließlich sortieren in angeeignete Gegenstände einerseits und herrenlose und damit aneignungsfähige andererseits, selbst wenn das die juristische Dogmatik und die marktökonomische Rationalität nahelegen. Der Weltnaturpark Antarktis sollte eben nicht als Reservat im Staateneigentum oder im »universalen« Eigentum deklariert werden, für das Eintrittspreise verlangt und Schürfrechte vergeben werden können, um die »Rente« zu erhöhen und die »Eigentumsfunktion« zu stärken, sondern die Pinguine und Eisbären, das empfindliche Biotop Antarktis in seiner Gesamtheit als letzter jungfräulicher Kontinent soll von Eigentums- und Ausbeutungsrechten jedweder Art freigehalten werden, auch wenn einige Staaten ihre »Claims« dort schon abgesteckt haben.

Zur Abwehr von Umweltdegradierung und -übernutzung bedarf es nicht der Hilfskonstruktion von kollektiven oder »universalen« Eigentumsrechten. Luftverschmutzung kann untersagt, kontingentiert oder mit Abgaben belegt werden, auch wenn sich der Staat oder sonstwer nicht als »Eigentümer« der Luft definiert.

Die Preis-Lösung: Ökosteuern und Abgaben

Allen Ökosteuer- und Umweltabgaben-Konzepten ist gemeinsam, daß sie umweltbelastende Produktion und Konsumtion kontinuierlich finanziell schröpfen und damit einen Anreiz schaffen wollen, auf umweltverträgliche Produktion und Konsumtion umzusteigen. Neben dem starren Ordnungsrecht mit den hinlänglich bekannten Vollzugsdefiziten sollen die Wirtschaftssubjekte durch das flexiblere und subtilere Instrument eines staatlich festgesetzten Preises oder Aufpreises für Umweltbelastung zur ökologischen Räson gebracht werden. Dadurch blieben der Wirtschaft zugleich mehr Anpassungsmöglichkeiten und Spielräume für die Erfüllung der gewünschten Umweltstandards. Die Mobilisierung des Eigeninteresses und der Erfindungsgabe erscheint aussichtsreicher als die zwangsweise Durchsetzung eines technischen Standards über Gesetze, Verordnungen und Auflagen. Preis- (und Mengen-) Lösung sind jedoch, darüber darf man sich nicht hinwegtäuschen, nur andere »Sanktionen« für die Durchsetzung des Ordnungsrechts, das die Einhaltung eines bestimmten Umweltstandards zum Ziel hat.

Alle Bestrebungen dieser Art sind im Kern nichts anderes als der Versuch, einen künstlichen Markt zu schaffen, der mangels Eigentums- oder exklusiven Nutzungsrechten sonst nicht vorhanden wäre. Dickertmann formuliert so: »Wenn die einzelnen Güter der Umwelt individuelle Eigentümer hätten, dann müßten für ihre Nutzung Preise gezahlt werden, welche ihre jeweilige Knappheit zum Ausdruck bringen würde.«[12]

Eine gewisse Ähnlichkeit besteht mit der Geldsphäre, obwohl »die Natur« von Natur aus knapp ist und das Geld, das potentiell unbegrenzt vermehrbar ist, knapp gehalten wird. Die Natur hat einen natürlichen Knappheitswert, dem Geld wird ein Knappheitswert verliehen. Im einen Fall müssen wir die Knappheit als naturgegeben hinnehmen, im anderen Fall wird sie von uns aktiv durch die Zügelung der Geldproduktion herbeigeführt. In beiden Fällen sollen die Wirtschaftssubjekte mittels des Preises (Zins) über die Knappheit informiert werden. Knappheiten müssen sowohl in der Natur als auch beim Geld in ihrer zeitlichen Dimension erfaßt werden.

Wird die knappe Ressource Geld durch Schuldenaufnahme heute zu stark in Anspruch genommen, ergibt sich daraus zu Lasten nachfolgender Generationen eine monetäre Restriktion in der Zukunft oder Wertverlust durch Inflation. Umweltressourcen, die heute im Überfluß vorhanden zu sein scheinen, werden als knapp nur erkennbar, wenn die Nutzungsanwartschaften kommender Generationen in die Betrachtung einbezogen werden.

Wenn schon die Prothese eines imaginären Eigentümers der Umweltgüter der ökonomischen Didaktik dienen soll, dann müssen also auch die Nachfahren in die »Eigentümerfunktion« einrücken, und wir müssen unsere spätere Rolle als Vorfahren antizipieren. Das ist keine leichte Übung. Die »intertemporale Solidarität« gehörte bisher nicht gerade zu den Stärken der Menschheit.

Als Urvater der Idee, Umweltverbrauch mit einer Steuer kostenpflichtig zu machen, gilt der britische Ökonom Arthur Cecil Pigou. Die nach ihm benannte Pigou-Steuer soll erreichen, daß die Inanspruchnahme von Umweltgütern, die bisher gratis war, entsprechend ihrer Bewertung durch die Gesellschaft besteuert wird, damit die volkswirtschaftlichen Kosten getreu dem Verursacherprinzip mittels »pretialer Lenkung« (Lenkung über den Preis) in einzelwirtschaftliche Kosten umgewandelt werden. Die Pigou-Steuer erwies sich jedoch als nicht praxistauglich. Dickertmann nennt dafür drei Gründe:

1. Die volkswirtschaftlichen Kosten könnten nicht im einzelnen erfaßt und monetär quantifiziert werden.

2. Die Verursacher der volkswirtschaftlichen Kosten könnten nicht zuverlässig und auf Dauer ermittelt werden. Meist seien mehrere Wirtschaftssubjekte zusammen für Umweltschädigungen verantwortlich. Daran scheitere eine verursachergerechte Kostenzuweisung bzw. die Erhebung einer Steuer mit einem jeweils kostenadäquaten Steuersatz.

3. Abgesehen von der Schwierigkeit einer kostengerechten Besteuerung müßten die Steuersätze laufend der Veränderung der volkswirtschaftlichen Kosten angepaßt werden, was verwaltungs- und steuertechnisch undurchführbar sei.[13]

Diese Mängel der Pigou-Steuer versucht das zweite »Leit- oder Vergleichsmuster« (Dickertmann) für Umweltabgaben, das Konzept des sogenannten »Standard-Preis-Ansatzes«, von Baumol und Oates im Jahre 1971 entwickelt, zu vermeiden. Im Unterschied zur Pigou-Steuer wird bei diesem Konzept ein bestimmter Umweltstandard staatlicherseits festgelegt, der über einen »Richtpreis« (Abgabe) durchgesetzt werden soll. Dickertmann beschreibt die Funktionsweise des Standard-Preis-Ansatzes so: »Bei den Verhaltensweisen der von der Umweltabgabe betroffenen Wirtschaftssubjekte sind zwei Entscheidungsalternativen zu kennzeichnen, welche im übrigen zu den konstitutionellen Voraussetzungen dieses Konzeptes gehören: Wirtschaftssubjekte mit vergleichsweise niedrigen Vermeidungskosten (gemessen am Abgabesatz) werden den Schadstoff durch betriebsinterne Maßnahmen vermindern, weil das für sie kostengünstiger ist, als die Steuer zu entrichten. Wirtschaftssubjekte mit vergleichsweise hohen Vermeidungskosten (wiederum gemessen am Abgabesatz) werden demgegenüber die Steuer bezahlen und sich insoweit von einer Schadstoffminderung ›freikaufen‹. Das ist für sie kostengünstiger als eine betriebsinterne Änderungsmaßnahme.«[14]

An diesen Entscheidungsalternativen lassen sich auch Vorteile und Nachteile des Standard-Preis-Ansatzes ablesen. Ein Vorzug besteht darin, daß die Wirtschaftssubjekte durch individuelle Kostenvermeidungsstrategien den erwünschten Umweltstandard erreichen (Kosteneffizienz). Der Nachteil wird darin gesehen, daß der Staat bei der Festlegung des »Richtpreises« mangels verläßlicher Informationen über die »für die jeweiligen Immissionen verantwortlichen Diffusionverläufe, die jeweiligen Vermeidungskosten der Unternehmen und deren jeweiligen Verhaltensweisen« im Dunkeln tappt. Ein optimaler Steuersatz kann also im Wege des »trial and error«-Verfahrens annäherungsweise ermittelt werden.[15]

Alle Konzepte für Umweltabgaben in ihren verschiedenen Ausformungen sind immer Kombinationen von normativen – auf Grund demokratischen Konsenses fixierten – Vorgaben und der Anregung bzw. Nutzung technisch-ökonomischer Potentiale zur Effizienzsteigerung. Die »ökologische« Funktionstüchtigkeit des jeweiligen Modells hängt davon ab, welche Ansatzstelle für die Umweltabgabe gewählt wird, ob die Lenkungswirkung bestimmend bleibt oder die Abgabe zum reinen Finanzierungsinstrument degeneriert und ob die Verwendung des Abgabenaufkommens ökologischen Kriterien gerecht wird.

Bei den Ansatzstellen[16] wird unterschieden zwischen

- »Input-Abgaben«, die die Verwendung bestimmter Eingangsprodukte (Rohstoffe) belasten (Beispiel: CO_2-Abgabe, Düngemittelabgabe); »Verfahrensabgaben« auf technische Prozesse der Gütererzeugung, die zu einer bestimmten Produktbeschaffenheit führen (Beispiel: erhöhte Kfz-Steuer für Fahrzeuge ohne Katalysator); »Rohemissions- oder Emissionsabgaben«, die bei der Produktion und/oder beim Konsum entstehende Schadstoffemissionen sowie entstehende Abfallstoffe belasten (Beispiel: Abwasserabgabe, Chlorabgabe); und

- »Output- oder Produkt-Abgaben« im engeren Sinn, die bestimmte Fertigprodukte belasten (Beispiele: Tabaksteuer, Batterieabgabe, der in Baden-Württemberg eingeführte »Wasserpfennig«).

Welche Ansatzstelle den größten ökologischen und ökonomischen Erfolg verspricht, hängt von einer differenzierten Bewertung des Einzelfalls ab. Diese Feststellung ist wichtig für die Beantwortung der Frage, welcher Institution die Wahl der Abgabenart und ihre spezielle Ausgestaltung anvertraut werden sollte und ob und wie Umweltabgaben in der Finanzverfassung zu placieren sind. Die Eignung von lenkenden Umweltabgaben wird allgemein unter anderem daran gemessen, ob sie die ökologisch und ökonomisch richtige »allokative« Wirkung entfalten, ob sie Überwälzungsmöglichkeiten eröffnen und wie hoch der Verwaltungs- und Kontrollaufwand ist. Dickertmann gelangt anhand dieser Kriterien zu folgendem vorsichtig empfehlenden »Rating« der Umweltabgaben: Emissionsabgabe, Input-Abgabe, Produkt-Abgabe und an letzter Stelle die Verfahrensabgabe.[17]

Aber Dickertmann rät auch dazu, Umweltabgaben im Rahmen der »technischen Zugriffsnotwendigkeiten« und der »gegebenen Zugriffsmöglichkeiten« gleichsam als »ökologischen Maßanzug« zu schneidern, also die Abgaben »in ihrer jeweiligen Belastungswirkung naturgemäß nach umweltschädigenden Merkmalen, nach regionalen Merkmalen und nach zeitlichen Merkmalen gegeneinander abzustufen, um dadurch modifizierende Verhaltensweisen bei den betroffenen Wirtschaftssubjekten zu erreichen.«[18]

Der »allokative« Erfolg einer Umweltabgabe erweist sich selbstverständlich, wie bei jeder Abgabe mit Lenkungsabsicht, nicht nur daran, ob sie dem richtigen Adressaten und an der richtigen Stelle Geld wegnimmt, sondern auch daran, was mit dem konfiszierten Geld geschieht. Mehrere Typen von Umweltabgaben – je nach Verwendungszweck des Mittelaufkommens – haben sich herausgebildet.

Umweltsonderabgbe und »Beitragssteuer«

Ein Modus staatlicher Intervention, um Umweltnutzung kostenpflichtig werden zu lassen, ist die Umweltsonderabgabe. Sie wird auf Umweltbeanspruchungen erhoben, die einerseits über das sozialadäquate Maß hinausgehen, andererseits die Grenzwerte nicht überschreiten, die der Staat gesetzlich festlegt. Ihre Besonderheit, aber zugleich auch ihre beschränkte Anwendbarkeit liegt darin, daß die umweltpolitische Zweckbindung gruppenspezifischen Kriterien folgt, für die die Rechtsprechung des Bundesverfassungsgerichts relativ enge Grenzen gezogen hat. Zu diesen Kriterien gehören unter anderem die Homogenität der Gruppe, die Sachnähe zwischen Abgabepflichtigem und Abgabezweck, die spezielle Aufkommensverantwortlichkeit der Gruppe, die gruppennützige Verwendung des Abgabeaufkommens und die periodisch wiederkehrende Rechtfertigung der Abgabe. Die Zweckbindung nach diesen Merkmalen kann auch dadurch eingehalten werden, daß je nach ökologischem Wohlverhalten die einen steuerlich belastet und die anderen steuerlich entlastet werden, wie es beispielsweise bei einem Bonus/Malus-System praktiziert wird.

Wegen der engen Zweckbindung ist bei der Umweltsonderabgabe die Lenkungswirkung am stärksten ausgeprägt.[19] Umweltsonderabgaben wären insofern besonders gut geeignet, die Internalisierung von Umweltkosten in die einzelwirtschaftliche Kalkulation zu erreichen, weil sie das Verursacherprinzip verwirklichen und dem Verursacher von Umweltbelastungen die Kosten aufbürden.

Von der Umweltsonderabgabe im engeren Sinn unterscheidet Dickertmann die »Beitragssteuer«, die über den öffentlichen Haushalt oder über einen außerbudgetären Fonds für umweltpolitische Zwecke eingesetzt wird. Die Zweckbindung ist dabei nicht so eng wie bei der Umweltsonderabgabe. Inzwischen hat sich leider herausgestellt, daß die Wirksamkeit von Umweltsonderabgaben und »Beitragssteuern« nicht sehr weit reicht.

Huber[20] verweist zu Recht darauf, daß beispielsweise die vielgerühmte Abwasserabgabe, die im Jahr 1976 eingeführt und seit 1981 erhoben wird und als bisher einzige »echte« Umweltlenkungsabgabe auf Bundesebene gilt, nach den Vorschriften im Wasserhaushaltsgesetz weniger eine Abgabe auf die Verschmutzung des Wassers als vielmehr auf die Menge verschmutzten Wassers ist, dessen Verschmutzungsgrad in einer Unzahl von Verwaltungsvorschriften für fast alle Wirtschaftszweige und Kommunen geregelt ist. Die Wirkung der Abwasserabgabe schwächt sich dann noch mehr ab, wenn sie nicht von den sogenannten Direkteinleitern, sondern von den Wasserverbänden oder Kommunen, die ein Klärwerk gemeinsam betreiben, und von allen Indirekteinleitern, die an die Abwasserkanalisation angeschlossen sind, erhoben wird. Die Abwasserabgabe ist in diesem Fall eine Umlage, die grundsätzlich von allen zu zahlen ist. Wer weniger verschmutztes Wasser einleitet, hat allenfalls eine minimal verringerte Gebühr zu entrichten. Ein deutlich wirksamer wirtschaftlicher Anreiz, die Schmutzfracht im Abwasser kontinuierlich herabzusetzen, wird damit nicht geschaffen. Huber sieht in der Abwasserabgabe deshalb weniger eine Lenkungsabgabe, um eine bessere Wassergüte zu erzielen, als vielmehr eine streng zweckgebundene Abgabe zur Finanzierung von ordnungs- und polizeirechtlichen Maßnahmen. Die nicht selten als großer Erfolg gepriesene Abwasserabgabe hat sicherlich zur Verbesserung der Wassergüte durch Kläranlagen und andere Vorrichtungen des reparierenden Umweltschutzes beigetragen; zur Induzierung der Wirtschaftsabläufe in ökologischer Richtung taugt sie nur begrenzt.[21]

Mittlerweile hat die Kritik an der Ausgestaltung der Abwasserabgabe im Rahmen der Diskussion um die 4. Novelle zum Abwasserabgabengesetz an Heftigkeit zugenommen. Dieter Ewringmann vom Finanzwissenschaftlichen Institut an der Universität Köln resümierte in einem Gutachten über die geplanten Änderungen, die Restabgabe werde zu einem reinen Finanzierungsinstrument ohne Lenkungswirkung. Er beklagt, daß »das Schicksal der Abwasserabgabe auf ernüchternde Weise belegt, wie sich die gegenwärtig besonders populäre deklamatorische Befürwortung von mehr ›Markt‹ im Umweltschutz rasch verflüchtige, sobald Marktsteuerung tatsächlich lenkend (Gewässergüteziele) bzw. belastend (Bepreisung knapper Umweltdienste) spürbar wird«.[22] Das verdeutliche, so Ewringmann, »den Grad der Desorientierung über Sinn und Zweck einer Abgabenerhebung bzw. den Grad der Deformierung des ursprünglichen Lenkungskonzepts, das offenbar nur noch in Belastungs- und Aufkommenskategorien gesehen wird«.

Im übrigen sollten wir generell auch in diesem Zusammenhang das, was tatsächlich geschieht, sehr genau in Betracht ziehen: Ebenso wie bei den Umweltzertifikaten vergibt der Staat im Fall von Umweltsonderabgaben das Recht, gegen Entgelt ein bestimmtes Quantum an Abfällen, Abgasen und Abwasser in die Natur-Medien einzubringen. Zwar ist dieses »Recht« nicht handelbar, aber das reale Geschehen ist bei der Vergabe von Umweltzertifikaten und der Erhebung von Umweltsonderabgaben durchaus ähnlich. Im Fall der Umweltsonderabgaben »erlaubt« der Staat eine Umweltschädigung gegen Zahlung einer Gebühr: das Gebührenaufkommen dient dazu, die Schäden in dem technisch möglichen Umfang zu beseitigen oder wenigstens zu begrenzen. Solange jedenfalls Abfallabgaben lediglich die Kosten für die sogenannte Abfallbeseitigung, das heißt die Konzentration (Deponierung) oder Diffundierung von Schmutzfrachten in der Natur, decken sollen, werden sie den notwendigen ökologischen Strukturwandel nur bedingt stützen.

Ökosteuer

Das zweite fiskalische Operationsbesteck, das heute in den Mittelpunkt der wissenschaftlichen Abhandlungen und der politischen Auseinandersetzung gerückt ist, firmiert unter dem Namen »Ökosteuer«. In der Terminologie von Dickertmann heißt sie etwas holperig »Wirkungszwecksteuer«, wodurch charakterisiert werden soll, daß im Unterschied zur »Beitragssteuer« oder »Verwendungszwecksteuer« der Akzent auf der »demeritorischen« (ertragsmindernden) Wirkung und nicht auf der ökologisch orientierten Verwendung des Mittelaufkommens liegt.

Das Sortiment an Ökosteuer-(Umweltabgaben-) Konzepten ist außerordentlich reichhaltig. Jüttner hat über einhundert Vorschläge zur Einführung neuer Umweltabgaben registriert, die zur politischen Patentierung angemeldet wurden.[23] Angesichts dieser Fülle an Ökosteuerideen, die kaum noch überschaubar ist, vermißt Dickertmann jedoch »systematische Klarheit und konzeptionelle Geschlossenheit«[24], was die Zögerlichkeit der politischen Akteure vielleicht bis zu einem gewissen Grade zu erklären, wenn auch nicht zu entschuldigen vermag.

Ich beschränke mich darauf, auf zwei »Ökosteuer«-Konzepte einzugehen, die Beachtung verdienen, auch wenn sie umstritten sind.

1. Das Konzept von Harald Müller-Witt:
Müller-Witt hat ein Modell progressiv ansteigender Umwelt-»abgaben« – formal handelt es sich um eine Steuer – entwickelt, das folgende Teilelemente enthält:

a. Es wird ergänzend zu den bestehenden Umweltvorschriften eine öko-politische Abgabe (oder Steuer) auf jegliche Form von Naturinanspruchnahme erhoben.

b. Diese Abgabe wird jährlich um real drei Prozent angehoben.

c. Das Aufkommen soll im ersten Jahr der Einführung fünf Prozent des Bruttosozialprodukts nicht übersteigen, weitestgehend kostenneutral erhoben und zu annähernd gleichen Teilen aus den Abgaben für die Umweltmedien Boden, Luft und Wasser gespeist werden.

d. Die zu entrichtende Abgabe bemißt sich nach dem physikalischen Maß und der Beschaffenheit des zu reglementierenden Stoffes, gewichtet mit einem spezifischen Hebesatz, in dem sich Umweltgefährdungspotential und Giftigkeit widerspiegeln.

e. Die Abgabe richtet sich unterschiedslos an sämtliche stationären Quellen, gleich ob auf Produzenten- oder Konsumentenseite, und an sämtliche mobilen Quellen, soweit man derer habhaft werden kann.

f. Bis zu dem Punkt, an dem die ständig steigende Umweltabgabe die Grenzvermeidungskosten der Unternehmen entsprechend der aktuellen umweltgesetzlichen Ge- und Verbote überspringt, behalten letztere ihre Gültigkeit. Danach werden sie ökonomisch obsolet, juristisch bleiben sie jedoch in Kraft.

g. Das Nettoeinkommen aus der Umweltabgabe (der sogenannte »Sanierungspreis«) wird nach bestimmten politischen Vorgaben verwendet. Dabei ist dem Aspekt der Internationalität von Umweltschäden besonders Rechnung zu tragen. Dort, wo eine Subventionsgewährung als Ausweg erscheint, sollten die Mittel gezielt darauf verwandt werden, die »Urproduktion« einzudämmen.

h. Um für die Subventionsgewährung eine Bezugsgröße und für die Wirtschaftssubjekte eine Zielvorgabe festzulegen, wird die 99prozentige Schadstoffvermeidung als Ziel proklamiert, welches es binnen 15 Jahren zu realisieren gilt.[25]

Die Rigorosität des Vorschlags von Müller-Witt ist für manche vermutlich abschreckend. Die Rückführung von Emissionen um 99 Prozent innerhalb von 15 Jahren erscheint wahrscheinlich vielen als unerreichbar. Unklar ist auch, ob alle »natürlichen« Emissionen, die die Natur in ihre Stoffkreisläufe zurückführen kann, mit einer Abgabe belegt werden sollen. Die CO_2-Emissionen werden bekanntlich zum Teil von der vorhandenen Biomasse verarbeitet. Mensch und Tier emittieren ständig »Schadstoffe« mit dem Stoffwechsel in die Umwelt.

Müller-Witt gesteht selbst zu, daß der Begriff »Naturinanspruchnahme« interpretationsbedürftig ist. Er will offenlassen, ob er »eng oder weit« auszulegen sei, und zieht sich darauf zurück, »eine eindeutige Antwort kann es dazu nicht geben«. Wer aber von seiten des Staates den Bürgerinnen und Bürgern eine bestimmte Pflicht auferlegen will (eine Pflicht ist auch die Verpflichtung zur Zahlung einer Öko-Abgabe), kann auf klare Begriffsabgrenzungen nicht verzichten, sonst droht Willkür der Exekutive. Schließlich erfaßt das Konzept von Müller-Witt nur Umweltverbrauch, der sich als Emission von Schadstoffen qualifizieren läßt. Umweltverbrauch beschränkt sich indessen nicht auf Emissionen. Bodenversiegelung durch-

Straßenbau, Abholzung von Wäldern, Flurbereinigung, Flußbegradigung, Monokulturen und vieles andere sind Umweltschädigungen oder Umweltverbrauch, die nicht ausgeklammert werden sollten.

2. *Das Modell von Ernst Ulrich von Weizsäcker:*
Ernst Ulrich von Weizsäcker hat ein anderes Denkmodell vorgestellt, das er jedoch nicht als wissenschaftlich und politisch ausgereiften Vorschlag, sondern als Anregung für eine »ökologische Steuerreform« verstanden wissen will. Die von ihm in leichter Abwandlung früherer Überlegungen skizzierte »ökologische Steuerreform« soll so aussehen:

Über einen Zeitraum von 30 bis 40 Jahren werden jährlich bestehende Subventionen abgebaut und/oder zusätzliche Umweltsteuern erhoben, welche zusammen die Endverbraucherpreise von nicht erneuerbarer Energie und anderen ökologisch problematischen Faktoren um jährlich fünf Prozent erhöhen. Mit dem Umweltsteueraufkommen werden keine zusätzlichen Staatsausgaben finanziert. Die Einnahmen aus Umweltsteuern werden vielmehr in Form von Entlastungen bei anderen Steuerarten der Wirtschaft und den übrigen Steuerzahlern zurückgegeben (aufkommensneutrale Steuerreform). Insbesondere will von Weizsäcker alle Bagatellsteuern streichen und in einem weiteren Schritt die Mehrwertsteuer senken. Die Antwort auf die heikle Frage, welche Subventionen gestrichen werden sollen, verrät uns von Weizsäcker vorsichtshalber nicht. Konsequenterweise müßten das vor allem offene und verdeckte Subventionen zugunsten nicht erneuerbarer Energieträger sein. In der Bundesrepublik und anderen europäischen Ländern dürfte dann nicht länger die Kohleförderung subventioniert werden, und auch die offene oder verdeckte Subventionierung des Atomstroms müßte gestrichen werden.

Der Anstieg der Preise soll in dem Modell von Ernst Ulrich von Weizsäcker folgende Faktoren erfassen:

a. *Energie:* Atomstrom und Strom aus fossilen Brennstoffen; fossile Treibstoffe; geringere Steuersätze für Wasserkraft aus Großkraftwerken (z. B. über 20 Megawatt) und Biosprit; keine Besteuerung von Solarenergie, Windkraft, kleinen Wasserkraftwerken und Biogas.

b. *Rohstoffe und Abfall:* sämtliche mineralischen Rohstoffe, aber nicht Sekundärrohstoffe (wiederverwendete Materialien); erhöhte Steuersätze für Problemstoffe wie Quecksilber, Kadmium oder Blei.

c. *Wasser:* Trinkwasser; die Abwasserabgabe soll erhalten bleiben, aber jenseits der Beträge für Kostendeckung in eine Steuer (mit dem Ziel der Senkung anderer Steuern) umgewandelt werden.

d. *Bodenversiegelung:* Beginnend mit jährlich einer Mark pro Quadratmeter versiegelter oder überbauter Fläche sollen Beträge erreicht werden, die die »Rückgabe von Flächen an die Natur« profitabel machen.

e. *Schadstoffe:* »Im Rahmen der Praktikabilität« sollen auch Emissionen besteuert werden. Die fünfprozentige Steigerung könne von einem Grundniveau eines Drittels der heutigen geschätzten Vermeidungskosten ausgehen. Dann werde eine sehr weitgehende Schadstoffvermeidung innerhalb von rund 20 Jahren rentabel.[26]

Von Weizsäcker rechnet mit starken Anpassungsreaktionen der Wirtschaft auf die Ökosteuern. Gleichwohl werde sich deren Aufkommen innerhalb eines Zeitraums von zwei Jahrzehnten laufend erhöhen und ein Volumen von fünf bis zehn Prozent des Bruttosozialprodukts erreichen. Danach werde es trotz weiter steigender Abgabesätze stagnieren.

Die Überlegungen von Ernst Ulrich von Weizsäcker haben ihm teils überschwengliches Lob, teils aber herbe Kritik eingetragen. Während auf der einen Seite die Weizsäckersche »Ökologische Steuerreform« für den Fall ihres Gelingens mit der Miquelschen Steuerreform von 1891 verglichen wird[27], konstatiert Dieter Ewringmann einen »im logischen und begrifflichen Wirrwarr endenden Ausflug in umweltökonomische Zusammenhänge und Ansätze«.[28] Die »grundlegenden Schwächen« im Konzept Weizsäckers sieht Ewringmann darin, daß es sich genaugenommen nur um »punktuelle Eingriffe in ein historisch gewachsenes Steuersystem« handele, »dessen Grundmuster unverändert, allerdings auch unreflektiert« bleibe. Geändert würden nur die Aufkommensstrukturen. Kriterien für ein anderes Steuer*system* seien nicht erkennbar. Ewringmann vermißt die für ein Reformkonzept notwendige Auseinandersetzung mit den Wirkungen des bisherigen Steuersystems und kreidet von Weizsäcker außerdem an, »von einem falschen Grundverständnis geltender Steuern und deren wirtschaftlicher Wirkung« auszugehen. In der Tat ist die von Ernst Ulrich von Weizsäcker eingeführte Unterscheidung zwischen »Ballast-Steuern« und »Öko-Steuern« nicht überzeugend. Unter »Ballast-Steuern« versteht von Weizsäcker solche, die Arbeit und Gewerbe belasten, obwohl diese Tätigkeiten »üblicherweise als nützlich angesehen« werden. Dazu rechnet er die Einkommen-, Gewerbe- und Mehrwertsteuer. »Öko-Steuern« wären dann – im Umkehrschluß – Abgaben, die auf »nicht-nützliche« Tätigkeiten erhoben werden.

Hier gerät einiges durcheinander. Die Mehrwertsteuer ist von ihrer Systematik her auf Besteuerung des Konsums angelegt, sie ist keineswegs eine Steuer auf mehr oder weniger »nützliche« menschliche Tätigkeit. Soweit der Konsum mit Umweltverbrauch verbunden ist, besteuert die Mehrwertsteuer auch diesen. Der Begriff der »Ballast-Steuern« ist aber vor allem deshalb verquer, weil jedes Steuersystem darauf angewiesen ist, den Anteil des Staates an wirtschaftlichen Erträgen, die durchaus erwünscht und »nützlich« sind, in Anspruch zu nehmen. Diesen »Ballast« können wir nicht abwerfen, solange es sinnvolle und notwendige Staatsausgaben gibt. Wer die Besteuerung von »nützlicher« Tätigkeit auf »schädliches« Verhalten verlagern will, löst den Widerspruch zwischen ökologisch motivierter Lenkung einerseits und dauerhafter Finanzierung der Staatsausgaben nicht auf. Darauf wird noch näher einzugehen sein, nicht zuletzt deshalb, weil auch die Frage, welche wirtschaftlichen und ökologischen Auswirkungen Ökosteuern zeitigen, ihre Tücken hat.

Daß eine bloße kontinuierliche Anhebung der Mineralölsteuer unter gleichzeitiger Absenkung von Einkommen- und Lohnsteuer noch nicht als »ökologische Steuerreform« gelten kann, ist kaum zu bestreiten. Die Hinweise von Dieter Ewringmann in diesem Zusammenhang werden zur Ernüchterung gegenüber allzu hochgeschraubter Erwartungen auf ökologische Auswirkungen einer Mineralölsteuererhöhung beitragen.[29] Immerhin besteht die Mineralölsteuer schon seit 1930 und wurde seit diesem Zeitpunkt mehrfach umgestaltet. »Allein seit sie 1953 weitgehend ihre gegenwärtige Form erhalten hat, wurden ihre Sätze neunmal, also im Durchschnitt fast alle vier Jahre, angehoben; insgesamt wurde der Steuersatz in etwa verdoppelt«, berichtet Ewringmann. Zwischen 1980 und 1992 hat sich das Aufkommen aus der Mineralölsteuer annähernd auf rund 53 Milliarden DM verdreifacht.[30] Die letzte Erhöhung datiert vom 1. Januar 1994 und wird dem Fiskus zusätzliche Steuereinnahmen von sieben Milliarden DM bescheren, mit denen die Schulden der Bahn AG abgelöst werden sollen.

Seine Skepsis gegenüber dem Weizsäckerschen Konzept, das eine Ausweitung der Ökosteuern vorschlägt, bis sie einen Anteil von fünf bis zehn Prozent des Bruttosozialprodukts erreicht haben, sieht Ewringmann auch durch die Tatsache bestätigt, daß schon jetzt das Aufkommen aus der Mineralölsteuer und dem »Kohlepfennig«, der nichts anderes als eine Energiesteuer sei, rund zwei Prozent des Bruttosozialprodukts ausmache. Wenn man die auf Primär- und Endenergie lastende sowie die im Wasserpreis weitergegebene Mehrwertsteuer und die sonstigen bereits bestehenden Umweltabgaben hinzurechne, komme man bereits heute auf einen Anteil am Sozialprodukt in Höhe von über drei Prozent. Bei Einführung der geplanten CO_2-Abgabe und der Abfallabgabe wäre der Gesamtanteil der Ökosteuern am Sozialprodukt nicht mehr weit von der Fünf-Prozent-Marke entfernt.[31]

Ungeachtet aller berechtigten kritischen Einwände sollten die Vorschläge von Ernst Ulrich von Weizsäcker und Harald Müller-Witt nicht einfach ad acta gelegt werden. Parlament und Regierung müssen sich dazu aufraffen, die Grundlagen für eine umfassende Steuerreform zu schaffen und zugleich ein System finanzieller »checks and balances« zur Verringerung oder gänzlichen Vermeidung umweltschädlichen Verhaltens zu entwickeln.

Ist das mehr als eine flaue Hoffnung? Die Erfahrungen, die die SPD mit der Vorlage ihres Programms »Fortschritt '90« gemacht hat – es forderte nicht weniger als den ökologischen Umbau der Industriegesellschaft –, sind nicht gerade ermutigend. Eine vergleichsweise lächerliche Erhöhung des Benzinpreises um 50 Pfennig verstörte die Autofahrernation. Heute fühlen sich die Menschen, denen mit erhöhten Steuern und Sozialabgaben, erhöhten Preisen und erhöhten Zinsen die Haushaltskasse reichlich unverfroren geplündert wird, erst recht überfordert, sich mit zusätzlichen Abgaben für Umweltverbrauch abzufinden. In ihrer Panik übersehen die meisten Menschen zudem, daß die vorgeschlagene Erhebung einer bescheidenen Ökosteuer aufkommensneutral sein soll, das heißt, durch Entlastung von anderen Steuern kompensiert werden sollte.

Die vermeintliche Verteilungsungerechtigkeit wird dadurch weitgehend neutralisiert. Die Frage ist, ob damit nicht gleichzeitig auch die erwünschte ökologisch-ökonomische Wirkung neutralisiert wird. Wenn Budgeteinbußen in Gestalt von erhöhten Ausgaben durch Einkommenszuwächse in Gestalt von Steuerentlastungen ausgeglichen werden, wird die ganze Operation womöglich ein Nullsummenspiel, weil die Verbraucher den um den Ökosteueranteil erhöhten Preis zahlen. Die Differenz wird aus den Steuerentlastungen gedeckt.

Für die Produzenten verändert sich die Marktsituation nicht spürbar, weil sie den Ökosteuer-Anteil wie die Mehrwertsteuer als durchlaufenden Posten an den Endverbraucher weitergeben können. Preissignale werden ohnehin, wie man weiß, sehr situationsbedingt aufgenommen. Benzinpreiserhöhungen haben bisher den Benzinverbrauch nur unwesentlich reduziert. Sicherlich werden durch Verteuerung des Kraftstoffs die Verbrauchswerte der Fahrzeuge ein Verkaufsargument. Das wiederum beschleunigt technische Innovationen im Sinne von Energiesparmaßnahmen und verbessert die Marktchancen entsprechender Angebote.

Das Trägheitsmoment der gegenwärtigen Produktionsstrukturen und die reziproken Konsumgewohnheiten sind dennoch nicht zu unterschätzen. Das darf uns gleichwohl nicht daran hindern, durch einen ansteigenden Preisdruck, der der Industrie eine angemessene Frist zur Anpassung beläßt, die ökonomischen Rahmenbedingungen so zu verändern, daß ein sich selbst tragender Prozeß der ökologischen Umgestaltung der Wirtschaft in Gang kommt.

Auf europäischer Ebene wird seit längerer Zeit eine sogenannte CO_2-Steuer diskutiert. So wie diese Steuer, als

Mixtur aus Energiesteuer und Emissionsabgabe, bisher konzipiert ist, wird sie der Stromerzeugung aus Atomkraft nicht wünschenswerte Wettbewerbsvorteile auf dem Energiemarkt verschaffen.

Einen weiter ausholenden Vorschlag hat inzwischen Hermann Scheer mit seinem Konzept einer »Entropie-Steuer« veröffentlicht.[32] Mit dieser Steuer will er systematisch alle Schäden an nicht regenerierbaren Gütern erfassen und dabei in einer bestimmten Stufenfolge vorgehen. In einer ersten Phase soll mit der Besteuerung herkömmlicher Energie begonnen werden und die Mehrwertsteuer entfallen. In den anschließenden Phasen sollen der Verbrauch mineralischer Rohstoffe und umweltschädigender chemischer Stoffe sowie der Landschaftsverbrauch besteuert werden, während im Gegenzug die Unternehmenssteuern gestrichen werden sollen.

Grundsätzliches über Steuern

Mängel im Steuersystem?

Soll das Steuersystem um der ökologischen Zielsetzungen willen nur um eine spezifische neue Steuerart ergänzt werden? Oder hängt die Wirksamkeit von einer umfassenden Strukturreform ab?

Das Geld- und Währungssystem zu reformieren halten die meisten für eine nur unter den größten Anstrengungen erfüllbare Aufgabe, das Steuersystem zu ändern, für schlicht unmöglich.[33]

Das liegt vornehmlich daran, sagen manche, daß es zwar mitunter gelingt, eine neue Steuer einzuführen, aber äußerst selten, eine Steuer wieder abzuschaffen, denn jede Steuer habe eine Klientel. Daß unser heutiges Steuersystem aufwendig, unübersichtlich, ineffizient, wirtschaftsschädlich, unsozial und ungerecht ist, bestreitet kaum jemand. Es ist demzufolge zumindest indirekt auch umweltschädlich. Denn wenn es ineffizient ist, dann wird Arbeitskraft verschwendet. Wenn Arbeitskraft verschwendet wird, fehlt sie an anderer Stelle, an der sie dringend gebraucht wird, zum Beispiel beim Vollzug von Umweltgesetzen.

Der Kardinalfehler des Steuersystems besteht darin, daß die Steuererhebung mit Zwecken befrachtet wird, die nicht Sache der Steuer sein dürften. Die Steuern werden zum sozialen Ausgleich und – ganz gegen marktwirtschaftliche Grundsätze –

zur dirigistischen Lenkung der Wirtschaft eingesetzt. Nun weiß jeder, daß Steuern sowieso – gewollt oder ungewollt, direkt oder indirekt – Lenkungswirkungen haben. Es ist dennoch ein himmelweiter Unterschied, ob Steuern um des Lenkungseffekts willen festgesetzt und erhoben werden oder ausschließlich, um den Staat mit den für seinen Aufwand erforderlichen Einnahmen zu versorgen. Zielgenaue Steuerpolitik darf die unterschiedlichen Entscheidungsabläufe und -kriterien nicht verwischen und vermengen, selbst wenn sie in der Praxis verkoppelt sind.

Vier Ebenen können wir vorläufig auseinanderhalten:

- Der Staat nimmt mit den Steuern einen Teil der Wirtschaftsergebnisse für die Ausübung seiner Schutzfunktionen in Anspruch.
- Der Staat erhebt und verwendet Steuern für Transferleistungen, um soziale Notlagen auszugleichen.
- Der Staat erhebt und verwendet Steuern zu sogenannten redistributiven Zwecken, um echte oder vermeintliche soziale Ungerechtigkeiten zu mildern.
- Der Staat will mittels Steuern bestimmte Lenkungswirkungen herbeiführen (Ökosteuer; sonstige nichtfiskalische Ziele, z. B. Konjunkturförderung).

Tipke unterscheidet für das Steuerrecht drei Normgruppen:

- Finanzzwecknormen (oder Ertragszwecknormen, fiskalische oder fiskalisch motivierte Normen): Diese dienen dazu, den notwendigen Finanzbedarf des Staates zu decken.
- Sozialzwecknormen: Das sind interventionistische oder lenkende (dirigistische) Normen, die sozialpolitisch (zwecks Umverteilung), wirtschaftspolitisch, kulturpolitisch, gesundheitspolitisch, berufspolitisch etc., nicht fiskalisch motiviert sind. Sie können in Steuerentlastungen, aber auch in zusätz-

lichen Steuerbelastungen oder Sondersteuern bestehen. Die wichtigsten Sozialzwecknormen sind wirtschaftslenkende und umverteilende Normen. Bei vielen Sozialzwecksteuern (z. B. Branntweinsteuer, Tabaksteuer, Hundesteuer) ist der fiskalische Nebenzweck der Einnahmeerzielung insgeheim eher zum Hauptzweck geworden.

- Vereinfachungsnormen: Sie sollen aus technisch-ökonomischen Gründen das Besteuerungsverfahren vereinfachen, praktikabel oder ökonomischer gestalten. Sie sollen Überkompliziertheit und Undurchführbarkeit der Gesetze vermeiden, etwa durch Typisierungen, Pauschalierungen, Freibeträge und Freigrenzen.[34]

Der fiskalische Zweck der Steuer, Einnahmen für den Staat zu erzielen, muß jedoch – nach der Legaldefinition in § 3 Abgabenordnung – mindestens ein Nebenzweck sein. Deshalb rechnen Geldstrafen, Geldbußen, Zwangsgelder, Säumniszuschläge, Zinsen und Kosten nicht zu den Steuern.[35]

Steuern sind nur eine Art von Abgaben, zu denen außerdem Gebühren, Beiträge und sogenannte nichtfiskalische Abgaben zu rechnen sind.

Direkte und indirekte Steuern

Besteuerung ist »ein zwangsweiser Wertetransfer, durch den Teile des Wirtschaftsergebnisses von den Privatwirtschaften (private Unternehmen, private Haushaltungen) auf die steuerberechtigten Körperschaften transferiert werden«.[36] »Transferzahlungen« sind Steuern, weil sie keinen Anspruch auf Gegenleistung begründen. Die Abgabenordnung, die – zu Unrecht – das Grundgesetz der Besteuerung genannt wird[37], definiert in § 3, was Steuern sind:

»Steuern sind Geldleistungen, die nicht eine Gegenleistung von einer besonderen Leistung darstellen und von einem öffentlich-rechtlichen Gemeinwesen zur Erzielung von Einnahmen allen auferlegt werden, bei denen der Tatbestand zutrifft, an den das Gesetz eine Leistungspflicht knüpft; die Erzielung von Einnahmen kann Nebenzweck sein.«

Bei der Verteilung des »Wirtschaftsergebnisses« der Produzenten sitzt der Staat demnach mit am Tisch und dekretiert, welchen (»Löwen«-)Anteil er beansprucht. Wegen ihres Zwangscharakters und des unstillbaren staatlichen Geldhungers sind Steuern unbeliebt. Weil niemand gern Steuern zahlt, versucht der Staat bei manchen Steuererhebungen die Bürgerinnen und Bürger unter Teilnarkose zu schröpfen, »pluer l'oie sans trop la faire crier«.[38]

Dies geschieht beispielsweise bei den sogenannten indirekten Steuern, wobei die Abgaben im Preis versteckt und für die Käufer nicht erkennbar sind. Als »indirekte« Steuern bezeichnet man solche, die vom Steuerschuldner (im Preis) auf einen anderen, den Steuerträger, überwälzt werden können, bei dem also Steuerschuldner und Steuerträger verschiedene Personen oder Subjekte sind (z. B. Umsatzsteuer und spezielle Verbrauchssteuern), im Gegensatz zu den direkten Steuern, bei denen Steuerschuldner und Steuerträger identisch sind (z. B. Einkommensteuer).[39] Diese Definition ist umstritten, denn auch direkte Steuern (Einkommensteuer) können, im Preis versteckt, auf die Verbraucher abgewälzt werden.[40]

Die Entstehung der Steuer bringen die Historiker in Zusammenhang mit Opfergaben, mit der nicht ganz einsichtigen Einschränkung, daß das nur für die direkten Steuern gelte.[41] Die im Mittelalter am meisten verbreitete Steuer hieß »bede«, die Bitte; die Steuer wurde als Opfer erbeten.[42] Eine ähnliche Bezeichnung war im Mittelalter in Frankreich anzutreffen, wo die Steuer »aide« hieß: Hilfe.[43]

Die sprachgeschichtliche Herkunft des Wortes Steuer weist in dieselbe Richtung. Steuer geht auf das mittelhochdeutsche Wort »stiure« zurück, was ursprünglich im buchstäblichen Sinn »Stütze, stützender Stab oder stützendes Fundament« und im übertragenden Sinne »Unterstützung, Hilfe, Beistand« bedeutete.[44] Daraus entwickelte sich die Bedeutung »Beitrag, Gabe, Abgabe« und sogar »Almosen«.

Das »Grimmsche Wörterbuch« zitiert Hebel: »Also kam, als die herren am fröhlichsten waren, ein hübsches und nett gekleidetes mädchen mit einem teller und bat mit süszen blikken und liebem wort um eine steuer für die armen.«[45]

So freundlich werden mittlerweile Steuern für den Sozialtransfer nicht mehr erhoben. Die frühere Bedeutung des Wortes Steuer hat sich bis heute in den Ausdrücken »Aussteuer« und »beisteuern« erhalten.

Die Geschichte des Besteuerungswesens lehrt uns, daß »der Steuerstaat, der sich im wesentlichen aus Steuern finanziert, eine Erscheinung der Neuzeit, eigentlich eine Erscheinung der letzten hundert Jahre ist, denn noch vor eineinhalb Jahrhunderten wurden in einer ganzen Reihe damaliger deutscher Staaten weniger als die Hälfte der Staatsausgaben durch Steuern finanziert«.[46]

Der Ausbau des Steuersystems war zugleich eine Expansion des Staates in alle gesellschaftlichen Verästelungen. Früher überwogen indirekte Steuern, die unter den damaligen Verhältnissen schon aus steuertechnischen Gründen besser zu handhaben waren. Sie sind in der modernen Industriegesellschaft weitgehend durch direkte Steuern abgelöst worden. Eine große Anzahl von indirekten Steuern hat sich aber als Relikt aus der Vergangenheit bis heute erhalten. Nichts ist, wie gesagt, so beständig wie eine einmal eingeführte Steuer. Der Einfallsreichtum des Staates, über indirekte Steuern und Gebühren Einnahmen zu erzielen, ist seit alters her unerschöpflich. Achatz von Müller berichtet über den Seufzer eines Florentiner Bürgers aus dem 14. Jahrhundert: »Außer Luft und Wasser kostet in Florenz alles Gebühren.«[47] Heute fiele die Klage vielleicht noch kräftiger aus, denn inzwischen müssen auch Gebühren für die Wasserversorgung und – über die Strompreise – die Kosten für die Reinhaltung der Luft von den Florentinern getragen werden.

Die meisten Steuern aus vergangenen Zeiten, die uns besonders skurril vorkommen, sind sogenannte Aufwandssteuern, das heißt, Besteuerungsgrundlage ist ein bestimmter Aufwand, der für den Fiskus erkennbar und dadurch besteuerungsfähig ist. Man spricht deshalb auch von Aufwandsdemonstrationen (Zeigen eines Aufwandes), bei denen der Fiskus zugriff.

Unter dem russischen Zaren Peter dem Großen gab es eine Bartsteuer: Wer sich nicht rasieren wollte, was ja nicht zu verheimlichen war, mußte Steuern zahlen. Anderswo wurde das Halten von Reitpferden und der Besitz eines Klaviers besteuert. Für die männlichen Singles, die sich partout nicht verheiraten wollten, wurde eine Junggesellen-Steuer ausgedacht. Samt und Spitzen, Pelze, sonstige aufwendige Kleidung, Schmuck und gewisse bauliche Besonderheiten wie Erker und Balkone sowie Türen und Fenster unterlagen der Besteuerung.[48] In England wurde eine Steuer auf das »Halten gepuderter Diener« erhoben.

Aufwands- und Verbrauchssteuern haben sich bis in die Gegenwart gehalten. In Italien wird zum Beispiel eine Steuer auf schnurlose Telefone erhoben. In Deutschland werden u. a. Bier, Branntwein, Schaumwein, Tabakwaren, Kaffee, Tee, Leuchtmittel, Zucker und Salz besteuert.[49] Erst vor kurzem sind Spielkarten-, Zündwaren- und Essigsäuresteuer abgeschafft worden.

Die Bürger gruselt es, aber die Stadtkämmerer freut es, daß den Kommunen ein regelrechtes »Steuererfindungsrecht« zusteht und sie ermächtigt, sich immer neue Steuern auszudenken, um die Gemeindekassen zu füllen. Dabei ist das moderne Steuerrecht zu einer vornehmlich direkten Besteuerung übergegangen, bei der die Leistungsfähigkeit der Steuerpflichtigen maßgebend ist.

Das Leistungsfähigkeitsprinzip wird sinnigerweise als »*Fundamentalprinzip* der Besteuerung« bezeichnet, das »als ethisches Axiom wissenschaftlich nicht deduzierbar«, aber eine »auf Evolution beruhende Regel« sei, »die inzwischen tief verwurzelt ist und einer weitverbreiteten moralischen Überzeugung entspricht«.[50]

Als Maßstab für eine gerechte Besteuerung wurde es bereits in der Erklärung der allgemeinen Menschenrechte vom 3. November 1789 anerkannt, deren Artikel 13 lautet: »Für die Unterhaltung der öffentlichen Macht und für die Kosten der Verwaltung ist ein gemeinschaftlicher Beitrag unumgänglich notwendig; dieser soll unter allen Bürgern des Staates im Verhältnis zu ihren Vermögensverhältnissen auf gleiche Weise eingeteilt werden.«

Eigentlich ist die Besteuerung nach dem Leistungsfähigkeitsprinzip die Konkretisierung des allgemeinen Gleichheitssatzes, der verbürgt, daß »alle Menschen vor dem Gesetz gleich« sein sollen.

Die wichtigsten direkten Steuern sind die Steuern vom Einkommen, das sind die Einkommen- und die Körperschaftssteuer. Nach herrschender Meinung »ist das Einkommen ein besonders geeigneter Indikator wirtschaftlicher und steuerlicher Leistungsfähigkeit«. Das Einkommen gilt als aussagekräftige »Maßgröße wirtschaftlicher und steuerlicher Leistungsfähigkeit«. Die Einkommensteuer könne – anders als die Umsatzsteuer – nicht nur die objektive, sondern auch die subjektive Leistungsfähigkeit besser berücksichtigen. Die gleichmäßige Besteuerung nach der Leistungsfähigkeit sei allerdings nur dann gewährleistet, wenn alle *natürlichen* Personen ihr *gesamtes* disponibles Einkommen versteuern müssen (Totalitätsprinzip).[51]

Der Übergang von den indirekten Steuern zu vermehrten direkten Steuern in Form der Steuern vom Einkommen konnte als Fortschritt im Sinne von gerechteren Steuern verstanden werden. Da direkte Steuern sehr ergiebig sind, konnten damit auch die expandierenden Staatstätigkeiten besser finanziert werden. Die Einkommensteuer habe zudem den Vorzug, daß sie sich als »Ist-Ertragssteuer« gut an die wirtschaftlichen Verhältnisse anpasse und durch die Progression eine gewissen Umverteilung der Einkommen bewirke. Durch wechselnde Steuersätze könne schließlich im Sinne einer antizyklischen Konjunkturpolitik auf das Wirtschaftsgeschehen Einfluß genommen werden.[52]

Allerdings werden der Einkommensteuer nach dem geltenden Recht auch schwerwiegende Mängel bescheinigt: »Das Einkommensteuerrecht ist differenziert und kompliziert. Die zahlreichen Sozialzwecknormen des Einkommensteuergesetzes haben Gesetzesänderungen in Permanenz, Hektik und Kurzfristigkeit (besonders in Wahljahren) zur Folge. Die konträren Interessenwünsche schlagen sich nicht selten in Systembrüchen und Verstößen gegen den Gleichheitssatz nieder... Die Verwaltung der Einkommensteuer ist teuer; die Ermittlung des Sachverhalts erfordert nicht selten ein Eindringen in die persönlichen Verhältnisse. Die Einkommensteuer ist merklich und fordert daher mehr zum Steuerwiderstand heraus...«[53]

Einer der deutlichsten Nachteile der gegenwärtigen Ertragsbesteuerung ist der Umstand, daß sie »die eklatantesten Verletzungen des Neutralitätsgrundsatzes bewirkt«.[54] Die Ertragsbesteuerung ist weder wettbewerbs- noch rechtsformneutral.

Vor allem verstoßen Ertragssteuern gegen den fundamentalen Grundsatz, daß die Steuererhebung nur den Anteil des Staates am gesamtwirtschaftlichen Verbrauch festlegen und nicht in den Prozeß der Wertschöpfung eingreifen soll.[55] Die Steuer ist der Anteil des Staates – wie früher der Zehnte – an der konsumierbaren »Ernte« der Wirtschaft, nicht jedoch am Saatgut. »*Steuererhebung* bedeutet *immer*, zwischen dem privaten Konsum der Bürger und dem Bedarf der öffentlichen Hand ein *Teilungsverhältnis an der Gesamtwertschöpfung* zu schaffen. Nur wird dieses Verhältnis deswegen gesellschaftlich oft nicht anschaubar und Bürgern und Öffentlichkeit nicht bewußt, weil die Steuererhebung bereits in den Vorstufen des Wertschöpfungsprozesses stattfindet und – wie eine Art steuerlicher Umweltverschmutzung – in verdeckter Form und für das Bewußtsein der Beteiligten in kaum bekannter Höhe in den Wertschöpfungsprozeß eingeht. Dies hat zur Folge, daß sich die gesellschaftliche Arbeitsteilung nicht, wie sie es sollte, nach wirtschaftlichen Gegebenheiten, sondern (teilweise) statt dessen nach steuerlichen Standortvorteilen richtet, was im Ergebnis eine rationelle Wertschöpfung erschwert. Form und Ausmaß des Teilungsverhältnisses zwischen Bürgern und Staat an der gesellschaftlichen Wertschöpfung werden undeutlich, obwohl jede Steuererhebung ... ja nur den Sinn und die Folge haben kann, den Anteil der öffentlichen Hand an der Gesamtwertschöpfung zu regeln. Je deutlicher dies – auch durch die Art der Steuererhebung – wird, um so besser ist es für die gesellschaftliche Akzeptanz der Besteuerung.«[56]

Denkanstoß: Ausgabensteuer

Obwohl die Einkommensteuer immer noch als die demokratischste und sozialste Form der Besteuerung gepriesen wird, hat sich die wissenschaftliche und politische Diskussion in jüngster Zeit verstärkt dem Gedanken einer »konsumorientierten Neuordnung des Steuersystems« zugewandt. Joseph A. Schumpeter, neuerdings wieder häufig in der wirtschaftspolitischen Debatte präsent, hatte bereits in den späten zwanziger Jahren das Ende der Einkommensteuer vorausgesagt. »Wie jede soziale Institution, so überlebt auch jede Steuer die Epoche ihrer ökonomischen und psychologischen Zweckmäßigkeit. Aber wie bei allen anderen sozialen Institutionen lebt auch im Steuersystem Unangepaßtes nicht ewig. Langsam unterwäscht es der Strom der Entwicklung. Und so wird auch die Einkommensteuer mit der Wirtschaftsform und der Mentalität des bürgerlichen Liberalismus verschwinden, deren steuerpolitisches Kind sie war.«[57] An den Ausgaben statt an den Einkommen sollte sich die Steuer laut Schumpeter orientieren. Er versprach sich davon nicht zuletzt verbesserte wirtschaftspolitische Bedingungen.

Die Grundidee einer Verlagerung der Besteuerung vom Einkommen zur Ausgabenseite vertrat auch Rudolf Steiner, allerdings aus einer spezifischen Sicht der Geldwirtschaft: »Der Gedanke, daß man die gerechte Besteuerung durch die Besteuerung des Einkommens erzielen könne, rührt von der Täuschung her, die die Geldwirtschaft gebracht hat. Geld nimmt man ein, mit Geld wirtschaftet man. Durch das Geld befreit man sich von der Gediegenheit des produktiven Prozesses selbst. Man abstrahiert gewissermaßen das Geld im Wirtschaftsprozesse, wie man im Gedankenprozeß die Gedanken abstrahiert. Aber geradesowenig wie man aus abstrakten Gedanken irgendwelche Vorstellungen und Empfindungen hervorzaubern kann, so kann man aus dem Gelde etwas Wirkliches hervorzaubern, wenn man übersieht, daß das Geld bloß ein Zeichen ist für Güter, die produziert werden, daß das Geld gewissermaßen bloß eine Art Buchhaltung ist, eine fließende Buchhaltung, daß jedes Geldzeichen stehen muß für irgendein Gut... Man besteuert (heute), was eigentlich kein wirkliches Gut ist, sondern nur ein Zeichen für ein Gut. Man arbeitet mit etwas Wirtschaftlich-Abstraktem. Geld wird erst zu einem Wirklichen, wenn es ausgegeben wird. Da tritt es über in den Wirtschaftsprozeß, gleichgültig, ob ich es für mein Vergnügen oder für meine leiblichen und geistigen Bedürfnisse ausgebe oder ob ich es in einer Bank anlege, so daß es da für den wirtschaftlichen Prozeß verwendet wird. Wenn ich es in einer Bank anlege, so ist es eine Art von Ausgabe... Aber Geld wird in dem Augenblick zu etwas Realem im Wirtschaftsprozesse, wo es sich von meinem Besitz ablöst, in den Wirtschaftsprozeß übergeht... Und für das öffentliche Leben, für das wirklich produktive Leben ist es das Zeichen für viele Einnahmen eben, daß man viel ausgeben kann. Daher muß man, wenn man im Steuersystem nicht etwas schaffen will, was parasitär am Wirtschaftsprozesse ist, sondern wenn man etwas schaffen will, was eine wirkliche Hingabe des Wirtschaftsprozesses an die Allgemeinheit ist, das Kapital in dem Augenblicke versteuern, in dem es in den Wirtschaftsprozeß übergeführt wird. Und das Sonderbare stellt sich heraus, daß die Einnahmesteuer verwandelt werden muß in eine Ausgabensteuer – ... nicht zu verwechseln mit indirekter Steuer... Nicht um indirekte Steuern und nicht um direkte Steuern handelt es sich... sondern darum handelt es sich, daß dasjenige, was ich erworben habe, in dem Momente, wo es übergeht in den Wirtschaftsprozeß, wo es produktiv wird, auch besteuert wird.«[58]

Die Anschauung von Steiner kann nicht ohne weiteres in

den Denkansatz einer Konsumsteuer eingeordnet werden, denn er unterscheidet nicht zwischen investiver und konsumtiver Ausgabe, sondern, wenn man so will, zwischen latentem und agierendem Geld. Steuern würden demnach auf jeden Umwandlungsvorgang der Geldsphäre mit der Gütersphäre erhoben, und zwar auf seiten des Geldvermögensbesitzers, der Liquidität aufgibt.

Während Schumpeter und Steiner die wirtschaftlichen Abläufe durch die Einkommensteuer gestört sahen, richtete sich ursprünglich die Aufmerksamkeit eher auf Aspekte von Moral und Gerechtigkeit. »Ein weiteres Argument für die Besteuerung des Konsums anstelle der Akkumulation folgte aus dem Geist der Askese und seiner puritanischen Ethik.«[60]

Auch John Stuart Mill befürwortete die Ausgabensteuer vornehmlich aus Gerechtigkeitserwägungen. »Die richtige Methode, eine Einkommensteuer festzusetzen, bestünde darin, nur den Teil des Einkommens, der als Ausgabe vorgesehen ist, zu besteuern, und den, der gespart wird, von der Steuer zu befreien. Denn für das, was gespart und investiert wird, fallen fortan Einkommensteuern an auf die Zinsen, die es trägt, obwohl das Sparkapital schon vorher besteuert wurde. Wenn daher die Ersparnisse von der Einkommensteuer nicht befreit werden, werden die Steuerzahler zweimal für das besteuert, was sie sparen, und nur einmal für das, was sie ausgeben ... Der Unterschied, der so zum Nachteil von Vorsorge und Sparsamkeit geschaffen wird, ist nicht nur politisch unklug, sondern auch ungerecht.«[61] Dagegen werde bei einer konsumbezogenen Steuerbemessungsgrundlage »der natürliche Wettbewerb zwischen Konsum und Sparen« nicht verzerrt, was notwendig sei, um den Grundsatz der Gleichbehandlung zu befolgen. Die steuerliche Benachteiligung des Sparens durch die Einkommensteuer gehört seither zum Standard-Repertoire in der Argumentation der Befürworter von Ausgabensteuern.

Leider ist die Übersicht über die unterschiedlichen steuerpolitischen Ansätze durch eine teilweise verwirrende Terminologie erschwert. So nennt Schumpeter die von ihm unterstützte Ausgabensteuer *»Verbrauchseinkommensteuer«*, die sowieso nur die einzige echte Einkommensteuer sei, »denn ihrem Sinne nach ist sie eine Steuer aus dem Konsumtionsfonds, und jedermann sieht ein, daß das ganze Argument für die Einkommensteuer zusammenbricht, wenn sie ... aus werdendem Kapital gezahlt werden muß«.[62]

Der terminologischen Klarheit und besseren Unterscheidbarkeit halber sollten wir uns also auf den Ausdruck Ausgaben- oder Konsumsteuer verständigen, auch wenn deren jeweilige Ausformung als Abwandlung der Einkommenbesteuerung gesehen werden kann. Für die künftige steuerpolitische Strategie kommt es entscheidend auf die Frage an, ob wir uns am Leitbild der Konsumbesteuerung oder der (umfassenden) Einkommenbesteuerung orientieren. Eine Steuerreform, die diesen Namen verdient, sollte nach meiner Überzeugung – auch unter ökologischen Gesichtspunkten – eine grundlegende Neugestaltung der direkten Steuern im Sinne einer Ausgabensteuer vornehmen, bei der die Steuerbemessungsgrundlage möglichst unmittelbar auf das konsumierte Einkommen ausgerichtet ist.

Manfred Rose, einer der bekanntesten Protagonisten für eine konsumbasierte Neuordnung des Steuersystems, geht von einem, wie er sagt, »kaum bestreitbaren« Grundtatbestand aus: »Die endgültige Reallast einer Steuerzahlung ist immer ein Konsumopfer.«[62] Folglich seien die Konsumenten die einzigen Träger realer Steuerlasten. »Werden Individuen über persönliche Steuern zum Konsumverzicht gezwungen, ist die Richtigkeit dieser These ganz offensichtlich. Bei den Unternehmenssteuern, also bei der Körperschaftssteuer, der Gewerbesteuer usw., ist der staatlich erzwungene Verzicht auf den Konsum privater Güter hingegen nicht gleich erkennbar. Sind derartige Steuern investitionsneutral, so vollzieht sich die Konsumbelastung in der Regel über eine Erhöhung der Güterpreise. Haben Gewinnsteuern zur Folge, daß die Unternehmen ihre Investitionstätigkeit einschränken und damit die Erneuerung bzw. Erweiterung ihres Realkapitalstocks teilweise oder ganz unterlassen, so entspricht dies einem Verlust zukünftiger Konsummöglichkeiten.«[64]

Im Rahmen dieser Betrachtungsweise gelangt Manfred Rose übrigens zu einer gegenüber den landläufigen Statistiken sehr viel aussagekräftigeren Beurteilung der Steuerlast in Gestalt des »Konsumopfers« der Bürger, indem er als Bezugsgröße, die allein adäquat sei, das gesamtwirtschaftliche Konsumniveau wählt. Anhand der Volkswirtschaftlichen Gesamtrechnungen für die Bundesrepublik Deutschland errechnet er ein durchschnittliches Güteropfer in Höhe von rund 54 Prozent des um die indirekten Steuern bereinigten privaten Verbrauchs.

Ganz präzise ist die Darstellung bei Manfred Rose hinsichtlich des vom Staat erzwungenen Konsumverzichts der Bürger nicht, denn freilich wird den Bürgern ein Konsumopfer abverlangt, aber konkret handelt es sich um eine Konsumverlagerung; das heißt, der Staat oder genauer seine Repräsentanten, Parlamentarier, Regierungsvertreter, Richter, Beamten, Angestellten und Arbeiter des öffentlichen Dienstes usw. nehmen für sich einen Anteil der Konsummöglichkeiten in Anspruch, die erwirtschaftet wurden.

Der Umstand, daß jede Steuer in letzter Instanz vom Konsumenten zu tragen ist, kann zu dem Fehlschluß führen, es sei völlig gleichgültig, in welcher Form die Steuererhebung vor sich gehe, weil sich am Ergebnis nichts ändere. Jedoch ist ohne weiteres erkennbar, daß das *Ausmaß* der jeweiligen Steuerbelastung, die *Effizienz* der Steuererhebung und deren

Wirtschafts- und Sozialangepaßtheit sehr wohl vom System und der Methode der Steuererhebung abhängig bleiben. »Ein rationales, gutes Steuersystem ist durch eine möglichst enge Verknüpfung von erforderlicher (angestrebter) Steuerwirkung und tatsächlicher Steuerwirkung gekennzeichnet.«[65]

Leider sind die Wirkungen einer Steuer häufig sehr schwer nachzuvollziehen. Um so dringlicher wäre eine Steuerreform, mit der die Steuererhebung vereinfacht, ihre Struktur für die Steuerzahler transparent und ihre Berechtigung einsehbar würde. Benediktus Hardorp hat sehr anschaulich geschildert, daß der Staat mit der Steuer nicht den Leistungs*betrag* für den gesellschaftlichen Wertschöpfungsprozeß, sondern nur die Leistungs*entnahme* belasten dürfe.[66] Ein Geldeinkommen sei noch keine Leistungsentnahme sondern nur eine latente Konsummöglichkeit, gewissermaßen lediglich eine Anwartschaft auf Konsum.

Das trifft sich mit unserer Feststellung, daß Geld, gleich welcher Fristigkeit, einen Dispositionsfonds bildet, auf Grund dessen zu gegebener Zeit eine beliebige Leistung aus dem wirtschaftlichen Warenangebot abgerufen werden kann. Welche Methode der Ausgabenbesteuerung angewendet werden soll, läßt Hardorp offen. Er hält eine Mehrwertsteuer mit gestaffelten Steuersätzen (niedrige Besteuerung des Grundlebensbedarfs und höhere Besteuerung des gehobenen Konsums) für denkbar, aber auch eine Besteuerung der von dem Steuerpflichtigen in seiner Lebenszeit in Anspruch genommenen Konsumausgabenquote seines Einkommens (auch Lebenseinkommensteuer genannt).

Einen sehr interessanten, detaillierten Entwurf eines neuen Steuermodells, das dem Leitbild der Ausgabensteuer folgt, hat der Kronberger Kreis bereits im Jahr 1986 (!) unter dem Titel »Bürgersteuer – Entwurf einer Neuordnung von direkten Steuern und Sozialleistungen« vorgelegt. Dieses Modell zeichnet sich dadurch aus, daß nicht nur eine radikale Vereinfachung des Steuersystems, sondern auch eine Integration der staatlich normierten Transferzahlungen einschließlich einer Grundsicherung (oder Negativsteuer) erreicht werden soll.[67]

Leider ist dieses Konzept, dessen Einzelheiten teilweise anfechtbar oder korrekturbedürftig sein mögen, von der Politik nicht aufgegriffen worden. Es ist aber gerade im Hinblick auf das finanz- und steuerpolitische Chaos der letzten Jahre eher noch aktueller geworden.

Die »Bürgersteuer« ähnelt von ihrem Ansatz her anderen Modellen der Ausgabensteuer, z. B. der von Schumpeter favorisierten – bereits erwähnten – »Verbrauchseinkommensteuer«. Die Bemessungsgrundlage dieser Steuer wird dadurch ermittelt, daß die Summe der individuellen Jahreseinkünfte um die Erhöhung der für den individuellen Zukunftskonsum gedachten und auf Sparkonten, in Wertpapierdepots, bei Lebensversicherungen, in Pensionsfonds, im eigenen Unternehmen usw. gebildeten Rücklagen bereinigt.[68]

Rose will die Bemessungsgrundlage auch um die Beträge kürzen, die von dem Steuerpflichtigen als zwangsweise Transfers (Unterhaltszahlungen) oder freiwillige Transfers (Schenkungen etc.) an andere Haushalte geleistet werden.[69] Die Transferzahlungen müßten von deren Empfängern, soweit sie von diesen in Konsum umgesetzt werden, versteuert werden.

Dieses Verfahren wäre im Sinne eines Systems der Ausgabenbesteuerung nur folgerichtig, weil der Übergang von Vermögen im Wege der Erbfolge (Schenkung von Todes wegen) kaum als konsumtiver Vorgang angesehen werden kann. Man könnte die Sachlage auch so beurteilen, daß mit der – zwangsweisen oder freiwilligen – Weitergabe von Geld an Dritte das disponible Einkommen verringert und deshalb nur noch der reduzierte Einkommensteil der Besteuerung unterworfen werden darf. Das ist aber eine Abgrenzungsfrage, die unter Umständen in Untiefen führen kann, weil eine Zahlung eventuell als »Schenkung« deklariert wird, obwohl sie in Wahrheit eine Konsumausgabe ist, die auf eine »Gegen-Schenkung« geleistet wird.

Diskutabel ist auch eine »konsumorientierte Reform der Unternehmensbesteuerung«[70], die darauf abzielt, investiv verwendete Unternehmensgewinne von der Besteuerung freizustellen. Die derzeitige steuerliche Diskriminierung künftiger Produktion (analog zum zukünftigen Konsum des Haushaltssektors) würde dann entfallen. Eine steuerliche Entlastung der Unternehmen in dieser Richtung und die damit verbundene verbesserte Eigenkapitalbildung sollte in einer Zeit, in der alle Welt günstigere Standortbedingungen fordert, besonders willkommen sein.

Dogmatisch klarer ist sicherlich eine durchgängige Verlagerung der steuerlichen Bemessungsgrundlage auf das konsumierte Einkommen unter Verzicht auf jegliche Unternehmenssteuern. Unternehmen konsumieren nicht, sondern nur die privaten Haushalte. Aber immerhin ist der entnommene Unternehmensgewinn gewissermaßen konsumnäher, so daß die Freistellung reinvestierter Unternehmensgewinne die Konsumorientierung des Steuersystems mindestens unterstützt.

Die Kritik an den Konzepten für eine konsumorientierte Neugestaltung des Steuersystems bezweifelt, daß damit eine Vereinfachung der Steuererhebung erreicht werden könne. Nach Meinung der Kritiker ist der bürokratische Aufwand bei einer Ausgabensteuer eher größer. Es gäbe vor allem Abgrenzungsprobleme, was dem Konsum zuzurechnen sei und was nicht.

Schumpeter blieb gegenüber diesen Einwänden gelassen: »Die technische Schwierigkeit, die sich ergibt, sobald Rücklagen als abzugsfähig erklärt werden, ist groß, aber nicht annähernd so groß, wie behauptet wird – nämlich von ganz denselben Dimensionen wie die anderen Schwierigkeiten der Einkommenssteuerveranlagung auch. Von den freien Berufen und der Arbeiterschaft müßte der Nachweis der Investition gefordert werden, der in 99 unter 100 Fällen ohne Mühe und Zeitverlust (Sparkonto, Depotverzeichnis usw.) zu erbringen ist. Der Fall der Investition im eigenen Betrieb liegt nicht nur nicht ganz anders als der Fall der Abschreibungen, sondern sehr erhebliche Kraftersparnis für alle Beteiligten würde sich sogar daraus ergeben, daß der Kampf um die Abschreibung, soweit die Einkommensteuer in Betracht kommt, ebenso aufhören könnte, wie die Jagd nach verborgenen Investitionen zum Teil überflüssig und zum Teil erleichtert würde, weil jede Investition von selbst das Finanzamt aufsuchen würde.«[71]

Wer ein wenig Erfahrung mit der Kompliziertheit der Veranlagung zur Einkommen- und Körperschaftssteuer hat, kann kaum bezweifeln, daß Schumpeter mit dieser Einschätzung recht hatte. Selbst wenn die Steuerpraxis bei der Ermittlung und Festsetzung der Ausgabensteuerschuld gewisse administrative Schwierigkeiten zu überwinden hätte, würden diese durch Vereinfachung des Steuersystems an anderer Stelle mehr als aufgewogen.

Mit Recht verweist Hardorp darauf, daß das heutige System der Steuererhebung, das an Gewinne und Verluste eines Unternehmens anknüpft, »ständig verfälscht« wird. Als Steuerberater weiß Hardorp, wovon er spricht. Natürlich werden alle erdenklichen bilanztechnischen Verrenkungen gemacht, um das zu besteuernde Ergebnis im Unternehmensinteresse niedrig und das Kapital im Betrieb zu halten. Das führe außerdem dazu, daß auch der Ertrag eines Unternehmens nicht in vollständiger Form für die am Unternehmen selbst Beteiligten deutlich wird.[72]

Am Beispiel der Mehrwertsteuer läßt sich nachweisen, daß eine Steuererhebung, die den Endverbrauch und nicht den Wertschöpfungsprozeß belastet, effizient, wettbewerbs- und rechtsformneutral und einfach ist. Es ist evident, daß ein Besteuerungsverfahren, das die Wertproduktion innerhalb des Wirtschaftsgeschehens nicht tangiert, sondern sich ihm anpaßt wie eine »Haut« (Schumpeter)[73], schon deshalb vorzuziehen ist, weil unnütze Rechtsverformungen und Steuerberatungskosten vermieden werden und der Wettbewerb nicht beeinträchtigt wird.

Nun wird gerade die Mehrwertsteuer häufig als unsozial kritisiert, weil sie Arme und Reiche in gleicher Weise treffe. Das gelte erst recht, wenn das heutige Mischsystem der Bundesrepublik Deutschland, das auf der Ebene der direkten Steuern primär einkommensorientiert und auf der Ebene der indirekten Steuern mit dem Hauptanteil der Mehrwertsteuer vorwiegend konsumorientiert sei, durch ein durchgängig konsumorientiertes System abgelöst werde.

Diese Kritik beruht weitgehend auf der Illusion, die mit der (umfassenden) Einkommensteuer praktizierte »Reinvermögenszugangstheorie« führe zu einer gerechteren Verteilung der Steuerlasten. Wer glaubt, mit der Besteuerung der Unternehmensgewinne werde eine stärkere Belastung der reichen Anteilseigner und eine Entlastung der relativ ärmeren Privathaushalte erreicht, täuscht sich über die wahre Sachlage. In Wirklichkeit werden die realen Lasten von Unternehmensgewinnsteuern von allen Konsumenten getragen. »Der Überwälzungsprozeß ist dabei so diffus, daß kaum eine Chance besteht, die Gruppe der wirklichen Lastträger und die Verteilungsstruktur der erzwungenen Konsumverzichte zu identifizieren.«[74] Wer die Augen vor der Realität nicht verschließt, kann nicht behaupten, daß das System der umfassenden Einkommensbesteuerung zur Verwirklichung des Prinzips der Steuergerechtigkeit führt, im Gegenteil. Das übersichtlichere System der Ausgabensteuer, in dem die Leistungsentnahme besteuert wird – nach den Vorstellungen von

Rose mit einem progressiven Tarif einer »Verbrauchseinkommensteuer«[75] – käme dem Gerechtigkeitsprinzip sehr viel näher.

Die Mängel, die der Konsumsteuer von vielen sachkundigen Experten bescheinigt werden, sollen gleichwohl nicht bagatellisiert werden. Tipke beanstandet vor allem, daß Familien mit niedrigem Einkommen, die einen relativ höheren Anteil ihres Einkommens zu Konsumzwecken einsetzen müssen, benachteiligt werden. Er befürchtet auch, daß bei gleichbleibendem Steuerbedarf die marginalen Steuersätze erhöht werden müssen, wenn sich das Steueraufkommen auf Grund der Reduktion der Bemessungsgrundlage auf das konsumierte Einkommen verringert. Das wiederum habe eine zusätzliche Belastung der Arbeitseinkommen zur Folge. Eine administrative Vereinfachung werde voraussichtlich nicht eintreten. Schließlich führe ein konsumorientiertes Steuersystem zu einer nicht akzeptablen Vermögenskonzentration.[76]

Ob die von Tipke erwarteten Verschiebungen im Steueraufkommen und Mehrbelastungen einkommensschwächerer Bevölkerungsgruppen eintreten werden, ist nicht ausgemacht, weil bei steigenden Investitionen auch der Konsum ausgeweitet wird und sich das Steueraufkommen vergrößert. Die Kuh wird besser gefüttert und gibt deshalb mehr Milch. Die Beseitigung der steuerlichen Diskriminierung der Zukunftspräferenz beim Konsum ist kein endgültiger Steuerverzicht, sondern vergleichsweise nur eine Steuerstundung. Verwerfungen in einer Übergangsperiode nach Inkrafttreten einer konsumorientierten Steuerreform ließen sich bereinigen. Die Benachteiligung der unteren Einkommensgruppen wäre bei einer progressiven »Verbrauchseinkommensteuer« nach dem Modell von Rose vermeidbar. Disproportionalitäten in der Einkommensverteilung, die bei einem verteilungsneutralen Steuersystem stärker hervortreten, sollten dort verändert werden, wo sie änderungsbedürftig sind, nämlich bei der Einkommensverteilung selbst, anstatt sie mittels Steuererhebung notdürftig zu reparieren, was in der Mehrzahl der Fälle sowieso nur eine Symptombekämpfung ist. Die übermäßige Belastung der Arbeitseinkommen und die Vermögenskonzentration hat das geltende Steuerrecht nicht verhindert, sondern augenscheinlich eher begünstigt. Der Vermögenskonzentration wird nicht durch sporadische staatliche Konfiskationen, sondern nur durch eine Neutralisierung des Produktionsmitteleigentums Einhalt geboten.

Die bedeutendste Veränderung im Zuge einer konsumorientierten Neugestaltung des Steuersystems wäre die Erweiterung des gesellschaftlichen Raumes für die »Entfaltung der individuellen Initiativkräfte« der Menschen, die durch die bisherige Steuerpraxis behindert, wenn nicht sogar gelähmt werden.[77] Es ist ein »Kardinalfehler unseres heutigen Steuersystems, daß die Besteuerung zu stark an geldliche Zuflüsse – als nominales Zwischenäquivalent (›Depot‹) für spätere faktische Gegenleistungen – anknüpft und die Geldform der Einkommensbildung (als solches Zwischenäquivalent) zu sehr in den Vordergrund schiebt... Dagegen ist die Beitragsleistung zur Erhaltung des Gemeinwesens in Form der Steuerzahlung für den einzelnen faktisch viel akzeptabler, wenn sie zugleich und am Maßstab seines eigenen persönlichen Leistungsbezuges aus der Gesellschaft, den er sehr konkret vor Augen hat, erfolgt.«[78] Angesichts zunehmender Entfremdung der Bevölkerung von den Sachwaltern staatlicher Institutionen sollte der Legitimationszugewinn, der durch eine Umstellung auf ein Ausgabensteuersystem zu erzielen ist, nicht unterschätzt werden.

Joachim Lang sieht die »Taxing Consumption«-Bewegung noch in einem anderen Licht. »Ende des 20. Jahrhunderts wissen wir, daß die Bürger der Industriegesellschaften zu viel konsumieren, und zwar auf Kosten der Umwelt, auf Kosten der sog. Entwicklungsländer und auf Kosten der zukünftigen Generationen. Wir wissen, daß wir eminent viel Produktivität benötigen werden, um die Probleme des übermäßigen Konsums zu lösen. Liegt es dann nicht nahe, die Ersparnis, das investierte Einkommen, als Grundlage der Produktivität steuerlich zu schonen und den Konsum steuerlich zu verteuern?«[79]

So richtig und wichtig diese Fragestellungen sind, enthalten sie dennoch mehr oder weniger auffällige Widersprüche, weil der Akzent auf die Lenkungswirkung der Steuern gelegt wird. Käme eine Veränderung der steuerlichen »checks and balances« darauf heraus, daß weniger konsumiert und mehr investiert würde, ergäbe sich ein wirtschaftliches Ungleichgewicht, weil sich die Investitionen infolge nachlassender Nachfrage (Konsumverzicht) nicht mehr rentieren würden. Zudem ließe gleichzeitig die Ergiebigkeit der Steuerquelle nach, weil der Konsum zurückginge. Der Steuertarif müßte dann, um die Staatsausgaben zu decken, erhöht werden, was in der Logik der Fragestellungen zu einem weiteren Rückgang des Konsums führen müßte, mit denselben nachteiligen Wirkungen auf erhöhter Stufe.

Es ist aber auch die genau umgekehrte Sichtweise denkbar. Eine steuerliche Entlastung der Investitionstätigkeit regt deren Ausweitung an. Daraus resultiert ein vermehrtes Güterangebot, das wiederum den Konsum stimuliert. Für die globale Verteilungsgerechtigkeit und die ökologische Komponente bleibt dieser Wirkungszusammenhang zunächst indifferent oder sogar negativ, wenn die Ausweitung des Konsums zu Lasten der Lebensbedürfnisse der Menschen in den armen Ländern geht und mit erhöhtem Ressourcenverbrauch zu Lasten der Natur verbunden ist.

Schwer auflösbar ist auch der Satz, der übermäßige Konsum müsse durch erhöhte Produktivität gedämpft werden. Steigende Produktivität verbilligt die eingesetzten Produktionsfaktoren, damit das Güterangebot, und vermehrt den Konsum, es sei denn, die Produktionsfaktoren haben sich auf dem Markt verteuert, so daß bei gleichbleibenden Güterpreisen nur der mengenmäßige Einsatz der Produktionsfaktoren reduziert wird.

Gelingt es, die Produktivität beim »Naturverbrauch« zu steigern, wäre gewiß etwas für die Umwelt gewonnen, den »übermäßigen« Konsum würde das immerhin so verändern, daß die Umweltbelastungen geringer ausfielen. Unmittelbare Wohltaten für die Natur sind daher von einer Konsumsteuer nicht zu erwarten. Jedoch begünstigt die Ausgabensteuer »den ökologischen Umbau der Wirtschaft« insofern, als sie die Kapitalbildung erleichtert und die Investitionsentscheidungen von steuerlichen Rücksichten freistellt und nur einen Teil des gesamtwirtschaftlichen Endverbrauchs für staatliche Zwecke abzweigt. Der institutionelle Rahmen, der die Kapitalbildung für ökologisch und sozial sinnvolle Investitionen nutzt, muß dann außerhalb der Steuerstruktur gefunden werden.

Einen nicht ganz fernliegenden Einwand gegen die Ausgabensteuer sollten wir nicht übergehen. Wenn gesagt wird, die Steuer setze nur den Anteil des Staates an dem gesamtwirtschaftlichen Konsum fest, vergessen wir vielleicht, daß der Staat nicht nur konsumiert, sondern auch kräftig investiert. Ein Teil dieser Investitionen wird zwar durch Kreditaufnahme finanziert, im Grundsatz sollte der Staat jedoch alle – einschließlich der investiven – Ausgaben aus seinen Steuereinnahmen ohne Inanspruchnahme von Krediten bestreiten können. Weil die meisten staatlichen Investitionen keine Rendite abwerfen, könnte die Folge sein, daß der Staat nicht nur seinen Anteil an dem konsumierten, sondern auch an dem investierten Einkommen einfordern müßte.[80]

Diese Komplikation ließe sich nur dadurch beheben, daß in

den Bereichen, in denen der Staat für die Bürger Leistungen erbringt und entsprechende Investitionen (Infrastruktur) tätigt, anstelle der Steuerhebung ein Preis eingefordert wird. In dem gegenwärtigen Steuersystem gilt die Steuer (auch) als Preis für die Staatsleistungen der sogenannten Daseinsvorsorge. In vielen Sparten der öffentlichen Wirtschaft werden deren Leistungen bereits selbstverständlich in Preisen entgolten. In der Mehrzahl lassen sich Preise für staatliche Leistungen – mindestens über Pauschalen – ohne große administrative Schwierigkeiten bei den Benutzern einfordern. Die Mineralölsteuer kann als Preis für die Bereitstellung der Verkehrswege und sonstige Leistungen des Staates für die Verkehrsinfrastruktur verstanden werden. Eine differenziertere Preisstellung wäre mittels des »roadpricing« vorstellbar, sofern die technischen Voraussetzungen dafür geschaffen werden können. Spezielle Leistungen im Versorgungs- und Entsorgungsbereich läßt sich der Staat längst über Gebühren, Beiträge und Sonderabgaben – sie werden deshalb auch »Gegenleistungsabgaben«[81] genannt – vergüten, die ebenfalls in der Regel nichts anderes als administrierte Preise sind.

Eine spezifische »ökologische« Lenkungswirkung entfaltet die Ausgabensteuer nicht, weil sie jeden Konsum besteuert, ohne Rücksicht darauf, ob dieser Konsum ökologisch verantwortbar ist oder nicht, und weil sie jede Ersparnis von der Steuer freistellt, ohne Rücksicht darauf, ob diese für eine nach Umweltkriterien erwünschte oder unerwünschte Investition zur Verfügung steht. Eine solche Lenkungswirkung ließe sich jedoch in einen gestaffelten Mehrwertsteuertarif einbauen, in der Weise, daß auf ökologisch unwillkommenen Konsum eine höhere Mehrwertsteuer zu entrichten wäre.

Die Probe aufs Exempel: Wie funktioniert die Ökosteuer?

Der Öko-Zins

Ein Markt im üblichen Sinne entsteht durch Ökosteuern bekanntermaßen nicht. Denn der Staat oder die Wirtschaftsgemeinschaft, oder wer immer die Ökosteuer einfordert, ist der alleinige Anbieter der »Ware« Natur und damit vergleichsweise ein Monopolist, der die Preise von Umweltverbrauch nach Gutdünken festsetzen kann. Durch die Ökosteuer wird demnach etwas anderes zustande gebracht: Die Knappheit des Gutes »Natur« wird in die Sprache der Wirtschaft – Geld – übersetzt und findet dadurch in der Wirtschaft, die im Prinzip nur diese Sprache versteht, Gehör.

Jedoch ist die Einordnung der Ökosteuer in das allgemeine Steuersystem verunglückt. Es wird dadurch das Mißverständnis hervorgerufen, die Ökosteuer diene auch der Beschaffung von Finanzmitteln für die staatlichen Aufgaben. Die Ökosteuer hat aber ihren ausschließlichen Zweck in der Lenkungswirkung.

Bemerkenswerterweise hat die Bundesregierung zu der auf EG-Ebene geplanten CO_2-/Energie-Steuer erklärt, »daß es bei dieser Steuer nicht um die Schaffung einer neuen staatlichen Einnahmequelle geht, sondern daß es *einzig und allein* (Hervorhebung durch den Verf.) auf die Lenkungswirkung zugunsten des Klimaschutzes ankommt«.[82] Tendenziell zielt die Lenkung, die die Ökosteuer bewirken soll, darauf ab, daß die

Besteuerungsgrundlage, der Umweltverbrauch, zurückgeht. Das steht im Widerspruch zu dem – eigentlichen – Zweck von Steuern, dem Staat den für die Erfüllung seiner Aufgaben zustehenden Anteil zu verschaffen. Auch wenn Umweltsteuern linear oder progressiv angehoben werden sollen, das Steueraufkommen somit auch bei Rückgang des Umweltverbrauchs während einer bestimmten Periode gleichbleibt oder sogar wächst, ändert das nichts an der Tatsache, daß die Ökosteuer, wenn sie die gewünschte Wirkung hat, den Umweltverbrauch nach Ablauf einer bestimmten Zeit auf eine Stufe senkt, auf der das Steueraufkommen ein so geringes Niveau erreicht, daß es keinen nennenswerten Beitrag für den Staatshaushalt leisten kann. Wenn das Aufkommen aus der Ökosteuer bis zu diesem Zeitpunkt zielgerichtet für Altlastensanierung, für den Ausbau umweltverträglicher Verkehrssysteme, für die Investitionsförderung von präventiven Umweltschutzmaßnahmen usw. verwendet wird, läßt sich sogar erwarten, daß die entsprechenden Staatsausgaben nicht mehr erforderlich sind, weil sich infolge des Anpassungsdrucks, der mittels der Ökosteuer erzeugt wurde, ein technisch-wirtschaftlicher Strukturwandel in ökologischem Sinne vollzogen hat, der den Naturverbrauch auf das Maß reduziert, das regenerierungsfähig ist.

Eine Ökosteuer, die die Wirtschaft in eine umweltschonende Produktionsweise lenken soll, kann den sogenannten »Sozialzwecknormen« zugerechnet werden, die in vielen Steuergesetzen verankert sind. Die Frage ist, ob das sinnvoll ist und in die Steuersystematik paßt. Durch das Stabilitätsgesetz ist die Besteuerung ausdrücklich als konjunkturelles Lenkungsmittel institutionalisiert worden.

Das Bundesverfassungsgericht hat seinerseits das Steuerrecht als »legitimes Lenkungsinstrument« der Sozial- und Wirtschaftspolitik bezeichnet: »Gesetzliche Eingriffe in das Spiel der wirtschaftlichen Kräfte sind auch in der Form von

Steuergesetzen nicht unzulässig. Steuern, die dem Pflichtigen ein bestimmtes wirtschaftliches Verhalten nahelegen sollen, ohne ihn dazu rechtlich zu zwingen, hat es seit je gegeben. Daß ein steuerrechtlicher Eingriff vorwiegend einen wirtschaftspolitischen Zweck verfolgt, führt also noch nicht zu der Folgerung, es liege ein verfassungswidriger Formenmißbrauch vor. Von einem solchen Formenmißbrauch wäre ebenfalls zu sprechen, wenn das Steuergesetz dem ihm begrifflich zukommenden Zweck, Steuereinnahmen zu erzielen, geradezu zuwiderhandelte, indem es ersichtlich darauf ausginge, die Erfüllung des Steuertatbestandes praktisch unmöglich zu machen, also in diesem Sinne eine ›erdrosselnde‹ Wirkung auszuüben.«[83]

Voraussichtlich wird das Bundesverfassungsgericht auch Ökosteuern in Fortführung dieser Rechtsprechung als »legitimes Lenkungsinstrument« akzeptieren, solange noch irgendein fiskalischer Nebenzweck nachgewiesen werden kann. Unbequemer könnte es verfassungsrechtlich werden, wenn die Zielrichtung der Ökosteuer genauer in Augenschein genommen würde. Die Ökosteuer will, sofern sie ernst gemeint ist, keine dauerhafte Einnahmequelle des Staates schaffen, sondern diese gerade zum Versiegen bringen, indem sie mittels einer linear ansteigenden »Besteuerung« ein umweltschädigendes Verhalten langfristig unterbindet oder »erdrosselt«.[84]

Selbst wenn sich jedoch eine Ökosteuer in die bisher gebräuchliche Terminologie und Steuersystematik leidlich integrieren ließe, wäre zu fragen, ob wir nicht besser einen anderen Ausdruck und einen anderen institutionellen Ansatz wählen. Normen, auch steuerrechtlicher und ordnungspolitischer Art, können nur in den notwendigen Konsens der Bevölkerung übergehen, wenn sie transparent sind. Der Staat muß verstehbar sein. Die Vermischung von fiskalischen und wirtschaftslenkenden Zwecken in einem Steuergesetz fördert die Verständlichkeit nicht. Eine solche Vermischung unterschiedlicher Normzwecke wird bei Steuern und Strafen vermieden; sie werden säuberlich auseinandergehalten, auch wenn viele Menschen nicht selten die drückenden Steuern durchaus als Strafe empfinden. Es wäre aber wohl gänzlich verfehlt zu behaupten, bei der Verhängung von Geldstrafen sei die dabei abfallende Einnahme für den Staat ein Nebenzweck.

Eine Abgabe, die der Staat auf umweltbelastendes Verhalten erhebt, sollten wir besser als Öko-Zins bezeichnen und die »Finanzhoheit« einer für Umweltschutz und Naturerhalt unmittelbar verantwortlichen Institution zuordnen. Als »Strafsteuer« wäre sie den Geldstrafen eher benachbart als der Steuer, weil letztere den Anteil an den Wirtschaftserträgen für den Staat abzweigen soll, die er zur Erfüllung seiner Aufgaben braucht und an deren Erhöhung er aus diesem Grund interessiert sein muß, während Öko-Zins und Geldstrafen Sanktionen sind, mit denen der Staat droht, um das Unterlassen bestimmter sozial- oder naturschädlicher Handlungen zu erzwingen.

Wenn Tipke die Ausgrenzung rein wirtschaftslenkender Maßnahmen aus dem Steuerrecht für erforderlich hält, ist nicht einzusehen, daß wirtschaftslenkende Maßnahmen zugunsten ökologischer Ziele anders behandelt werden sollen.[85]

Nach Joachim Lang »können all die Bemühungen um Subsumtion von Öko-Steuern unter die Finanzverfassung des Grundgesetzes nicht darüber hinwegtäuschen, daß im Prinzip die Finanzverfassung auf die Einführung sachgerechter Ökosteuern nicht angelegt ist«.[86] Auch Kirchhof hält das Abgabenrecht »nur bedingt« für geeignet, »umweltrechtliche Verhaltensbefehle zu überbringen und durchzusetzen«. Ein abgabenrechtlich verwirklichtes Umweltschutzprogramm sei nicht verläßlich, weil man sich von der Umweltpflicht freikaufen könne; es erreiche nur Abgabenpflichtige und habe deshalb nur eine beschränkte Reichweite; es überbringe dem Zahlungsfähigen Empfehlungen, dem Mittellosen, der sich nicht »freikaufen« kann, Befehle. Daher sei es unter Gleichheitsgesichtspunkten bedenklich.[87]

Alle diese Vorbehalte blieben zwar bestehen, wenn der Öko-Zins nicht in das Abgabenrecht eingegliedert würde. Entscheidend ist aber sein Hinweis darauf, daß die Umweltpolitik im Instrument des Abgabentatbestandes an Zielgenauigkeit verliert, weil die Abgabenerhebung mit einem dem Umweltschutz gegenläufigen Ziel, der Aufkommenserwartung zugunsten des Fiskus, verkoppelt sei. Die Dreifachfunktion als Lenkungs-, Finanzierungs- und Verwaltungsmittel könne das »Finanzverfassungsrecht verfremden«.[88] Kirchhof zieht den verfassungsrechtlichen Rahmen allerdings sehr weit, wenn er auch eine »auf eine Verdrängung des umweltschädlichen Verhaltens angelegte Umweltlenkungsabgabe« noch für »verfassungsrechtlich vertretbar« hält, sofern »ein generelles Verbot verfassungsrechtlichen Bestand hätte und dieses Verbot in Form der Abgabenlast eine schonendere Wirkung entfaltet«.[89]

Wie schief aber ein Öko-Zins im Abgabensystem wäre, ist aus folgenden Feststellungen Kirchhofs zu entnehmen: »Das Steuerverfassungsrecht gestattet somit eine umweltrechtliche Veränderung steuerlicher Belastungsgründe, nicht aber die Umweltbelastung als eigenständigen Besteuerungsgrund ... Allein die Abschöpfung des sich aus der Umweltbelastung ergebenden wirtschaftlichen Vorteils oder die Überwälzung von Umweltkosten auf den Verursacher ist nicht Tatbestand des Steuerrechts, sondern allenfalls Gegenstand entgeltähnlicher Gebühren und Beiträge.«[90] Eine umweltpolitische Steuer, die von vornherein »ernstlich« auf ein Null-Aufkommen angelegt sei, ist nach Kirchhof »schlechthin verfassungswidrig«.

Der verfassungsrechtlichen Klarheit halber, aber auch um mit dem Öko-Zins nicht nur ein stumpfes Instrument zu schaffen, sollten wir nach einer anderen rechtlichen Einordnung und einer anderen institutionellen Anknüpfung Ausschau halten, selbst wenn das nur auf dem beschwerlichen Umweg einer Verfassungsänderung erreichbar sein sollte. Denn die Verfassung erlaubt es dem Gesetzgeber nicht, nach Belieben reine Lenkungsabgaben einzuführen und deren Bemessung im Einzelfall einer neuartigen Institution – dem unabhängigen Umweltbundesamt – zu überlassen.

Alle Verfügungen des Staates, mit denen Geld zugunsten oder zu Lasten der Bürgerinnen und Bürger bewegt wird, ähneln der Disziplinierung durch Belohnen und Bestrafen. Vielleicht ist die ganze Geldordnung ein System von Lohn und Strafe. Wir nennen diejenigen, die eine Geldsumme zu zahlen haben, Schuldner; wir sprechen von Schulden, die auszugleichen sind. Das klingt ähnlich der Schuld, die jemand im moralischen Sinn auf sich geladen hat, obwohl die Marktwirtschaft nicht zum kleinsten Teil darauf beruht, daß kräftig Schulden gemacht werden, das heißt Kredite aufgenommen und investiert werden.

Einige Ökonomen sehen es sogar merkwürdigerweise lieber, wenn ein größerer Teil des Investitionsaufkommens fremdfinanziert, also über Kredite finanziert wird, als wenn die Geldmittel aus der Eigenkapitalbildung hervorgehen. Kreditaufnahme gehört nach dieser Sichtweise zu einer gesunden Wirtschaft. Kostenlos sind überdies Investitionsausgaben aus Eigenkapitalbildung nicht, weil Opportunitätskosten gegengerechnet werden müssen. Da im übrigen alles Geld ausnahmslos Kreditgeld ist, ist jedes Geld »zinsbehaftet«, auch wenn das nicht unmittelbar wahrnehmbar ist.

Belohnen oder Bestrafen, Anreizen oder Abschrecken, diese Methode hat viele Varianten. Im Münchner Magistrat kam man auf die Idee, eine kommunale Abgabe auf Fast-food-Verpackungen zu erheben, die ausdrücklich »Strafsteuer« genannt wird.[91] Das Bundesbauministerium plante 1992 eine »Strafsteuer« für Bodenspekulanten, gab diese Absicht aber auf Intervention des Bundesfinanzministers wieder auf.

In früheren Zeiten wurde bei ungebührlich hoher Waldnutzung ein »Waldzins« erhoben oder sogar eine Steuer für »Wüstungen«. Wüstungen wurden im Wald dann beanstandet, wenn ein Mann normaler Größe auf einem Baumstumpf stehend in der nächsten Umgebung noch fünf weitere Baumstümpfe sehen konnte. »Dann ist das Maß einer gedeihlichen Waldnutzung überschritten und eine Wüstung eingetreten, für die eine *Strafsteuer* zu bezahlen ist. Hält sich die Waldnutzung im engeren Rahmen, ist immerhin neben dem Waldzins eine sogenannte *Rodungstaxe* zu erlegen, die gewissermaßen den Preis für das dabei gewonnene Holz oder auch für den gerodeten Waldteil anzusehen ist.«[92]

Eine interessante Strafsteuer war die »Mordsteuer«, die dann zu zahlen war, wenn im letzten halben Jahr in einer bestimmten abgabenpflichtigen Region ein *unaufgeklärter* Mord vorgekommen war.[93]

Die Stadt Potsdam verfügte im Jahre 1844 anstelle eines polizeirechtlichen Fangverbotes eine Nachtigallensteuer zum Schutz dieser Singvögel in den Gärten der königlichen Schlösser.[94] Wie diese Steuer beigetrieben wurde, ist mir rätselhaft. Es wird aber berichtet, daß sie – nichts ist so dauerhaft wie eine Steuer – auch bestehenblieb, als es längst keine Nachtigallen im Park von Sanssouci mehr gab.

Daß eine Umweltabgabe kein Marktpreis sein kann, haben wir schon erklärt. Muß sich nun ein staatlich fixierter Preis notwendigerweise störend auf das Marktgeschehen auswirken? Oder ist er marktkonform bzw. marktneutral, weil die Wettbewerbsbedingungen für alle gleich sind?

Von der Industrie wird häufig geltend gemacht, ein einzelnes Unternehmen könne von sich aus keinen besseren Umweltstandard einhalten, weil der Konkurrent dadurch Wettbewerbsvorteile habe, die nicht aufzuholen seien. Das kann gewiß so sein, obwohl viele Unternehmen längst erkannt haben, daß ein hoher Umweltstandard sehr werbewirksam sein kann und damit die Wettbewerbsposition stärkt. Spätestens dann sind aber die Klagen über kostenträchtige Umweltauflagen oder Umweltabgaben grundlos geworden, wenn für alle Unternehmen, die auf dem Markt sind, gleichmäßig der Umweltverbrauch direkt mit einem Preis oder indirekt mit Kosten belegt wird. Die Verbesserung des Umweltstandards entlastet dann gleichzeitig die Kostenseite, der ökologische Wettbewerb wird ein ökonomischer und umgekehrt.

Die Wirtschaft will das grundsätzlich nur akzeptieren, wenn die ökologisch-ökonomischen Rahmenbedingungen weltweit gleich sind. Diese Forderung ist genausowenig erfüllbar wie ein gleichmäßiges Lohnniveau überall in der Welt. Das im Vergleich zu andern Ländern hohe Lohnniveau in der Bundesrepublik hat den Aufstieg zur größten Exportnation der Welt nicht verhindert. Die Wettbewerbsposition der deutschen Wirtschaft hat es demzufolge nicht wesentlich geschwächt. Ähnliche Erfahrungen haben Länder (z. B. die USA und Japan) gemacht, wenn sie den Aufwand der Wirtschaft für Umweltschutz durch direkte oder indirekte Einflußnahme drastisch heraufgesetzt haben. Es hat sich somit rentiert, wenn mehr Geld für Umweltschutz – und für Arbeit – ausgegeben wurde.

Das läßt sich selbstverständlich nicht ins Unendliche ausdehnen. Das Maß, in welchem Umfange Kosten für Umweltverbrauch und Arbeit wirtschaftsverträglich sind, läßt sich nicht allgemein festlegen, sondern nur im Rahmen eines situativen und intuitiven Urteils.

Die Kostenbelastung durch einen Öko-Zins (Ökosteuer) wird manchmal mit den Lohnkosten verglichen, um zu beweisen, daß ein – zusätzliches – Kostenelement nicht zwangsläufig ins wirtschaftliche Verderben führt. Der Umstand, daß die Unternehmen mit hohen Arbeitskosten rechnen mußten, habe als Anreiz zur Steigerung der Arbeitsproduktivität gewirkt; es sei daher eine Steigerung der Umweltproduktivität zu erwarten, wenn Umweltverbrauch verteuert werde. Unzweifelhaft sind hohe Lohn- oder Lohnnebenkosten ein Anreiz zur Steigerung der Arbeitsproduktivität, freilich nur *ein* Anreiz und nur unter der Bedingung, daß das Unternehmen den gestiegenen Kosten nicht ausweichen kann, etwa durch Verlagerung der Produktion in ein Niedriglohnland. Auch bei fallenden oder gleichbleibenden Lohnkosten wird ein Unternehmen die wirtschaftlichen und technischen Möglichkeiten zur Steigerung der Arbeitsproduktivität nicht außer acht lassen, um höhere Erträge zu erwirtschaften. Nur in dem einstweilen nicht sehr realitätsnahen Fall, daß die Lohnkosten gleich oder nahe Null sind, wäre die Steigerung der Arbeitsproduktivität unter wirtschaftlichen Vorzeichen nicht mehr sinnvoll.

Daraus folgt, daß sich ein Anreiz zur Steigerung der Umweltproduktivität proportional zur Höhe der Kosten des Umweltverbrauchs ergeben wird. Man könnte auch von einem Welleneffekt sprechen. Wenn durch staatlich administrierte Preise der Umweltverbrauch verteuert wird, lohnen sich Vermeidungskosten. Dadurch entsteht eine Nachfrage nach Vermeidungstechnik. Das Angebot an Vermeidungstechnik wird sich in einem expandierenden Markt verbilligen und dadurch der Nachfrage nach Vermeidungstechnik einen zusätzlichen Impuls verleihen. Durch eine richtige Dosierung der staatlichen Preis-Anreize kann dieser Prozeß je nach den ökologischen Notwendigkeiten und den vorhandenen Anpassungsmöglichkeiten der Wirtschaft beschleunigt oder verlangsamt werden.

Nun heißt es, in einer Marktwirtschaft diktieren nicht die Kosten die Preise, sondern umgekehrt: die Preise diktieren die tolerablen Kosten. Preise sind das Resultat von Angebot und Nachfrage. Decken die Preise die Kosten nicht, verschwindet das Produkt vom Markt. Kann ein Unternehmen mit seiner Produktpalette seine Lohnkosten nicht erwirtschaften, geht es pleite.

Selbstverständlich könnte dasselbe auch im Fall von Kosten des Umweltverbrauchs stattfinden, wenn diese nicht über den Preis weitergegeben werden können. Bei gleichen Wettbewerbsbedingungen ist eine solche strenge Marktauswahl eine sehr günstige Perspektive, weil der Preiswettbewerb zugleich ein ökologischer Kostenwettbewerb wird. Der Anbieter mit der höchsten Umweltproduktivität behauptet sich am Markt am besten. Das stimuliert die ökologisch-technische Innovation. Die ökologisch innovativen Unternehmen werden auch genügend Finanzmittel aufbringen können, denn auf Grund ihrer besseren Marktposition werden sie höhere Renditen erwirtschaften als ihre Konkurrenten, denen es nicht gelingt, den Umweltverbrauch einzuschränken.

Aus dieser Sicht stehen der Implementierung der Ökologie in das marktwirtschaftliche System keine unüberwindbaren Hindernisse entgegen. Es kann sogar angenommen werden, daß die marktwirtschaftliche Dynamik, falls sie mit den richtigen Vorgaben versehen wird, sich in relativ kurzer Zeit der Restriktion des Umweltverbrauchs anzupassen weiß. Die rasche Anpassungsleistung der Industrie bei Verknappung des Erdöls Mitte der siebziger Jahre beweist nach allgemeiner Meinung, daß vor allem die Innovationspotentiale der Unternehmen zur unmittelbaren und mittelbaren Energieeinsparung größer sind, als früher angenommen wurde. Sie sind längst nicht ausgeschöpft; vielmehr werden sie nur genutzt, wenn der Primärenergiepreis so hoch angesetzt wird, daß sich die Umstellung auf energiesparende Techniken lohnt.

Wenn es so einfach ist, dann bleibt mindestens die Frage, warum nichts oder nur wenig geschieht, um den ökologischen Strukturwandel nach marktwirtschaftlichen Gesichtspunkten voranzubringen.

Die Frage wird zum Refrain: Kann der radikale soziale und ökologische Strukturwandel nur als kulturelle Leistung zustande kommen?

Werte werden ausschließlich aus der Kultur formuliert. Das scheint der Erfahrung zu widersprechen, daß die Festlegung von Preisen, die Taxierung von Werten, ständig im wirtschaftlichen Prozeß stattfindet. Preise im wirtschaftlichen Verkehr, die im Markt immer flexibel sein müssen, sind jedoch stets von kulturell temperierten subjektiven Wertungen bestimmt, auch und gerade wenn sie in hohem Maße objektiven Einflüssen unterliegen. Ein Gut kann noch so knapp sein, es erhält einen Preis nur dadurch, daß Menschen dieses Gut zu erwerben wünschen. Die Knappheit ist eine objektive Gegebenheit, die den Preis allerdings dann erheblich in die Höhe treiben kann, wenn das Gut von einer großen Zahl von Menschen nachgefragt wird.

Wenn die Wirtschaft auf der Nachfrageseite von subjektiven Einflüssen bestimmt ist, kann auch die Angebotsseite nicht ausschließlich als objektiver Sachverhalt diskutiert werden. Vielmehr erhält auch die Angebotsseite ihr Profil aus der Vielzahl subjektiver Wertungen, die sich in der Nachfrage manifestieren.

Preise und die ökologische Wahrheit

Mittlerweile ist kaum noch umstritten, daß der ökologische Strukturwandel mindestens auch durch »marktwirtschaftliche Instrumente« gefördert werden soll.

Eine eingängige Formel hat dafür Ernst Ulrich von Weizsäcker gefunden: »Die Preise müssen die ökologische Wahrheit sagen.« Damit ist gemeint, in den Preisen müssen die ökologischen Kosten sichtbar werden, das ist nur dadurch erreichbar, daß die ökologisch belastenden Handlungen ihrerseits einen Preis erhalten. Das klingt ungemein plausibel und ist inzwischen vorherrschende Meinung.

Können Preise aber wirklich die Wahrheit sagen? Preise sind selbstverständlich von Kosten beeinflußt, die ihrerseits von einem Wirtschaftsteilnehmer als Preis gefordert wurden. Es heißt, Preise werden auf dem Markt gebildet, weil aber der Markt höchst unsicher und unzuverlässig ist, geben die Preise Auskunft über den Markt und sonst nichts.

Was passiert nun auf dem Markt? Alle Preise, wo immer sie vereinbart werden, sind in letzter Instanz Einkommen. Der Markt vermittelt also Einkommen oder ist Wettbewerb um Einkommen. Wer die Natur in dieses Spiel einbeziehen will, muß sich fragen, ob es sinnvoll sein kann, daß der Staat oder einzelne sich vorübergehend oder auf Dauer eine Einkommensquelle verschaffen, indem sie einigen Interessierten gestatten, die Natur zu schädigen oder zu belasten. Insofern verkünden Preise keine Wahrheiten, auch keine ökologischen, sondern geben nur darüber Auskunft, wer für welche soziale

Handlung einen Preis fordert, der auf ein Einkommen verweist. Erinnern wir noch einmal daran, daß in der Marktwirtschaft nicht die Kosten die Preise, sondern die Preise die tolerablen Kosten bestimmen, dann liegt diesem Marktgeschehen ebenfalls nichts anderes zugrunde als die unübersehbar vielen Vereinbarungen und Abschätzungen, wer wem welches Einkommen in welcher Höhe zuzubilligen bereit ist. Was wäre denn die ökologische Wahrheit, wenn das Benzin um eine DM pro Liter durch Erhöhung der Mineralölsteuer verteuert würde? Oder wie hoch müßte der Benzinpreis sein, damit er die lautere ökologische Wahrheit sagt?

In Berlin hat vor Jahren ein persischer Teppichhändler eine gewisse Berühmtheit erlangt mit dem Werbeslogan »ehrliche Preise«. Seine Werbewirksamkeit verdankte dieser Spruch vermutlich dem Umstand, daß nicht genau ausfindig gemacht werden konnte, was denn unter »ehrlichen« Preisen zu verstehen ist. Sind sie ehrlich, wenn der Kunde weiß, daß eine stattliche Handelsspanne inbegriffen ist? Oder ist gemeint, daß genau das Gegenteil der Fall ist und die Perserteppiche deshalb besonders billig sind? Der flinke Umweltminister Klaus Töpfer hat die Formulierung inzwischen in seinen durchaus beachtlichen Sprachschatz aufgenommen und wirbt für »ökologisch ehrliche« Preise.[96]

Andere wiederum sprechen von »ökologischen Preisen«, die der Konsument zahlen solle, oder auch von »ökologisch vollständigen« und deshalb richtigen Preisen.[96] Auch das hört sich gut an, hinter dieser wohltönenden Formulierung verbarg sich allerdings nur das Interesse, den Verbrauchern im Preis die Kosten des sogenannten Dualen Systems Deutschland (DSD) aufzuhalsen, mit dem die Wiederverwertung von Verpackungsmüll sichergestellt werden soll. Ob und in welcher Höhe ein solcher Preis »richtig«, »ökologisch« oder »ökologisch vollständig« sein soll oder überhaupt sein kann, ist schwer auszumachen, zumal das Duale System sehr umstritten ist und die Kritik sich vor allem darauf richtet, es habe eine Monopolstellung, seine Kostenkalkulation sei weder transparent noch effizient, und der ökologische Nutzen sei fragwürdig.[97]

»Richtig«, »vollständig«, »wahr« oder »ehrlich« soll solche Preisgestaltung sein, in der die »richtigen«, »vollständigen«, »wahren« und »ehrlichen« Kosten einkalkuliert sind. Im Markt sind Kosten in den sogenannten Faktorpreisen ausgedrückt, also in den Preisen, die auf den Beschaffungsmärkten für die zur Herstellung eines Produkts benötigten Güter gefordert werden. Diese Preise müßten wiederum »richtig«, »wahr« und so weiter sein. Aber alle Preise, in welche Richtung wir auch schauen, ergeben sich aus dem »Tatonnement« des Marktes. Richtig sind sie immer dann, wenn sich Angebot und Nachfrage treffen und der Markt geräumt wird. Der Markt kennt allem Anschein nach keine andere Wahrheit.

Preise können vernünftig oder unvernünftig, angemessen oder unangemessen sein, sie werden nicht unrichtig oder unwahr, weil Kosten so oder so einberechnet werden. Dennoch enthalten alle Preise, die größer als Null sind – und sie müssen ja größer als Null sein, sonst sind sie keine Preise –, bekanntermaßen zwei wichtige Botschaften: Es existiert eine Nachfrage, und die nachgefragten Güter sind knapp. Das ist die Signalfunktion des Preises. Die Höhe des Preises informiert über das Verhältnis zwischen Nachfrage und Knappheit. Wenn »die Preise schweigen«, fehlt der Markt.[98] Die Allmende ohne Zugangsbeschränkung bleibt außerhalb des Marktes, und infolgedessen sind die Preise mucksmäuschenstill.

Selbstverständlich enthält der Preis auch mehr oder weniger verhüllt eine Information über die Kosten und die ihnen zugrundeliegenden Preise. In welcher Höhe welche Kosten in den Preis eingegangen sind, ist ihm normalerweise aber nicht anzusehen. Der »Kunstgriff«, Umweltverbrauch als Kostenfaktor wahrnehmbar werden zu lassen, soll die Preise zum Sprechen bringen.

Staatliche Abgaben, die auf umweltbelastende Produktion oder Konsumtion erhoben werden, mögen jedoch heißen, wie sie wollen, Preise, Gebühren, Steuern oder Öko-Zinsen. Wenn sie eine »Lenkungswirkung« haben sollen, sind sie keine »Marktmechanismen«, sondern, wie das Wort »Lenkung« beweist, dirigistische Eingriffe des Staates in das Marktgeschehen, der Vertreter der Marktwirtschaft mit verständlichem Argwohn begegnen. Dabei ist es nur ein gradueller Unterschied, ob der Staat Grenzwerte festlegt, Auflagen erteilt, Verbote und Gebote ausspricht oder ob er ein bestimmtes Verhalten über die Einforderung einer Zahlung erreichen will. In jedem Fall ist Grundlage für das staatliche Handeln eine bestimmte Norm, die festgelegt wird und deren Nichterfüllung auf seiten des Normadressaten eine bestimmte Sanktion auslöst.[99] Wir könnten auch sagen, der Öko-Zins ist ein finaler Preis, der – ganz im Widerspruch zum üblichen Marktverhalten – darauf hinwirken soll, daß die Nachfrage sinkt oder wenigstens auf einem bestimmten Niveau verharrt. So gesehen ist der Öko-Zins der Schutzgebühr verwandter als dem Marktpreis.

Ein strikt marktwirtschaftlicher Ansatz wäre nur dann gegeben, wenn sich die Restriktion beim Umweltverbrauch aus dem autonomen Verhalten der Marktteilnehmer sozusagen von selbst ergäbe. Daß das nicht funktioniert, wissen wir zur Genüge. Aber der Staat ordnet seit jeher in vielfältiger Weise den Markt, warum sollte er dies nicht auch aus Umweltschutzgründen tun.

Der Markt ist sowieso ein imaginäres Gebilde, jedenfalls kein nach Kausalzusammenhängen definitiv erklärbares System, wie manche marxistische oder neoliberale Doktrinäre glauben. »Der Markt ist keine geschlossene Struktur, die außerhalb des Menschen als ein System von äußeren Zwängen existierte.«[100] Ob wir dem, was sich auf dem oder als Markt abspielt, näherkommen, wenn wir es als »totalisierende Praktik« zu begreifen suchen, die »keine systematische Beschreibung von außen zuläßt«[101], ist fraglich; es gerät zu einer Tautologie, wenn wir feststellen, daß überall, wo Markt stattfindet, die Dinge Warenform annehmen, sogar der Markt selbst. Jedoch ist in der Tat der Markt nur eine Kommunikationsform der Menschen. Unveränderlich und wenigstens periodisch gültige Gesetzmäßigkeiten des Marktes zu entdecken wird vergeblich sein.

Die Börse, ein Markt, ist dafür ein Musterbeispiel. »Auf die Börse wirken so viele Informationen, Meinungen und Stimmungen in wechselnder Gewichtung ein, daß ein Argument, das auf dem Parkett heute zählt, aus der Sicht des Handelns morgen schon bedeutungslos sein kann.«[102]

Diese Wechselhaftigkeit, Unberechenbarkeit und Unwägbarkeit, die ein Merkmal der Börse ist, charakterisiert auch den Markt allgemein. Daß der Markt – fast – immer in Bewegung ist, gehört gerade zu seinen Vorzügen, die Ungewißheit des Marktes schafft die notwendigen Handlungsspielräume für die Wirtschaft. »Marktwirtschaft ist keine Weltanschauung, sie ist ein leerer Raum für die Entfaltung verschiedenster Ideen.«[103] Wie wir uns auf diesem gesellschaftlichen Feld mit Geld gerieren, das ist die sich ständig wandelnde geistige Bewegung, die wir Markt nennen.

Wenn nun der Öko-Zins als administrierter Preis nicht auf dem Markt gebildet und nicht erhoben wird, um dem Staat ein zusätzliches Einkommen zu verschaffen, sondern wenn er denen, die durch Produktion oder Konsumtion die Umwelt belasten, Geld – sozusagen als Strafzins oder Strafzoll – entziehen will, dann verkündet der Preis erst recht keine Wahrheiten, sondern belohnt oder bestraft ein erwünschtes beziehungsweise unerwünschtes Verhalten der Marktteilnehmer. Das folgt schon aus der autonomen Preisfestlegung, die auch dann eine souveräne Entscheidung bleibt, wenn »die Nutzungskosten einer natürlichen Ressource« entsprechend der »Hotelling-Regel«[104] berücksichtigt werden.

Vielleicht sollten wir an dieser Stelle vorsichtshalber einfügen, daß die Belegung von Umweltverbrauch mit einem bestimmten Öko-Zins nicht zwingend zu weniger Umweltverbrauch führt. Der Benzinverbrauch hat sich als äußerst resistent gegenüber den drastischen Erhöhungen der Mineralölsteuer erwiesen. Die Ökonomen nennen diesen Wirkungszusammenhang Elastizität.

Dickertmann schildert den Vorgang so: »Je elastischer der Verbraucher auf Preisänderungen reagiert, desto größer ist der ökologische Erfolg einer Umweltabgabe, welche zu einer Erhöhung des Marktpreises Anlaß gegeben hat. Mit anderen Worten: Eine Umweltabgabe im Bereich starrer Elastizitäten – unterhalb der jeweiligen Schwellenwerte – dient dem fiskalischen, nicht jedoch dem lenkenden Zweck einer Umweltabgabe.«[105]

Umweltabgaben sind aus diesem Grunde stets daraufhin zu überprüfen, ob sie nicht ihre Lenkungswirkung mangels Preiselastizität der Nachfrage verfehlen und zu einem bloßen Finanzierungsintrument mißbraucht werden. Thomasberger stellt dazu resignierend fest, »daß – obwohl in einer ganzen Reihe von Ländern Abgabelösungen realisiert worden sind – umweltpolitische Lenkungswirkungen nur in den seltensten Fällen das Ziel (und noch seltener: das Resultat) des Einsatzes ökologischer Abgaben gewesen« seien.[106]

Es ist erfahrungsgemäß auch möglich, daß die Unternehmen die Kosten durch Erhöhung der Produktion auffangen, wenn der Mengenabsatz noch gesteigert werden kann. Dann käme das absurde Ergebnis heraus, daß durch die Einführung eines Entgelts für Umweltverbrauch dieser nicht verringert, sondern sogar erhöht würde. Das läßt sich auch deshalb nicht als völlig unsinnige Überlegung abtun, weil nach sehr verbreiteter Ansicht die Wirtschaft wachsen muß, um den Umweltschutz finanzieren zu können. In dieser Sichtweise gehört Umweltschutz zu den »regrettable necessities«, die jenseits der eigentlichen wirtschaftlichen Zielsetzungen liegen, aber bedauerlicherweise aus den Erträgen der Wirtschaft mitfinanziert werden müssen, wie zum Beispiel die staatliche Administration, Polizei und Militär.

Der besondere Aberwitz einer solchen Einstellung kommt dann heraus, wenn »defensive Kosten«[107], die der Reparatur von Umweltschäden dienen, als geldwerte Leistungen in die gesamtwirtschaftliche Abrechnung aufgenommen werden und als solche der Finanzierung von Umweltschutz dienen sollen. Das ist eine Teufelslogik, die uns einzureden versucht, wir müßten die Umwelt zerstören, um ihre Reparatur bezahlen zu können. Genausogut könnte jemand behaupten, wir müßten erkranken, damit wir die Krankheitskosten aufbringen können.

Es gibt aber noch ein anderes Motiv, Preiserhöhungen infolge von Umweltabgaben durch Steigerung der Umsatzmengen aufzufangen. Wenn die Nachfrage preiselastisch ist und zurückgeht, nimmt das Einkommen des Anbieters ab. Um diesen Verlust auszugleichen, wird der Anbieter unter Umständen, um keinen Einkommensverlust zu erleiden, das Mengenangebot erhöhen und dadurch eine drohende Preiserhöhung neutralisieren. Massarrat hat in einer hochinteressanten Arbeit die Verkettung beabsichtigter ökologischer Lenkungseffekte mit globalen Verteilungswirkungen auf dem Weltenergiemarkt untersucht und kommt zu dem überraschenden Resümee, daß »die Zunahme der Mineralölsteuer in den OECD-Staaten ... zweifelsohne zu den sinkenden Ölweltmarktpreisen beigetragen«, aber »weder zu einer nennenswerten Steigerung der Endverbraucherpreise noch zur Reduzierung des Ölverbrauchs geführt« habe.[108] Die Schlußfolgerung von Massarrat, daß die Nachteile der bisher vorgelegten Energiekonzepte angesichts der ökologischen Zielverfehlung und der sozialen Disparitäten im Nord-Süd-Verhältnis »die möglichen Vorteile einer kurzfristigen Energieverbrauchssenkung bei weitem überwiegen und daß diese Konzepte daher weit davon entfernt sind, die globale Energieversorgung nach Kriterien der Nachhaltigkeit zu steuern und zu gestalten«[109], ist eine nicht zu überhörende Mahnung, bei der Festlegung von ökologisch intendierten Lenkungsabgaben gesamtwirtschaftliche Effekte und Verteilungswirkungen auf der Angebots- und Nachfrageseite nicht außer acht zu lassen, zumal diese eben auch die ökologischen Zwecke konterkarieren können.

Gefahrenpotential Mensch

Eine Reihe von Ungenauigkeiten haben wir einstweilen beiseite gelassen, die noch diskutiert werden müssen. Wir haben bisher den allgemeinen Ausdruck »Umweltverbrauch« benutzt und eine quantitative und qualitative Differenzierung unterlassen. Diese ist aber wohl unverzichtbar. Denn selbstverständlich ist so gut wie jede Produktion materieller Güter ebenso wie eine Vielzahl von Dienstleistungen mit Umweltverzehr verbunden. Dieser Umweltverzehr ist in dem Maße umweltverträglich, als er die Reproduktion des Naturkapitals erlaubt. Nur wenn die Wirtschaft so funktioniert, daß sie auf die Reproduktion des Naturkapitals Rücksicht nimmt, orientiert sie sich am Nachhaltigkeitsprinzip, das für die geldwerte

Kapitalausstattung der Unternehmen ganz selbstverständlich gilt, weil ein Betrieb, der auf Kosten der Substanz wirtschaftet, binnen kurzer Zeit in Konkurs geht. Es müßte einigermaßen einleuchtend sein, daß wir das wichtigste Kapital der Menschheit – ihre natürlichen Lebensgrundlagen – wie Bankrotteure behandeln, wenn wir sie nicht nur in dem Ausmaß nutzen, das die Reproduktion zuläßt.

Gewiß ist selbst das als verbindlicher Grundsatz in der Praxis nicht vollständig einzulösen. Das scheitert schon daran, daß es keine allgemeingültige Definition gibt, was Natur ist und als Natur erhaltenswert sein soll. Umweltschützer sind sich zum Beispiel keineswegs einig darüber, ob ein Biotop dann Natur ist, wenn wir es sich selbst überlassen, oder ob es steuernder Eingriffe des Menschen bedarf, um das ökologische Gleichgewicht herzustellen.

Noch schwieriger zu lösen sind Zielkonflikte zwischen zivilisatorischen Bedürfnissen des Menschen und den Lebensräumen der Natur. Fanatische Ökologen bringt das in die Versuchung, den Menschen selbst, vor allem das Bevölkerungswachstum, als das zentrale ökologische Problem anzusehen. Das zeitigt manche groteske Übertreibung der Naturfrömmigkeit, die das menschliche Leben auf eine Stufe mit anderen Lebewesen stellen will. Für mich sind die Menschen Teil der Natur, aber sie müssen und sollen sich darin auch behaupten. Die Natur selbst kennt keine übermäßigen Sentimentalitäten. Im Zweifel hat das menschliche Leben immer Vorrang vor anderen Lebewesen.

Vor einigen Jahren berichtete die Presse über die Erfolgsmeldung einer verdienstvollen Umweltschutzorganisation, des World Wildlife Fund. Es hieß darin, es sei gelungen, die Population des bengalischen Tigers in einer bestimmten Region auf einem größeren Bestandsniveau zu stabilisieren. Die Europäer lasen die Nachricht mit Wohlgefallen. Weniger begeistert waren die Einwohner eines bengalischen Dorfes. Sie beklagten, daß mehrere Einwohner von den Tigern getötet worden waren. Niemand wird ihnen verdenken, daß sie es vorziehen, die Tiger in ihrer Nähe auszurotten, als von ihnen gefressen zu werden. Tierschützer argumentieren, wenn den Tigern ein ausreichend großes Revier mit genügend Futter verbleibe, seien Menschen nicht gefährdet. Das mag im Einzelfall so sein, obwohl der Jagdtrieb eines Raubtiers, auch wenn es gut gefressen hat, nicht unterschätzt werden sollte. Das läßt sich an jeder Hauskatze beobachten.

Aber es geht nicht darum, ob ein Konflikt zwischen Menschenleben und Dasein eines Tieres vermeidbar ist oder nicht. Leider gibt es Fälle, in denen er nicht vermeidbar ist. Dann kann niemand zögern, sich für den Menschen zu entscheiden. Die Zahl der Konfliktfälle ist nicht eben gering. Wir sprechen von Naturzerstörung durch Landschaftsverbrauch und Bodenversiegelung, Naturzerstörung nennen wir die Belastung des Stadtklimas durch Hochbauten. Ökologisch engagierte Parteien streiten dann dafür, nicht in die Höhe und nicht in die Fläche zu bauen. Das hindert sie nicht, gleichzeitig mit großer Verve die mangelhafte Versorgung der Menschen mit Wohnraum anzuprangern. Einer geschickten und intelligenten Stadtplanung wird es gelingen, die Natur in die Stadtlandschaft einzubeziehen und so behutsam zu bauen, daß Menschen, Tiere, Pflanzen und Steine in guter Nachbarschaft ihr Zuhause haben. In gewissem Umfang verdrängt der Mensch aber zwangsläufig die Wildnis, diese Entwicklung ist unvermeidbar und unumkehrbar, es sei denn, jemand wollte es allen Ernstes gutheißen, die Menschheit des ökologischen Gleichgewichts halber zu dezimieren.

Es ist seit einiger Zeit wieder in Mode gekommen, die Umweltprobleme zu bagatellisieren und das Bevölkerungswachstum als das Kardinalproblem in den Mittelpunkt der öffentlichen Debatte zu rücken. »Übertriebene Umweltsorgen lenken ab von der größten Gefahr, der Bevölkerungsexplosion«, hieß es in einem Zeitungsartikel.[110] Das kommt einigen entgegen, die aus kurzsichtigen wirtschaftlichen Interessen lieber von den leidigen Umweltforderungen nicht behelligt werden wollen. Daß das Bevölkerungswachstum, wenn es zunimmt wie bisher, zu sehr ernsten sozialen, wirtschaftlichen und politischen Auseinandersetzungen führen kann, leugnet niemand. Vorläufig kann das Ökosystem der Erde die *Zahl* der Menschen noch leidlich verkraften, nicht jedoch den Raubbau an den Naturvorräten, der von einer Minderheit in den Industriestaaten betrieben wird.

Nicht akzeptabel ist jedenfalls, das Problem des Bevölkerungswachstums gegen die Umweltprobleme auszuspielen. Das eine hat mit dem anderen nicht unmittelbar zu tun. Noch können alle Menschen ernährt und gekleidet werden; auch ihre sonstigen Grundbedürfnisse können erfüllt werden, ohne daß die natürlichen Lebensgrundlagen zerstört werden. Selbst wer das nicht anerkennt, muß die Frage beantworten, was denn getan werden soll, um das Bevölkerungswachstum zu bremsen. Die übelste und inhumanste Haltung nehmen diejenigen ein, die mit sorgenvoller Miene erklären, das Boot sei voll, deshalb solle man aus purem Mitleid die Kinder in den Elendsländern dieser Erde verhungern lassen, denn sonst könnten sie wieder Kinder zur Welt bringen, und diese müßten erst recht hungern. Dieser verqueren »Moral« kann nur jemand verfallen, der selbstsüchtig seinen Platz auf der Erde für selbstverständlich hält, das Lebensrecht anderer aber zur Disposition stellen will. Daß ausgerechnet ziemlich betagte Männer derlei Unsinn daherreden, bringt sie in die Gefahr, von ihrer eigenen Gefühllosigkeit eingeholt zu werden. Wer meint, das Leben eines Mitmenschen sei zuviel auf der Erde, wird sich fragen lassen müssen, ob er dann nicht der erste sein sollte, der sich verabschieden muß, wenn er immerhin schon eine Weile den Aufenthalt hinnieden genießen durfte.

Die Legende erzählt, daß ein frommer Mensch aus Versehen in die Hölle kam. Der liebe Gott entsandte daraufhin einen Engel, um ihn in den Himmel zu holen. Der Engel hob den Frommen aus dem Höllenpfuhl, aber es hängten sich eine große Anzahl Sünder an ihn, um auch in den Himmel zu gelangen. Der Fromme geriet in Angst, die Last könnte dem Engel zu schwer werden, und so stieß er einen nach dem anderen derer, die sich an ihn klammerten, von sich. Die Last für den Engel wurde indes dadurch nicht leichter, sondern immer schwerer, je mehr Menschen der Fromme abgeschüttelt hatte. Als er den letzten von sich losgerissen hatte, konnte der Engel den Frommen nicht mehr halten und ließ ihn in die Hölle zurückfallen. Die Legende sollte uns eine Lehre sein.

Marktanreiz: vollständiger Versicherungsschutz

Ein weiteres wirkungsvolles, »marktordnendes« Instrument könnte sein, wenn wir den Risiko-Industrien, die ein gigantisches Gefährdungspotential für die Natur und den Menschen aufgebaut haben und immer noch aufbauen, auferlegen, sich auf dem privaten Versicherungsmarkt den vollen Versicherungsschutz zu beschaffen, eine Verpflichtung, die jedem Autobesitzer selbstverständlich ist.[111] Auf diese Weise käme eine sehr viel gründlichere und nüchternere Prüfung von technischen und wirtschaftlichen Risiken in Gang als unter den heutigen Verhältnissen, die das Risiko weitgehend auf die Allgemeinheit abschieben. Es mag sein, daß manche Industrien die Versicherungsprämien, die von den Versicherungsgesellschaften sicherlich ebenso kühl kalkuliert würden wie bei anderen Risiko-Abschätzungen, nicht mehr aufbringen könnten. Dann ergäben sich daraus eben Folgerungen für den Fortbestand von Industrieunternehmen. Bisher sind bestimmte Industriezweige (z. B. die Atomindustrie) durch Freistellung von einer umfassenden Versicherungspflicht subventioniert worden. Durch die – ungenügende – Verschärfung des Umwelthaftungsrechts hat sich in dieser Hinsicht zwar bereits einiges verändert, jedoch ist dadurch die Forderung nach einer Pflichtversicherung für Industrien mit hohem Gefährdungspotential keinesfalls gegenstandslos geworden. Der öffentliche Dialog über technische, ökologische, wirtschaftliche und soziale Risiken würde sich intensivieren; er würde realitätsnäher geführt werden und zum allgemeinen Risikobewußtsein beitragen.

Die Atomindustrie müßte dann beispielsweise den Vorstandsetagen der Versicherungsgesellschaften ihre Behauptung zu beweisen versuchen, daß ein GAU in Deutschland »praktisch« ausgeschlossen ist. Die vorsichtigen Versicherungskaufleute wären aller Wahrscheinlichkeit nach mit derlei »Beweisen« kaum zu überzeugen. Die nüchterne Prüfung würde dann ergeben, daß die zu versichernden Risiken in Größenordnungen zu beziffern wären, die das Leistungsvermögen jeder Versicherungsgesellschaft übersteigen. Die Schadenssummen, die im Fall der Kernschmelze in einem Atomkraftwerk zu regulieren wären, werden in Billionen gerechnet. Jeder kann sich leicht ausrechnen, welche Dekkungssummen von den Versicherungsgesellschaften angesammelt werden müßten und welche Versicherungsprämien zu entrichten wären. Die logische Folge wäre eine drastische Anhebung der Preise für den in Atomkraftwerken erzeugten Strom. Im Sinne der Marktwirtschaft wäre die alle denkbaren Risiken umfassende Versicherungspflicht zu Lasten der Atomindustrie eine sehr sinnvolle und effiziente ordnungspolitische Maßnahme, weil sie eine Wettbewerbsverzerrung zugunsten der Atomindustrie bereinigen und damit für konkurrierende umweltverträgliche Energietechnik dadurch erst faire Marktbedingungen verhieße.

Ähnliche Auswirkungen hätte eine umfassende Versicherungspflicht sicherlich auch auf andere Industriezweige, etwa für die Chemie-Industrie im Bereich der Gentechnik. Im Grunde ist die gegenwärtige Freistellung der Industrie von der Versicherungspflicht eine stille Subvention, für die am Ende jedoch nicht der Staat, sondern unmittelbar die Geschädigten aufzukommen haben.

Geldpolitik

Die alte Masche

Der Bundesverband der Deutschen Volksbanken und Raiffeisenbanken e. V., der Bundesverband deutscher Banken e. V. und der Deutsche Sparkassen- und Giroverband e. V. sowie der Verband der Lebensversicherungs-Unternehmen e. V., der Verband der Privaten Bausparkassen e. V., der Verband der Deutschen Hypothekenbanken e. V. und der Verband öffentlicher Banken e. V. sind mächtige Institutionen. Ihr Geld- und Kreditschöpfungspotential ist ein gewichtiger Faktor in der Wirtschaft. Sie haben sich zur »Gemeinschaft zum Schutz der deutschen Sparer« zusammengeschlossen.

Der Name hat einen gewissen Anflug von nationalem Pathos. Sparsamkeit und Fleiß gelten als typisch deutsche Tugenden. Das Pendant dazu ist das deutsche Trauma der Inflationsangst. Die galoppierende Inflation der zwanziger Jahre hat sich tief in das nationale Gedächtnis eingegraben. Die Öffentlichkeit nimmt es daher beifällig auf, daß die deutschen Sparer, die pflichtbewußt ihr Pensum an »Spartätigkeit« erfüllen, vor »inflationsbedingten Substanzeinbußen für die Stabilität des Geldwertes« geschützt werden sollen. Wahrscheinlich ist es nur Neid und Mißgunst gegenüber dem Kreditgewerbe, das seine Geschäftstätigkeit auf Vertrauen (Kredit) stützt, wenn der eine oder andere Sparer an den »Schutz« nicht so recht glauben will. Die traditionell niedrigen Einlagenzinsen für Sparguthaben und die ebenso traditionell hohen Zinsen für Überziehungskredite verleiten manche Sparer zu dem Verdacht, ihre »Spartätigkeit« sei der eifrigen Sammelarbeit von Bienen vergleichbar, den Nektar ernteten aber andere.[112]

Lassen sie sich auf ein Gespräch mit dem Sparkassendirektor ein, wird dieser ihnen schon mit beredten Worten nachweisen, daß eine höhere Verzinsung des Sparguthabens nicht vertretbar sei. Die Begründung der Banken und Sparkassen für die niedrige Verzinsung von Sparguthaben, die zeitweise weit unter der Inflationsrate lag, ist aufschlußreich. Das Sparguthaben mit gesetzlicher Kündigungsfrist sei eine bloße Liquiditätsreserve der Kunden. Die Liquiditätsvorsorge der privaten Geldeinleger führt daher nach dem Verständnis der Kreditwirtschaft unvermeidlich zu einem Geldwertverlust, der sich jedoch als angenehme Begleiterscheinung in den Bilanzen der Banken und Sparkassen deutlich ertragssteigend auswirkt. Der größte Teil des privaten Geldvermögens, das Ende 1992 etwa 3,4 Billionen (= 1 000 Milliarden) Mark betrug, wird immer noch mit rund 750 Milliarden Mark auf Sparkonten deponiert. Die Spargelder können Banken und Sparkassen gegen hohe Zinsen wieder verleihen. Das Jahr 1991 bescherte dem Kreditgewerbe eine Steigerung der Zinsüberschüsse um fast 14 Prozent auf nahezu 91 Milliarden Mark. Die Imker waren mit den Bienen zufrieden.

Unabhängig von den Verteilungsproblemen zwischen Banken und Bankkunden verbindet sie das gemeinsame Interesse aller Geldvermögensbesitzer und Geldfabrikanten an der Geldwertstabilität. Das ist nur folgerichtig und berechtigt zu keinem übertriebenen Argwohn, es sollten nur partikuläre Interessen verfolgt werden. Geldvermögensbesitz ist relativ breit gestreut, so daß fast jeder von Geldentwertung betroffen ist. Vor allem leidet nach allgemeiner Meinung die Funktionstüchtigkeit des Geldes, wenn es seinen Wert verliert. Wie bei allen Veränderungen von Wertrelationen in der Wirtschaft gibt es auch Gewinner, die bei Inflation Vorteile einheimsen. Grundstückseigentümer, die das Grundeigentum mit Fremdmitteln erworben haben, profitieren von der Inflation, weil der Wert des Sachkapitals Grundstück im Wert steigt, während der Wert der auf das Grundstück aufgenommenen Verbindlichkeiten sinkt. Inflation ist schuldnerfreundlich und gläubigerfeindlich. Die Inflation beschleunigt sich infolgedessen auch aus sich heraus, weil in Zeiten sich erhöhender Inflationsraten das Geld zur Umwandlung in Sachkapital tendiert. Dadurch steigen die Preise, die Umlaufgeschwindigkeit des Geldes nimmt zu, weil die »heiße Kartoffel« des sich sukzessive entwertenden Geldes so schnell wie möglich weitergegeben wird, die Lohnabschlüsse werden sich anpassen, die Inflation gerät in Trab, bis sie in den allseits gefürchteten Galopp übergeht.

Das ist nur eine grobe und vereinfachende Skizze des Inflationsverlaufs. Wir müssen an dieser Stelle nicht noch einmal alle Einflüsse auf die Inflation rekapitulieren.[113] Wir wollen uns vielmehr exemplarisch mit einer Analyse beschäftigen, die die »Gemeinschaft zum Schutz der deutschen Sparer«[114], sprich das Kreditgewerbe, in ihrem Jahresbericht 1988/89 unter dem Titel »Gefahren für den Geldwert« veröffentlicht hat. Diese Veröffentlichung hat ihren besonderen Stellenwert, weil angenommen werden darf, daß sich in ihr der geballte geldpolitische Sachverstand des gesamten deutschen Kreditgewerbes unverfälscht artikuliert – auch wenn Zahlen und Details inzwischen überholt sind.

Der Jahresbericht begann mit einer positiven Einschätzung der konjunkturellen Entwicklung. Es hieß dort: »Vielen Befürchtungen zum Trotz blieb die wirtschaftliche Aktivität ... aufwärts gerichtet, ja, sie belebte sich kräftig. Selbst optimistische Prognosen wurden übertroffen. Nachfrage, Produktion und Kapazitätsauslastung übertrafen den Stand von Jahren, die als ›Vollbeschäftigungsjahr‹ in die Wirtschaftsgeschichte eingegangen sind.«

Schon in dieser Einleitung sind nahezu alle Elemente des landläufigen Verständnisses einer prosperierenden Wirtschaft benannt. Die Wirtschaftsaktivität ist ein Wert an sich. Deshalb stiftet es Optimismus, wenn sie »aufwärts gerichtet« ist. Einer besonderen Aufmerksamkeit dafür, was die wirtschaftliche Aktivität zum Gegenstand hatte, bedarf es nicht. Ob Rüstungsproduktion, Umweltbelastung, Kulturzerstörung, sinnlose Produktion, alles geht in die Summe »wirtschaftliche Aktivität« ein und hat damit ihren quantitativen Wert. Die Frage nach einer qualifizierenden Bewertung des Wirtschaftsgeschehens ist nach diesem Muster deplaciert, weil nicht von außen vorgegeben werden könne, was beispielsweise sinnvolle oder sinnlose Produktion ist. Diese Entscheidung treffe der Markt. Wird ein Produkt auf dem Markt gekauft, ist die Produktion sinnvoll, anders nicht. Die Käufersouveränität sei Charakteristikum der Marktwirtschaft. »In der Marktwirtschaft ist der Kunde König, der Unternehmer ist sein Diener« (Till Necker). Ob das der gesellschaftlichen Wirklichkeit ganz entspricht, können wir offenlassen. Die Erfahrung lehrt, daß der Kunde nicht selten Objekt statt Subjekt der Marktprozesse ist. Trotzdem ist nicht zu bestreiten, daß in der sozialen Marktwirtschaft ein hohes Maß an Käufersouveränität erreicht worden ist.

Um Wirtschaftsaktivität überhaupt zu entfalten und damit die Produktionskapazitäten ausgelastet sind, muß möglichst viel produziert und konsumiert werden. Der Satz läßt sich genausogut umkehren, die Produktionskapazitäten müssen ausgelastet werden, damit möglichst viel produziert und konsumiert wird. Wohlstand bemißt sich also danach, wie üppig produziert und konsumiert wird. Wer will, kann dabei das »Mehr« an Produktion und Konsumtion auch mit einem Qualitätszuwachs gleichsetzen. Wenn statt bisher 100 Flaschen Bier und 10 Flaschen Champagner in der darauf folgenden Abrechnungsperiode 10 Flaschen Bier und 100 Flaschen Champagner produziert werden, hat sich die Produktion quantitativ nicht erhöht, die wirtschaftliche Wertschöpfung hat wegen der höheren Qualität des Getränks Champagner dennoch zugenommen. Für die Volkswirtschaftliche Gesamtrechnung ist der Sachverhalt wahrscheinlich sehr viel komplizierter, abgesehen davon, daß sich bei einer Veränderung des Produktangebotes, wie sie beschrieben wurde, eine Preisinversion einstellen kann, das Bier wird teuer und der Champagner billig.

Resumieren wir vorsichtshalber noch einmal: Die wirtschaftliche Lage ist positiv, wenn die Wirtschaft aktiv ist, das heißt ordentlich produziert und konsumiert wird. Ordentlich produziert und konsumiert wird, wenn die Produktionskapazitäten ausgelastet sind.

Das Bild der Zufriedenheit trübt sich allerdings, weil ein zunehmender Preisanstieg zu verzeichnen ist. »Anstelle einer da und dort befürchteten Deflation regten sich inflationäre Tendenzen . . . Der Preisanstieg nahm weltweit wieder zu.«[115]

Für diese Entwicklung sah der Jahresbericht der Schutzgemeinschaft folgenden Ursachenzusammenhang:

»Für diesen Wachstums- und Inflationsschub scheint es vordergründig keine griffige Erklärung zu geben. In der Bundesrepublik setzten zwar . . . Steuersenkungen und rückläufige Einfuhrpreise im privaten Sektor Kaufkraft frei; auch leistete die reale Abwertung der D-Mark der Belebung der Auslandsnachfrage Vorschub. Diese Einflüsse vermögen jedoch den durchgreifenden Wandel im Konjunktur- und Preisklima nicht zu erklären, zumal es kaum Fortschritte an marktwirtschaftlicher Erneuerung gab. Eine Erklärung bieten indes die hohen Geldbestände, die der private Sektor ... akkumuliert hat. Sie stützten die Nachfrage im Innern und erlaubten es den Unternehmen, ihre gefestigte Investitionsbereitschaft konjunkturell zur Wirkung zu bringen. Der Zuwachs an Finanzierungsmitteln gab, wie von der Geldpolitik beabsichtigt, den entscheidenden Konjunkturanstoß. Er öffnete aber auch den Raum für Preissteigerungen. So überrascht nicht, daß nach Jahren der Preisniveaustabilität der Geldwert erneut im Sinken begriffen ist. Diese Entwicklung widerlegt jene Zweifel, die in den vergangenen Jahren gegenüber dem Postulat einer stetig knappen Geldversorgung geäußert worden waren. Ein anhaltend hohes Maß an Preisstabilität schien für geraume Zeit eine zielwidrig kräftige Geldschöpfung vertretbar zu machen. Es leistete den Tendenzen Vorschub, die Geldmengenziele weniger stringent zu formulieren und Überschreitungen hinzunehmen, ohne sie in der Folgeperiode zu neutralisieren. Das Geldmengenkonzept, vor Jahren im Kampf gegen die Inflation eine wesentliche Hilfe bei dem Bemühen, den stabilitätspolitischen Kurs der Notenbanken transparent und glaubhaft zu machen, wurde so zusehends verwässert. In den Vordergrund trat das Bestreben, durch niedrige Zinsen und durch eine Stabilisierung der Wechselkurse das Wirtschaftswachstum voranzubringen. Eine Politik des reichlichen und billigen Geldes, so schien es, war dazu ein ebenso unproblematisches wie wirksames Mittel. Auf internationale Kooperation bedacht, verzichtete die Bundesbank – wie viele andere Notenbanken – wiederholt darauf, ihre geldpolitischen Vorstellungen, wie sie in Form von Geldmengenzielen dargelegt werden, voll zu verwirklichen. In dem Bestreben, den ›Unsicherheiten der äußeren und inneren Wirtschaftslage‹ Rechnung zu tragen, geriet sie in die Nähe jener Politik des ›Stop and Go‹, von der sie sich vor Jahren aus guten Gründen losgesagt hatte.«[116]

In den folgenden Passagen beklagte der Bericht eine Verschlechterung des Preisklimas. Unter dem Einfluß einer reichlichen Geldversorgung und eines sinkenden DM-Außenwertes habe es einen verstärkten Preisauftrieb gegeben. Dazu hätten auch Verbrauchssteuererhöhungen und andere administrative Maßnahmen mit preissteigernder Wirkung beigetragen.

»Erst die kräftige Ausweitung der Geldbestände in den Händen der Nichtbanken ermöglichte einen so kräftigen Anstieg der gesamtwirtschaftlichen Ausgaben und damit des nominalen Sozialprodukts. Reichliche und zu niedrigen Zinssätzen verfügbare Finanzierungsmittel erleichterten den Unternehmen die Ausweitung von Produktion und Investitionen . . . «[117]

Schließlich kam der Bericht auf den zentralen Punkt, die Geldpolitik, und führte dazu u. a. aus:

»Der kräftige Anstieg der Finanzierungsmittel in den Händen der Nichtbanken ist um so bedenklicher, als die monetären Aggregate . . . weitaus kräftiger expandierten als vorgesehen, kräftiger zumal, als mit dem Grundsatz einer stabilitätsgerechten Geldvermehrung vereinbar gewesen wäre. Einem Anstieg von allenfalls acht Prozent beim gesamten *Produktionspotential* (Hervorhebung durch den Verf.) in den Jahren 1986 bis 1988 standen Zuwächse an monetärer Ausstattung von 24 Prozent (M3) und 26 Prozent (Zentralbankgeldmenge) gegenüber. Ein so großer Geldüberhang läßt nach aller Erfahrung Konjunktur und Preisniveau nicht unberührt, mag auch ein Teil durch eine höhere Liquiditätsvorliebe des Publikums (als Folge eines gestärkten Vertrauens in die Wertbeständigkeit des Geldes oder auch unter dem Einfluß hoher Kapitalverlagerungen ins Ausland) neutralisiert worden sein . . . «[118]

Der Bericht kritisierte, daß die Bundesbank nicht stringent das Konzept einer potentialorientierten Geldmengensteuerung befolgt habe. Die Bundesbank lasse die nötige Entschlossenheit vermissen, das monetäre Wachstumstempo auf ein stabilitätspolitisch vertretbares Maß zu begrenzen. Darüber hinaus sei die Ableitung des Geldmengenzieles nicht zufriedenstellend, wenn im Geldmengenziel 1989 ein Preisanstieg von rund zwei Prozent unterstellt werde, eine Preisentwicklung in dieser Größenordnung solle nicht in Rechnung gestellt, sondern gerade verhindert werden.

Im weiteren Teil des Berichts wurde auf die Gefahr hingewiesen, daß die Preis-Lohn-Preis-Spirale wieder in Gang komme, eine striktere Ausgabendisziplin des Staates angemahnt, die unvollständige Verwendung des Bundesbankgewinnes zur Tilgung von Altschulden des Staates gerügt und das Haushaltsrisiko betont, das sich der Staat mit überproportional anwachsenden Zinslasten infolge der Neuverschuldung auflade. Der Bericht bemängelte die überhöhte Steuer- und Abgabenlast und befürwortete eine Unternehmenssteuerreform ohne Kompensation durch Steuererhöhungen an anderer Stelle, etwa durch Mehrwertsteuern. Eine Kompensation gehe nicht nur zu Lasten des Geldwertes, sondern widerspreche auch dem Grundgedanken der Konsolidisierungspolitik, den Staatssektor zugunsten privatwirtschaftlicher Entfaltungsmöglichkeiten einzudämmen. Es bleibe notwendig, die gesamte Abgabenlast zu senken. Ökosteuern oder Öko-Abgaben werden nicht ausdrücklich erwähnt; aus dem gesamten Duktus des Berichts ist jedoch leicht herauszulesen, daß das Kreditgewerbe darin eine weitere erhebliche Gefährdung des Geldwertes sähe.

Inzwischen hat sich die Welt verändert – politisch *und* wirtschaftlich. Seither stehen beim Kreditgewerbe begreiflicherweise die Alarmglocken nicht mehr still. Die Wirtschaft steckt tief in einer Rezession, die Inflation geriet in einen immer schnelleren Trab, die Staatsverschuldung steigt ins Uferlose, von Ausgabendisziplin des Staates keine Spur, die Steuern werden auf allen Fronten nicht eben zaghaft angehoben, und selbst mit dem Geldwert der heißgeliebten Deutschen Mark könnte es irgendwann bergab gehen – auch ohne Europäische Währungsunion. Die von allen gefeierte Fusion der beiden deutschen Staaten mag als außenpolitisches Meisterstück gepriesen werden, dagegen droht ihr wirtschaftspolitischer Vollzug die kostspieligste Fehlleistung zu werden, die die Bundesrepublik seit ihrem Bestehen erlebt hat.

Das ist unerfreulich, aber nicht nur, weil es so ist, sondern, weil der notwendige Diskurs über die Verkoppelung von Umwelt- und Wirtschaftspolitik ins Abseits gedrängt wird. Die Bereitschaft der Menschen, über Umweltabgaben und Ökosteuern nachzudenken, hat deutlich abgenommen, seit sich massive Steuererhöhungen, Preisauftrieb und explodierende Mieten bei stagnierenden oder reduzierten Einkommen zu einer Bürde kumulieren, die es kaum noch zuläßt, das gewohnte Konsumniveau zu finanzieren.

Das beweist übrigens nebenbei, daß die sogenannte Zahlungsbereitschaftsanalyse vermutlich nur sehr unstete Werte ermitteln kann, die extremen Schwankungen unterliegen, je nachdem wie die Befragten ihre sonstige wirtschaftliche Lage beurteilen.

Bei der Mehrheit wird sich die Überzeugung, daß künftig kostenloser Umweltverbrauch nicht mehr zulässig sein darf, wohl nur dann durchsetzen, wenn wir uns der Erkenntnis fügen, daß Umweltzerstörung ein wirtschaftlicher Verlust und Umwelterhaltung mindestens auch ein wirtschaftlicher Vorteil ist. Wie paßt diese Behauptung in die Diskussion um den richtigen wirtschafts- und finanzpolitischen Kurs, vor allem um die richtige Geldpolitik?

In dem ausgiebig zitierten Bericht der Schutzgemeinschaft für das deutsche Sparwesen werden ausdrücklich oder stillschweigend Prioritäten postuliert, ausdrücklich wird beispielsweise der Geldwertstabilität der Vorrang vor Wechselkursstabilität gegeben; ebenso der Stabilität der nationalen Währung gegenüber einer gemeinsamen europäischen Währung, wenn diese nicht auf ein solides stabilitätspolitisches Fundament gestellt werde. Stillschweigend wird der Geldwert als Superwert stilisiert und nicht einmal versuchsweise gegen den Wert der Natur abgewogen. Die Umwelt oder die Resultate der Wirtschaft kommen in den Gedankengängen der Geldbeflissenen gar nicht vor. Es ließe sich einwenden, dort gehören sie auch nicht hin, denn die Menschen, die am Markt agieren, und der Staat bei der Festlegung der einzelnen Haushaltsposten innerhalb seines Budgets müßten sich darum kümmern, daß die Umwelt nicht ruiniert wird. Die Begründung stimmt, der Einwand nicht. Die Natur bzw. ihr Wert muß zu den allgemeinen wirtschaftlichen Daten genauso in Beziehung gesetzt werden wie die Geldmenge zu bestimmten Bestandsgrößen.

In dem Bericht des Kreditgewerbes wird in Übereinstimmung mit der Bundesbank sehr richtig gesehen, daß das Wachstum der Geldmenge sich der Größe des gesamten Produktionspotentials im Währungsgebiet anpassen muß, wenn das Geld seinen Wert behalten soll, der nur in dem Vorhandensein des Produktionspotentials besteht. Denn jeder Geldbetrag realisiert seinen Wert ausschließlich dadurch, daß er in Zukunft aus dem Produktionspotential in einen realen Wert transformiert werden kann. Nachdem früher die Bundesbank eine Geldmenge als Punktziel vorgegeben hat, aber einsehen mußte, daß das ein »ambitiöses Vabanquespiel« (Emminger) war, formuliert sie seit 1978 das Geldmengenziel als Zielkorridor, der aus vier Elementen abgeleitet wird: dem erwarteten Wirtschaftswachstum, dem erwarteten Auslastungsgrad des Produktionspotentials, dem unvermeidlichen Preisanstieg und der erwarteten Änderungsrate der Umlaufgeschwindigkeit des Geldes, die sich wie eine Ausweitung der Geldmenge auswirkt.

Die Kritik des Kreditgewerbes an der Ableitung des Geldmengenziels aus einer als unvermeidlich angesehenen Preissteigerungsrate mit der Begründung, die Bundesbank solle durch ihre Geldpolitik doch gerade eine Anhebung des Preisniveaus verhindern, beweist, daß die Bundesbank mit ihren Prognosen, aus denen sie das Geldmengenziel synthetisiert, unversehens in Gefahr gerät, eine Politik der »self-fulfilling prophecy« zu betreiben. Gesetzlich verpflichtet ist die Bundesbank nach eigener Einschätzung, die Preissteigerungsrate zur Wahrung der Geldwertstabilität auf Null zu halten oder zu drücken.

Der Sachverständigenrat hält solche Preissteigerungen für unvermeidlich, die »keine marktwirtschaftliche Stabilisierungsstrategie zu verhindern vermag, es sei denn, man nähme Beschäftigungsrisiken in Kauf, die von der Gesellschaft als untragbar beurteilt werden«.[119]

Ob die Bundesbank mit diesem sibyllinischen Votum etwas anzufangen weiß? Ab welcher Grenze werden von der Gesellschaft Beschäftigungsrisiken als untragbar beurteilt? Es ist auch nicht zu widerlegen, daß etwas unvermeidlich ist, wenn man es nicht verhindern kann. Der Erkenntniszugewinn fällt nicht allzu üppig aus, solange unklar bleibt, warum Preissteigerungen einer bestimmten Größenordnung nicht beeinflußbar sind.

Wenn nach Analyse der Wirtschaftsdaten die Bundesbank zu dem Schluß gelangt, eine Preissteigerungsrate von zwei Prozent könne für das kommende Jahr nicht unterschritten werden, bestimmt das ohne Zweifel das Verhalten der Wirtschaftssubjekte und kann dazu beitragen, daß die Inflationsrate noch höher ausfällt als angenommen. Wie die Bundesbank aus diesem Dilemma herauskommen soll, sagt aber auch die Gemeinschaft zum Schutz der deutschen Sparer nicht. Die Geldakrobaten sind ziemlich ratlos in der Zirkuskuppel. »The broad M3 measure is racing away. Exactly why is not so clear.«[120]

Die verzweifelten Versuche der Bundesbank, das Wachstum der Geldmenge, gemessen am Geldmengenaggregat M3, zu steuern, belegen die Kalamitäten exemplarisch. Daß sich die Kreditgewährung der Banken und damit deren Geldschöpfung mit den Mitteln der Bundesbank kaum beeinflussen läßt, ist die herbe Enttäuschung, die der Zentralbankrat zur Kenntnis nehmen muß. Die Erfahrung lehrt, daß die Zinsforderungen der Banken, deren Höhe die Kreditnachfrage bestimmt, nicht unmittelbar abhängig sind von der Höhe der sogenannten Leitzinsen, die die Bundesbank festsetzt. Abgesehen davon reagiert die Kreditnachfrage auf Zinserhöhungen unter bestimmten Umständen nur begrenzt oder überhaupt nicht, weil diese in den Preisen auf die Endverbraucher überwälzt werden. Dann läuft die Zinspolitik der Bundesbank leer und wirkt eventuell sogar kontraproduktiv, weil sie die Inflation nicht dämpft, sondern anheizt. Denn auch Zinserhöhungen können inflationäre Wirkungen (interest rate-push inflation) haben.[121]

»Viele haben sich schon gewundert über die Tatsache, daß die Bundesbank ihre Geldmenge M3, die sozusagen als stabilitätspolitische Vogelscheuche dient, dadurch selbst ausweitet, daß sie die kurzfristigen Zinsen auf Rekordhöhe treibt und damit die Anleger aus dem Kapitalmarkt in kurzfristige Papiere lockt, die Bestandteile von M3 sind. M3, von der Bank selber aufgebläht, ist schon gar kein Maßstab für Inflationspotential mehr.« Zu diesem harschen Urteil kam Claus Noé, als die Bundesbank im Jahr 1992 die Hochzinspolitik verschärfte, um die Inflation zu dämpfen.[122]

Mit dieser Kritik blieb Noé nicht allein. Von vielen Seiten wurden Bedenken laut, ob die Geldpolitik der Bundesbank geeignet sei, das Verhalten von Anlegern und Kreditnehmern zu steuern, um den Preisauftrieb zu dämpfen.[123] Das Deutsche Institut für Wirtschaftsforschung (DIW) ließ verlauten, »konjunkturelle Impulse könnten nur von der Geldpolitik« ausgehen, und erklärte, eine Senkung des Zinsniveaus beschleunige nicht den Preisauftrieb, da sich der Anstieg der Lohnstückkosten deutlich verlangsamen werde.[124]

Auf diese Vorhaltungen erwiderte die Bundesbank kühl, daß die Geldpolitik »jedenfalls nicht auf Dauer mehreren Zielen gleichzeitig dienen könne«. Sie warnte davor, daß die Geldpolitik mit einem »Spagat« zwangsläufig überfordert werde, und verwies auf das abschreckende Beispiel von Ländern, die sich an einem Wechselkursziel orientierten, aber gleichzeitig der konjunkturellen Schwächetendenz durch Lockerungsmaßnahmen entgegenwirken wollten.[125] Sie verwies auch mit Recht darauf, daß der für Investitionen normalerweise maßgebliche Kapitalmarktzins auf einem sehr niedrigen Niveau angekommen sei und sich damit die Fremdmittelbeschaffung für die deutsche Wirtschaft deutlich verbilligt habe. Der Tendenz, wegen der zeitweise stark erhöhten Zinsen »am kurzen Ende« verfügbare Finanzmittel nicht in der »Realwirtschaft« zu investieren, sondern in kurzfristigen Geldern zu stationieren, hat die Bundesbank durch eine stufenweise Zinssenkung zwecks »Normalisierung« der Zinsstruktur entgegengewirkt.

Gescheitert ist die Bundesbank mit dem Versuch, das Anwachsen der Geldmenge innerhalb des von ihr anvisierten Zielkorridors zu halten. Statt des »geplanten« Wachstums des Geldmengenaggregats M3 innerhalb eines Zielkorridors von 3,5 bis 5,5 Prozent expandierte die Geldmenge M3 1992 mit einer Steigerungsrate gegenüber dem Vorjahr in Höhe von 9,4 Prozent.

Das Geldmengenziel wurde damit stärker übertroffen als jemals zuvor. Auch im Jahr 1993 wurde das Geldmengenziel mit einer Zuwachsrate von 7,4 Prozent erheblich überschritten. Anfang 1994 hat sich das Wachstum der Geldmenge M3 wiederum deutlich beschleunigt und wird – bei einem im Jahresverlauf unveränderten Expansionstempo – eine Jahresrate von 15,4 Prozent (!) erreichen.

Neue Grundlagen

Für unsere Grundfrage, wie die Natur in wirtschaftlichen Entscheidungen vorkommt, sind diese Schwierigkeiten bei der Festlegung eines Geldmengenziels im Grunde nebensächlich. Für unsere Zwecke genügt es vorerst zu untersuchen, was vernünftigerweise als Produktionspotential, das in Relation zur Geldmenge und damit zum Geldwert gesetzt wird, einbezogen werden kann. Als Produktionspotential gilt nach gängiger Definition die gesamtwirtschaftliche Produktion, die bei Vollbeschäftigung aller volkswirtschaftlichen Produktionsfaktoren hergestellt werden könnte.[126]

Was sind nun Produktionsfaktoren? Als Produktionsfaktoren werden die zur Produktion verwendeten Güter materieller und immaterieller Art bezeichnet, deren Einsatz für das Hervorbringen anderer wirtschaftlicher Güter aus technischen oder wirtschaftlichen Gründen notwendig ist.[127] Die Volkswirtschaftslehre rechnet dabei Vorleistungen, verstanden als Wert der während eines Zeitraums verkauften, nicht dauerhaften Produktionsgüter, die im gleichen Zeitraum im Produktionsprozeß eingesetzt werden und dabei untergehen, nicht zu den Produktionsfaktoren. In der klassischen Volkswirtschaftslehre gehören zu den Produktionsfaktoren in dem beschriebenen Sinne Arbeit, Boden und Kapital.

Böhm-Bawerk und seine Schule unterscheiden zwischen zwei originären Produktionsfaktoren, Boden und Arbeit, und dem derivativen Produktionsfaktor Kapital. Was die Bundesbank und die Geschäftsbanken unter Produktionsfaktoren einordnen, weiß ich nicht; allem Anschein nach auf keinen Fall die Natur. Das ist an der Wirklichkeit vorbeigedacht. Jede menschliche Produktion ist auf die Natur angewiesen. Die Natur ist ein elementarer und umfassender Produktionsfaktor, dessen Notwendigkeit in dieser Allgemeinheit genauso selbstverständlich anerkannt werden muß wie der Produktionsfaktor Boden für die Nahrungsmittelherstellung.

Hans Immler hat in seinem Buch »Vom Wert der Natur« dazu folgende These aufgestellt: »*Alle* ökonomischen Werte werden von der Natur, einschließlich der menschlichen Natur und ihrer Arbeitskraft, erzeugt. Insbesondere resultieren alle Tauschwerte ... aus Produkten der Natur. Damit soll nicht nur gesagt werden, daß Natur in ganz allgemeiner Weise eine Voraussetzung für die ökonomische Wertbildung darstellt, sondern daß jeder Tauschwert ... hinsichtlich seiner Substanz ausschließlich von der Natur gebildet wird. Alle Erklärungen der ökonomischen Wertbildung, die als Ursache und Quelle des Werts einen anderen Faktor als die Natur anführen, verkennen entweder die Ableitung dieser Faktoren aus der Natur oder aber, soweit die Unabhängigkeit eines wertbildenden Faktors behauptet wird, leugnen sie die zugrundeliegende Wertproduktivität der Natur.«

Seine zweite These lautet: »Alle ökonomische Wertbildung der Industriegesellschaften wird zwar durch die Produktivität der Natur hervorgebracht, aber nicht alle Naturproduktivität wird von der tauschwirtschaftlichen Rationalität erfaßt.«[128]

Wir müssen nicht so weit gehen wie Immler, der auch die menschliche Arbeit als Teil der Natur ansieht. Wer, wie Immler, einen sehr umfassenden Naturbegriff bevorzugt, kann die «innere Natur« des Menschen, die ihn zur Arbeit befähigt, als Teil der gesamten Natur verstehen. Der Mensch ist Teil der Natur. Aber das, was mit der Arbeit aus dem Innern des Menschen in die Natur hineinwirkt, kann nicht einfach als Naturprozeß begriffen werden. Mindestens dieses Mißverständnis könnte bei dem weiten Naturbegriff von Immler entstehen. Freilich könnte behauptet werden, Arbeit sei eine natürliche Lebensäußerung des Menschen. So wie die Vögel ihre Nester bauen, die Biber einen Damm errichten und der Maulwurf seine Gänge gräbt, so arbeite der Mensch von Natur aus, um sich am Leben zu erhalten, selbst wenn er »nur« eine Arbeit verrichtet, um die Natur für sich »arbeiten« zu lassen.

Sprachgeschichtlich scheint das Wort Arbeit auf einen Sinnzusammenhang mit Mühsal und Sklavendiensten hinzudeuten. In der Arbeit nach modernem Verständnis vollzieht sich für den Menschen jedenfalls weitaus mehr als die bloße Äußerung von instinktiven Lebensbedürfnissen. Er arbeitet an und in der Natur und zugleich an sich selbst. Für Koslowski ist es eine Horrorvision, daß die Menschen ein Dasein ohne Arbeit fristen müssen. Arbeit ist nach Auffassung von Koslowski Voraus-setzung und Inhalt der Kultur.[129] Das ist das Gegenteil von entfremdeter und sinnentleerter Arbeit. Die Befreiung von Arbeit kann demnach nicht das Ziel sein, sondern nur deren Sinngebung und die Aufhebung der Entfremdung.

Was des Menschen Aufgabe auf dem Planeten Erde, was der Sinn seines Lebens ist, darüber haben Philosophen und Theologen wechselnde Auskünfte erteilt. Menschenbilder haben sich ausgeprägt und sind wieder vergangen. Zu sich selbst gekommen ist der Mensch in der Geschichte noch nicht, behaupte ich. Seine Erkenntnisarbeit ist unvollendet, aber auch die an der »sozialen Skulptur« (Beuys). Ob Arbeit eine unausgesetzt ernste Angelegenheit sein muß – Peter Koslowski nennt Arbeit die »ernste, planende, verwirklichende und verantwortliche Auseinandersetzung mit der Natur«[130] –, ist nicht ausgemacht. Mit sich identisch wird der Mensch in der Arbeit erst wieder sein, wenn er in ihr bei wachem Bewußtsein einen Zustand erreicht, wie wir ihn in der vollkommenen Hingabe eines Kindes beim Spiel beobachten können.

Die gesellschaftliche Organisation der Arbeit ist heute noch weit entfernt, die kulturelle und geistige Dimension der Arbeit zur Entfaltung zu bringen. Die Würde des Menschen als geistiges Wesen wird in der gesellschaftlichen Organisation der Arbeit keineswegs anerkannt. Sonst wäre es undenkbar, daß die Arbeitskraft als Ware behandelt wird. Der Zusammenbruch der stalinistisch-leninistischen Staatsstrukturen hat an der Richtigkeit der Erkenntnis von Karl Marx in dieser Frage nichts geändert.

Ist es erlaubt, im Kontext von Produktionsfaktoren darüber zu reden, daß der Mensch als geistiges Wesen sich in der Arbeit konstituiert, sich selbst verwirklicht, ein leider inzwischen durch Übernutzung fast nur noch zum Spott verwendbares Wort? Die Routine hat die Politik schon so abgeschliffen, daß die Lautsprecheranlage des Deutschen Bundestages die Parlamentarier zwar hin und wieder zu einer Morgenandacht vor Sitzungsbeginn einlädt, die Politikerinnen und Politiker in ihren seltenen Mußestunden sich vielleicht sogar mit philosophischen Werken oder der Bibel beschäftigen, aber die gelegentliche Besinnungspause bleibt beziehungslos, irreal und unlebendig; es gibt keine Brücke zwischen dem politischen Alltag und den philosophischen Vorstellungen oder den religiösen Glaubensüberzeugungen. Viele Politiker nennen sich Christen. Sie werden deshalb zu Recht oft zur Rede gestellt, ob sie sich in ihrer politischen Praxis im Einklang mit der christlichen Ethik befinden.

Sofern Arbeit das Hineinwirken des Geistes in die Natur ist, ist Geist ein »Produktionsfaktor«, den wir jedoch, damit uns nicht schwindlig zumute wird, nicht monetarisieren wollen. Oder vielleicht doch: als Humankapital? Das Wort Geist, zu konkret, ist sowieso manchen nicht geheuer. Sie wittern Spiritismus und Okkultismus, mindestens diagnostizieren sie einen vernebelten Verstand. Insgeheim halten viele Geist für eine komplizierte Ausdünstung der Materie, das Gehirn für einen hochentwickelten Supercomputer, der technisch so ausgereift ist, daß er seine Software selbst hervorbringt. Lassen wir es damit an dieser Stelle sein Bewenden haben, damit wir uns nicht zu weit von den Produktionsfaktoren entfernen.

Der Gemeinschaft zum Schutz der deutschen Sparer und jeder andere, der um sein sauer verdientes Geld bangt, das er in Geldvermögen angelegt hat, wird es als Zumutung und absurde Vorstellung zurückweisen, den Geldwert an das Überleben einer bestimmten Schmetterlingsart zu koppeln. Den ästhetischen Verlust, der mit dem unwiederbringlichen Verschwinden der Schmetterlingsart eintritt, werden die meisten bedauern, aber kaum einsehen, daß etwas damit auszurichten wäre, wenn der Geldwert ihres Bausparguthabens darunter leidet. Die Vermengung ökologischer und ökonomischer Bewertungen über das Geld wird zunächst auf wenig Wohlgefallen stoßen. Geld ist aber exakt das Medium, in dem sich der Naturverlust, der durch die Wirtschaft verursacht wurde, in diese rückkoppeln läßt.

Die Wirtschaft einschließlich der Geldvermögensbesitzer und des Bankgewerbes wird sich durch Effizienzsteigerung an der richtigen Stelle und Veränderung der wirtschaftlichen und finanziellen Strategie sehr rasch anpassen, wenn der Geldwert in Beziehung zur Reproduktionsfähigkeit des Produktionsfaktors Natur gesetzt wird.

Andere werden einwenden, das sei theoretisch eventuell überlegenswert, praktisch jedoch undurchführbar. Denn nach welchen Kriterien und Maßstäben und von wem solle festgestellt werden, ob sich die Produktionskapazität der Natur, soweit sie für die Wirtschaft überhaupt relevant und von ihr beeinflußt werde, verringert oder vergrößert habe? Bewertungen des Produktionsfaktors Natur seien zudem fiktiv. Die Naturprozesse seien ständigen Veränderungen unterworfen. Das für den Menschen nutzbare Produktionspotential der Natur werde oft genug von ihr selbst zerstört; könne ein Gebiet infolge eines Vulkanausbruchs nicht mehr landwirtschaftlich oder zur Besiedlung genutzt werden, sei der Wert des Produktionsfaktors Natur gesunken; davon könne keinesfalls der Geldwert abhängig gemacht werden.

So groß die Schwierigkeiten einer praktischen Umsetzung sein mögen, unüberwindbar sind sie nicht. Wenn bei der gängigen Bewertung von Produktionspotentialen Produktionskapazitäten nicht mehr vorhanden sind, weil sie durch außerwirtschaftliche Ereignisse, was man gemeinhin »höhere (!) Gewalt« nennt, nicht mehr zur Verfügung stehen, muß das bei der Bewertung ebenso berücksichtigt werden wie die durch wirtschaftliche Betätigung herbeigeführte Veränderung. Nichts anderes gilt für die Natur. Kann ein Gebiet infolge eines Vulkanausbruchs nicht mehr landwirtschaftlich genutzt werden, hat sich das Produktionspotential der Natur verringert; aber auch dann, wenn ein Urwaldgebiet in Brand gerät und die für die Absorption von CO_2 erforderliche Biomasse erheblich reduziert wird. Selbst die Belastung der Atmosphäre mit den Eruptionsmaterialien des Vulkans kann das Produktionspotential der Natur beeinträchtigen.

Alles das hat unmittelbar oder mittelbar Folgen für die Gesamtwirtschaft. Am einfachsten ergibt sich das bei der Zerstörung von landwirtschaftlichen Anbauflächen. Der damit verbundene Ernteausfall vermindert das Angebot an landwirtschaftlichen Produkten und führt logischerweise zu einem Preisauftrieb (demand-pull-inflation). Bei einem CO_2-Anstieg in der Atmosphäre durch eine Naturkatastrophe muß mit angemessenen Mitteln dafür gesorgt werden, daß die CO_2-Emissionen durch die Industrie abgesenkt werden. Das kostet Geld, verteuert die Preise und wirkt inflationär.

Wir würden den Zentralbankrat und die Deutsche Bundesbank und selbst das Umweltbundesamt hoffnungslos überfordern, wenn Jahr für Jahr alle Naturprozesse bilanziert werden müßten und herausgefunden werden sollte, in welchem Umfang die Reproduktionsfähigkeit der Natur gelitten hat oder nicht. Das ist aber auch weder nötig noch sinnvoll. Es reicht aus, wenn eine bestimmte Anzahl von Indikatoren gesammelt und ausgewertet werden, die den Stand des Kapitalstocks der Natur widerspiegeln. Wenn beispielsweise Ableitungen von Öko-Margen im Sinne der projektierten Ökologischen Gesamtrechnung zur Verfügung stehen, wäre das vermutlich ausreichend, um eine Einschätzung des Produktionsfaktors Natur und eine Prognose vornehmen zu können. Selbstverständlich wird es keine leichte Aufgabe sein, die einzelnen Sachverhalte zu gewichten und zu interpretieren, um zu einer realitätsnahen und operablen Aussage über den Zustand des Produktionsfaktors Natur zu gelangen. Ökologisch-ökonomischer Sachverstand wird sicherlich von Nutzen sein. Er müßte nur im Zentralbankrat auch vertreten sein. Wir müßten uns dann dazu durchringen, statt abgehalfterter Politiker kompetente Persönlichkeiten wie Ernst Ulrich von Weizsäcker, Lutz Wicke, Christian Leipert und Frank Dorow in den Zentralbankrat zu berufen.

Den Zugang zu diesem Gedankengang könnte es auch erleichtern, wenn wir uns noch einmal vergewissern, wie die Bundesbank bei der Festlegung ihrer geldpolitischen Zwischenziele verfährt. Erstaunlicherweise stellt sich heraus, daß sie mit *»normativen«* Vorgaben arbeitet. Nikolaus K. A. Läufer erläutert die Vorgehensweise so: »Die Bundesbank schätzt die Kassenhaltungsproportion und multipliziert sie mit einer normativen Vorgabe für das nominelle Sozialprodukt. Durch Multiplikation der beiden Schätzungen erhält sie eine normative Prognose oder Schätzung des Geldnachfragevolumens. Diese Schätzung erhebt die Bundesbank zur geldpolitischen Zielsetzung.« Und er fährt fort: »Von besonderer Bedeutung für die Geldwertstabilität ist die normative Vorgabe für das nominelle Sozialprodukt. Sie ist keine Schätzung oder Prognose des tatsächlichen Sozialproduktes. Sie ist vielmehr der Wert des nominellen Sozialproduktes, den die Bundesbank von der Geldangebotsseite her geldpolitisch *ermöglichen will* (unter Inkaufnahme einer von der Bundesbank nicht mehr für änderbar gehaltenen Inflationsrate).« (Hervorhebung durch den Verf.)[131]

Bei dem, was sie »ermöglichen will« und in einer »normativen Vorgabe« formuliert, orientiert sich die Bundesbank »auf der realen Seite« am Produktionspotential der Wirtschaft. Was sollte sie hindern, die sehr reale Seite der Natur bei der Abschätzung des Produktionspotentials der Wirtschaft zu berücksichtigen?

Einen Haken hat die Sache dennoch, den wir bisher stillschweigend übergangen haben... Unterstellt, es funktioniert alles prächtig, ein Top-Ökologe erhält gut aufbereitetes Zahlenmaterial und kann das Produktionspotential der Natur korrekt darstellen, was ist dann die »optimale Geldmenge«, bzw. wie soll die Geldpolitik dann agieren? Soll die Bundesbank Geld aus dem Markt nehmen, soweit sie das kann? Darf sie die Konjunktur abwürgen, weil der Produktionsfaktor Natur geschrumpft ist? Dann trifft sie eventuell auch die Umweltindustrie, die dafür sorgen soll, daß die ökologisch-technischen Innovationen vorankommen, damit sich Umweltverbrauch reduziert. Die Bundesbank tariert im Idealfall das Wachstum der Geldmenge so aus, daß sich ein ungefährdetes Gleichgewicht zwischen dem durch die Produktionskapazitäten limitierten Angebot an Waren und Dienstleistungen und der mittels Geld am Markt präsenten Nachfrage ergibt. Produktionspotential definiert die Bundesbank als »Angebotsmöglichkeiten«.[132] Ihre Voraussage, mit welchem Waren- und Dienstleistungsangebot zu rechnen ist, stützt sie auf Informationen über den Auslastungsgrad der vorhandenen und hinzukommenden Produktionskapazitäten, aber auch auf die Verfügbarkeit einer ausreichenden Zahl von Facharbeitskräften. Bei Prüfung des Produktionspotentials der Bauwirtschaft taucht jedoch ganz nebenbei ein Naturfaktor auf, der in der Tat für die Ausnutzung der Produktionskapazitäten des Baugewerbes wichtig ist, der »milde Winter«.[133]

Das Baugewerbe ist jedoch nicht der einzige Wirtschaftszweig, der wetterempfindlich ist. In einer internen Studie hat der Britische Wetterdienst die Wetterempfindlichkeit bestimmter Wirtschaftsbranchen in Maßzahlen dargestellt, die aus dem Verhältnis zwischen Wetterschwankungen von Jahr zu Jahr und dem Durchschnittswert der Bruttoproduktion errechnet wurden. Für die Landwirtschaft ergab sich eine Maßzahl von 30 Prozent, für Verkehr und Kommunikation 20 Prozent, für das Baugewerbe 15 Prozent, 10 Prozent für den Einzelhandel, 4,3 Prozent für Dienstleistungen, 3 Prozent für Verhüttung und Verfahrenstechnik und 2 Prozent für staatlich gestützte Dienstleistungen.[134]

Wir haben uns in der Vergangenheit widerstrebend an die Vorstellung gewöhnen müssen, daß ein höherer Energieverbrauch den Geldwert sinken läßt und ein sparsamer Umgang mit Energie den Geldwert stabilisiert. Weil Energiepreise in aller Regel auf eine Vielzahl anderer Preise von Investitions- und Konsumgütern durchschlagen, sind ihre Auswirkungen auf das allgemeine Preisniveau und damit auf die Geldwertstabilität bekanntlich nicht unbedeutend. Ist bei steigender Nachfrage das Energieangebot knapp, und reagiert der Markt ausschließlich mit erhöhten Preisen, fällt der Geldwert. Paßt sich der Markt dem verknappten Angebot und der steigenden Nachfrage nach Energie durch vermehrtes Angebot von Energiespartechnik an, wandelt sich die Nachfrage nach Energie in Nachfrage nach Energiespartechnik, sofern das Angebot an Energiespartechnik dem Preiswettbewerb mit dem verteuerten Energieangebot gewachsen ist. Der Geldwert bleibt in diesem Fall annähernd stabil. Oder anders ausgedrückt, der Preis für die Energiedienstleistung bleibt in dieser Konstellation konstant, weil es für den Kunden, der eine Energiedienstleistung braucht, unter wirtschaftlichen Gesichtspunkten gleichgültig ist, ob die Energiedienstleistung durch vermehrten Primärenergieeinsatz oder durch Einsparung von Primärenergie zustande kommt, wenn er für den Einkauf von Energiespartechnik nicht mehr zu bezahlen hat als für den Einkauf des analogen Quantums an Energierohstoff. Die von der OPEC seinerzeit aus marktstrategischen Gründen vorgenommene Verknappung der Erdöllieferungen bei gleichzeitiger deutlicher Heraufsetzung der Preise und die dadurch induzierte Mobilisierung vieler technischer und wirtschaftlicher Innovationen der Industrie zum Energiesparen erbrachten einen unschätzbaren ökologischen und ökonomischen Doppelnutzen. Die Wettbewerbsfähigkeit der Wirtschaft wurde gestärkt, weil bei hohen Energiepreisen Energiespartechnik weltweit gefragt ist. Ressourcen wurden geschont, weil der Energieverbrauch eingeschränkt wurde. Die Belastung der Umwelt durch Energieverbrauch wurde verringert, weil weniger Schadstoffe emittiert wurden. Der Preisauftrieb für Erdöl wurde gedämpft, was den armen Ländern zugute kam, die bei weiter steigenden Erdölpreisen auf Energieverbrauchsformen ausweichen, die erst recht zu großen ökonomischen und ökologischen Schäden führen (Abholzen von Wäldern, Verbrennen von Rindermist, der zur Düngung benötigt wird).

Der gesamte Verlauf der Erdölkrise, wie sie damals genannt wurde, scheint ein Beweis zu sein, daß das marktwirtschaftliche System quasi aus sich heraus die ökologisch-ökonomische Erneuerung hervorbringt. Ohne die enorme Anpassungsleistung der deutschen Wirtschaft in Frage stellen zu wollen, darf nicht übersehen werden, daß der Innovationsprozeß dadurch in Gang kam, daß ein Kartell, die OPEC, einen politischen Preis für das Erdöl festgelegt hat, um eine für die Erdöllieferländer günstigere weltweite Einkommensverteilung durchzusetzen.

Ob die erreichte Änderung der Einkommensverteilung zugunsten der Erdölförderländer gerecht war, wollen wir nicht näher untersuchen. Im Verhältnis zu den Industriestaaten kann das kaum bezweifelt werden, im Verhältnis zu den Entwicklungsländern muß es bezweifelt werden, abgesehen davon, daß die Verteilung des Einkommenszuwachses innerhalb der arabischen Bevölkerung fragwürdig war. Im übrigen ging die Rechnung der führenden OPEC-Staaten nicht ganz auf, weil sich die erhöhten Einnahmen infolge des durch sie hervorgerufenen Inflationsschubes teilweise als Geldillusion entpuppten, weil sie außerdem die erworbenen Gelder nicht bei sich zu Hause im Sand einbuddeln konnten, sondern wieder an der Kasse der Banken in den Industriestaaten abliefern mußten, wenn es ihnen etwas nutzen sollte, und weil die Industriestaaten die erhöhten Preise nicht einfach absorbierten, sondern durch Erschließung eigener Energiequellen und drastische Energiesparmaßnahmen die Nachfrage nach Erdöl aus dem OPEC-Bereich drosselten und damit den Käufermarkt wiederherstellten. Genaugenommen ist die insgesamt positive Entwicklung, die mit der Erdölkrise begann, durch eine nicht marktkonforme politische Entscheidung ausgelöst worden und später durch die Marktgesetze wieder zum Stillstand gekommen, denn die vom Markt – oder, laut Massarrat, im »Dualsystem« durch politische Intervention – erzwungene Rückführung des Erdölpreises hat auch die Innovationskräfte auf dem Gebiet des Energiesparens erlahmen lassen.

Nach Immler ist »das *produzierende Naturvermögen* die Schlüsselkategorie einer ökonomisch-ökologischen Gesamtrechnung«. Dem Einwand, diese Kategorie sei operationell unzureichend, begegnet er mit dem Hinweis, daß »jede Approximation an diese zugegebenermaßen schwierige Größe besser und vernünftiger ist als ein operationeller Begriff, der mit Sicherheit falsch ist«, und daß »das mangelnde industrielle Verständnis der Kategorie ›Naturvermögen‹ nicht die Folge einer Natur ist, die sich nicht begreifen läßt, sondern einer Ökonomie, die von ihr nichts wissen will«.

Es wäre aber ein Irrtum anzunehmen, daß die Übersetzung von Naturwerten in Geldwerte unmittelbar von der Bundesbank vorgenommen werden könnte. Sie kann nicht als oberste Preisbehörde für den Umweltverbrauch fungieren. Naturwerte können in der Geldpolitik der Bundesbank nur dann eine Bedeutung gewinnen, wenn sie zuvor vom Staat in Geldwerte transformiert worden sind und damit die »Angebotsmöglichkeiten« der Wirtschaft begrenzen. Diese Aufgabe sollte einem unabhängigen Umweltbundesamt übertragen werden, das den Öko-Zins für die knappe Ressource Natur festlegt – so wie die Bundesbank den Zins für die knappe Ressource Geld vorgibt.[135]

Unterstellt, daß in Zukunft entweder vermittelt über monetäre Faktoren oder unmittelbar ökologische Kriterien in Angebot und Nachfrage auf dem Markt verstärkt wirksam werden, wird das die Rahmenbedingungen für die Wirtschaft grundlegend verändern. Die Geldpolitik, die ja der Wirtschaft Signale geben will[136], müßte sich darauf einrichten; die »potentialorientierte Geldstrategie« dürfte künftig den Produktionsfaktor »Natur« nicht mehr vernachlässigen.

Ich gebe zu, daß das allen unseren Gewohnheiten zuwiderläuft. Es wird den Geldstrategen nicht geheuer sein, aber es wird auch den Naturschützern nicht gefallen, die die Natur gerade nicht im schnöden Mammon zu Markte tragen wollen. Vielleicht fällt das Verdikt noch schärfer aus. Auf den ersten und wahrscheinlich ebenso auf den zweiten Blick ist es eine abstruse Vorstellung, der Geldpolitik eine ökologische Komponente einverleiben zu wollen. Der mit so vielen Unsicherheiten befrachteten Geldpolitik noch zusätzlich Einschätzungen aufzutragen, wie die wirtschaftliche Entwicklung unter Beachtung der Tragfähigkeit des »Naturkapitals« verlaufen könnte, wird nicht willkommen sein. Die »Natur« paßt nicht in die hergebrachte Systematik geldpolitischer Strategien.

Das ist insofern richtig, als die herkömmliche Geldpolitik – stillschweigend oder ausdrücklich – auf das Wirtschaftsziel »Wachstum« verpflichtet ist und die Geldversorgung nicht zuletzt dazu dienen soll, das Produktionspotential auszuweiten. Die Wirtschaft floriert, wenn die Produktionskapazitäten ausgelastet sind, wenn sie erweitert werden und wenn die steigende Produktion durch entsprechend steigende Nachfrage vom Markt aufgenommen wird. Wird die Natur als Wirtschaftsfaktor eingeführt, müßte ein gegenläufiger Prozeß in Betracht gezogen werden. Die Nutzung der Natur als Produktionspotential soll in einer ökologisch orientierten Wirtschaft entsprechend dem Prinzip des »sustainable development« nicht beständig ausgeweitet, sondern im Gegenteil kontinuierlich eingeschränkt werden. Eine qualitätsblinde Nachfragesteigerung soll vermieden werden. In jeder Hinsicht systemfremd muß das aber keineswegs sein. Denn auch bisher gab es Produktivitätszuwächse durch Rohstoff- und Energieeinsparungen in der Wirtschaft, die die Umwelt entlasten und zugleich die volkswirtschaftliche Erfolgsrechnung verbessert haben.

Komplizierter ist der Zusammenhang zwischen Steigerung der Arbeitsproduktivität, Wirtschaftswachstum, Geldwertstabilität und Vollbeschäftigung. Es wird Arbeit eingespart, weil sie teuer ist, betriebswirtschaftlich wird dadurch die Rendite und damit die Angebotsseite der Wirtschaft verbessert; volkswirtschaftlich erwünscht ist die Freisetzung von Arbeitskräften dennoch nicht, weil sie mit erheblichen materiellen und immateriellen Folgekosten verbunden ist und mit dem Wirtschaftsziel Vollbeschäftigung kollidiert. Außerdem kann durch Abbau von Arbeitsplätzen Nachfrage auf dem Markt verlorengehen, die durch Lohnsteigerungen oder Transferzahlungen ausgeglichen werden muß. Zugewinne an Arbeitsproduktivität müssen deshalb, wenn keine volkswirtschaftlichen Störungen auftreten sollen, umverteilt werden, sei es durch Einkommenszuwächse, sei es durch Arbeitszeitverkürzungen oder durch Schenkungen in den Kulturbereich. Schließlich gibt es vermeintlich einen Zielkonflikt zwischen Geldwertstabilität und Vollbeschäftigung.[137]

Alle geldpolitischen Strategien treffen sich darin, daß die Funktionsfähigkeit der Währung erhalten bleiben soll.[138] Die Geldpolitik soll dafür sorgen, daß die Geldfunktionen funktionieren.[139]

Welche geldpolitische Strategie zur Erreichung monetärer Stabilität die günstigste ist, kann nicht allgemein, sondern nur im Zusammenhang mit den jeweiligen Rahmenbedingungen entschieden werden.[140]

Schaal nennt vier Bereiche, mit denen die Geldpolitik abgestimmt werden muß:

- Verhaltensweisen der Wirtschaftssubjekte,
- Koordinationsgrad der Finanzpolitik mit der Geldpolitik,
- Koordinationsgrad der Einkommens- und Verteilungspolitik mit der Geldpolitik,
- der Grad der internationalen Verflechtung der Volkswirtschaft in Verbindung mit dem Wechselkursregime.[141]

Wenn veränderte Verhaltensweisen der Wirtschaftssubjekte für die Geldpolitik eine Rolle spielen, wäre es eine Untersuchung wert, ob das nicht auch für ökologisch motivierte Verhaltensmuster gelten kann und ob bzw. wie die Geldpolitik darauf einzugehen hat.

Weitaus wichtiger ist der »Koordinationsgrad der Finanzpolitik mit der Geldpolitik«. Er ist nach Schaal »entscheidend für den Erfolg geldpolitischer Maßnahmen und der geldpolitischen Strategie«. Das beruht darauf, daß »der Staat ein autonomer Geldanbieter ist, der durch seine Einnahmen-, Ausgaben- und Verschuldungspolitik sowie durch seine Kassentransaktionen die Geldmenge unmittelbar verändert«.[142]

Selbstverständlich ist der Einfluß der Finanzpolitik auf die Geldmenge und die gesamtwirtschaftliche Nachfrage um so größer, je höher die Staatsquote[143] ist. Die Notwendigkeit der Koordination von Finanzpolitik mit der Geldpolitik sieht Schaal vor allem dadurch begründet, daß »der Staat bestimmte politische (z. B. militärische Aufrüstung), wirtschaftspolitische (z. B. Verbesserung der Infrastruktur) oder sozialpolitische (z. B. höhere soziale Absicherung der nicht Arbeitswilligen) Ziele verfolgt«[144] und infolgedessen »autonome, gesetzlich festgeschriebene Staatsausgaben, die nicht den geldpolitischen Notwendigkeiten Rechnung tragen können«, entstehen.[145] Geld- und finanzpolitische Maßnahmen können sich ins Gehege kommen.

Auch Umweltschutzausgaben des Staates (ökologische Infrastruktur) können demnach in Widerspruch geraten zu den Stabilitätszielen der Geldpolitik. Werden wir tatsächlich mit der peinlichen Alternative konfrontiert, ob wir entweder die Natur oder den Geldwert vor die Hunde gehen lassen, sollte uns die Entscheidung nicht schwerfallen. Mindestens so extrem stellt sich die Frage praktisch nicht, graduell aber möglicherweise schon. Dann wird die Antwort schwieriger, weil die Wirtschaft von der Funktionsfähigkeit des Geldes abhängt und die Erhaltung der Umwelt in einer entwickelten Industriegesellschaft eine gutorganisierte Wirtschaft voraussetzt.

Aber nicht nur die Ausgabenpolitik des Staates kann zu den Stabilitätszielen der Geldpolitik in Widerspruch geraten, erst recht die Finanzpolitik des Staates auf der Einnahmenseite. Weil wir einen staatlich regulierten Preis für Umweltverbrauch für unumgänglich halten, können wir der Frage nicht ausweichen, ob damit nicht ein außergewöhnlicher Inflationsschub ausgelöst würde, der die Stabilität der deutschen Währung ernsthaft gefährden könnte. Nach ziemlich verbreiteter Ansicht gehört ein Öko-Zins zu den direkt staatlich administrierten Preisen, die inflationär wirken (können). Als Gründe dafür werden genannt, daß der Staat bei der

Festsetzung administrierter Preise eine Monopolstellung habe und daß demzufolge bei der Festlegung dieser Art von Preisen weder ein Wettbewerbsdruck noch ein Rationalisierungszwang ausgeübt werde.[146]

Ernst Ulrich von Weizsäcker versucht der Frage die Schärfe zu nehmen mit dem Hinweis darauf, daß die Größenordnung des Öko-Zinses (Ökosteuer) verhältnismäßig bescheiden sei und deshalb für die wirtschaftlichen und geldpolitischen Grunddaten kaum ins Gewicht falle.[147]

Müssen wir uns jedoch überhaupt auf eine Argumentation einlassen, die einen Gegensatz zwischen Geldwertstabilität und der Einführung eines Öko-Zinses sieht?

Es mag sein, daß der Geldwert sinkt, wenn künftig für Naturverbrauch ein Preis zu zahlen ist. Wer das beklagt, muß sich nur klar darüber werden, daß der scheinbar höhere Geldwert zuvor mit massiver Umweltzerstörung erkauft wurde, weil die Natur als »freies Gut« zum Nulltarif genutzt wurde. Bei Freilassung der Sklaven, die bis dahin ohne Entgelt gearbeitet hatten, entstanden ungewohnte, inflationswirksame Lohnkosten. Ist dadurch der Geldwert gesunken? Vorübergehend vielleicht; der Verlust an Geldwert wurde aber mehr als wettgemacht durch den »Zugewinn« an Menschenwürde. Auf die Dauer hat die Wirtschaft sowieso an Stärke zugenommen, weil die Verbesserung sozialer Standards entgegen allen Befürchtungen von Industriellen und Landadligen auch positive ökonomische Auswirkungen hatte.

Ähnlich werden sich ökonomische Anreize zur Erhöhung der Umweltproduktivität mittel- und langfristig gesamtwirtschaftlich positiv auswirken.

Selbst wenn das nicht der Fall wäre: Die Wirtschaft ist kein Selbstzweck. Oder doch?

Welches sind unsere Wirtschaftsziele?

Wohlstand für alle

Das war die Parole der fünfziger Jahre. Die soziale Marktwirtschaft hielt im großen und ganzen, was sie versprochen hatte. Das Ergebnis war »Wohlstand für die meisten«; für die wenigen, die im Nachkriegswestdeutschland zu kurz kamen, blieb der Trost, daß sie nicht verhungern mußten.

Das Elend außerhalb – der Hunger in Afrika, Asien und Südamerika – war kein Bilanzposten in der heimischen Wohlstandsrechnung und ist es auch heute nicht. Spaßverderber und Moraltheologen behaupten hartnäckig, unser Wohlstand sei zu einem nicht geringen Teil Frucht der Ausbeutung der sogenannten Entwicklungsländer. Für diese Behauptung gibt es einige oder viele Gründe von Fall zu Fall, verallgemeinern läßt sie sich nicht. Notleidend sind die Völker der Dritten und Vierten Welt mindestens auch deshalb, weil ihre politische Führung nicht selten korrupt oder unfähig oder beides ist; und weil sich der traditionelle Tribalismus in vielen Regionen als unerwartet zählebig erweist. Wieviel blanke Ausbeutung von seiten der Industriestaaten einschließlich der Bundesrepublik immer im Spiel gewesen sein mag, viele sogenannte Entwicklungsländer sind von Hause aus begütert und könnten aus eigener Kraft eine ertragreiche Wirtschaft aufbauen, wenn ihre Regierungen weniger Geld für persönlichen Luxus der Führungsschicht und sonstigen Unsinn, für Rüstung und Militär bis hin zu bewaffneten Auseinandersetzungen, ausgäben. Der Irak ist nicht das einzige Beispiel dafür, wie ein überaus reiches Land durch die Verbrechen und Dummheit eines Diktators zum Notstandsgebiet wird. Zur Exkulpation für die Versäumnisse und Fehler der Industriestaaten in ihren Wirtschaftsbeziehungen zu den Ländern der Dritten und Vierten Welt taugt das alles dennoch nicht.

Mittlerweile werden wir den Begriff des Wohlstandes auffrischen müssen. Der ökologische Aspekt darf nicht länger nur eine Verzierung sein. Ebenso muß die soziale Dimension dem wirtschaftlichen Handeln eine andere Richtung geben.

Wer sich nach dem »Sinn« der Wirtschaft erkundigt, gerät leicht in den Verdacht, er befürworte eine Neuauflage der »Kommando-Wirtschaft«, die so kläglich gescheitert sei. Der Wirtschaft könne nicht von einer außerwirtschaftlichen Institution, dem Staat, vorgegeben werden, was auf wirtschaftlichem Felde zu tun und zu lassen sei. Von Investitionslenkung oder sonstigem staatlichen Dirigismus wollen die Vertreter der reinen Marktwirtschaftslehre nichts wissen. Andere, vornehmlich Sozialdemokraten, wollen nicht alles dem freien Spiel der Kräfte auf dem Markt überlassen und bevorzugen ein Mischsystem, in dem der Staat interveniert, um Industriestandorte zu sichern oder einen Strukturwandel zu fördern.

Industrie- und Strukturpolitik in diesem Sinne hat es immer gegeben, mit wechselndem Erfolg. Das Wehgeschrei der Marktpropheten ist daher übertrieben, sollte aber gleichwohl nicht überhört werden, weil der Staat sich bei industrie- und strukturpolitischen Maßnahmen die größte Zurückhaltung auferlegen sollte, um dem Marktgeschehen nicht zu oft und zuviel in die Quere zu kommen.

Die Grundform der Wirtschaft ist die Kooperation. Sie verbindet Sachverstand und Erfahrungswissen der Wirtschaftssubjekte in so effizienter Weise, daß Dynamik und Flexibilität der Wirtschaft Wohlstand und Wohlbefinden zu erzeugen vermögen. Wer in die Gesichter der Menschen schaut, die in den Großstädten, in den Wirtschaftszentren unterwegs sind, wird kaum ein Zeichen von ausgeprägtem Wohlbefinden entdecken. Die Emsigkeit, die Hast, der Streß und die Depressionen in der Fertigwarenwelt hinterlassen Spuren, die im Gehen, wenn der Mensch sich nicht verstellt, deutlich sichtbar werden. Viele Menschen sind innerlich auf der Flucht, vor sich selbst, vor der Alltagsöde, vor der inneren Leere und der Zivilisationswüste. Das klingt scheußlich kulturpessimistisch, ist aber die bittere Wahrheit.

Worin die Menschen ihr Vergnügen und den Sinn ihres Lebens finden, kann weder Staat noch Wirtschaft verordnen, planen oder vorausbestimmen. Schaffen aber Wirtschaft und Staat nicht inhumane Zwänge, die die Menschen daran hindern, nach ihrer wahren Bestimmung oder nach dem, was sie dafür halten, zu leben?

Wirtschaft besteht in Wertschöpfung und Werteverzehr, beides vermittelt durch Geld. Der Begriff der Wertschöpfung ist unterdessen prekär geworden. Wenn bei der Wertschöpfung mehr Werte – ohne daß es innerhalb der einzel- oder gesamt-wirtschaftlichen Abrechnung bemerkt wird – zerstört als geschaffen werden, dann stimmt das Gefüge unserer ökonomischen Denk- und Handlungsmuster nicht mehr. »Die ›Wertschöpfung‹ und Produktivität moderner Industriegesellschaften gleicht deshalb mehr der Methode eines Bankräubers, der die geringen Kosten seiner Schweißgeräte mit den wesentlich größeren ›Gewinnen‹ bilanziert, die ihm als Beute beim Knacken von immer weiteren und reicher gefüllten Tresoren mit Naturvermögen zufallen ... Jeglicher Wertzuwachs ist immer gleichzeitig mit einem Wertzerfall verknüpft, was für uns jedoch nicht so sichtbar ist, weil die Wertminderung etwa durch eine nicht wahrgenommene Verwandlung von hochwertiger Energie – zum Beispiel elektrischer Energie oder chemischer Energie eines Brennstoffes – in minderwertige Wärmeenergie erfolgt.«[148]

Die Wirtschaft kann sich somit nicht allein auf sich selbst beziehen, sondern sie erhält ihr Profil aus der Kultur, genauso wie sie sich in die Rahmenbedingungen des Rechts einordnen muß. Sonst gerät die Wirtschaft außer Rand und Band. Dann wird ihr oberstes Gesetz, es muß mehr konsumiert werden, damit mehr produziert werden kann: Es muß mehr produziert werden, damit mehr Einkommen erzielt wird; es muß mehr Einkommen erzielt werden, damit mehr Steuern gezahlt werden können; es müssen mehr Steuern gezahlt werden, damit mehr konsumiert und produziert werden kann, und so weiter.

Bis in die jüngste Zeit ist Wirtschaftswachstum – allen Wachstumskritikern und allen Warnungen zum Trotz – immer noch die ritualisierte, abstrakte Zielgröße, auf die das wirtschaftliche und politische Denken und Handeln fixiert ist. Wirtschafts- und Finanzminister, die Bundesbank, die Gemeinschaft zum Schutz der deutschen Sparer, der Deutsche Industrie- und Handelstag, die Wirtschaftsverbände, die »Group of Seven« (kurz G 7 genannt, die Siebener-Gruppe, deren Mitglieder – USA, Japan, Deutschland, Frankreich, Großbritannien, Italien und Kanada – sich stolz führende Industrienationen nennen), sie alle stimmen unverdrossen und unisono stets aufs neue das hohe Lied vom Wirtschaftswachstum an. Der Jahreswirtschaftsbericht 1991 der Bundesregierung freute sich über »einen lang anhaltenden und breit angelegten Wachstumsprozeß«, über den »wesentlichen Wachstumsmotor« oder die »wichtige Wachstumsstütze« des privaten Verbrauchs, über »Wachstumsimpulse«, über »wirtschaftlichen Aufschwung« und »starke Auftriebskräfte« und erwartete frohgemut (für Westdeutschland) ein »anhaltendes Wirtschaftswachstum« für die Zukunft. Die ganzheitliche

Realität der Lebensprozesse unter Einbeziehung von Umwelt und Natur verschwindet hinter dem Blendwerk der Zahlen, mit denen die gesamtwirtschaftlichen Abläufe ausgerechnet werden.

Immerhin widmete der zitierte Jahreswirtschaftsbericht ein ganzes Kapitel auch dem Vorsatz, »Ökonomie und Ökologie zu versöhnen«. Dort rühmte sich die Bundesregierung ihrer »festen Überzeugung«, der sie »frühzeitig« (1985!) Ausdruck verliehen habe, daß zwischen Ökonomie und Ökologie kein Gegensatz bestehe, der Schutz der natürlichen Umwelt sei »integraler Bestandteil des Wachstumsziels«. In ihrer Auffassung sah sich die Bundesregierung durch den Sachverständigenrat bestätigt, der »angemessenes« wirtschaftliches Wachstum »nicht nur an der quantitativen Ausweitung der Einkommen, der Produktion und der wirtschaftlichen Leistungskraft messen« will, sondern glaubt, daß »auch die qualitative Verbesserung der natürlichen Lebens- und Produktionsgrundlagen« zum Wachstum gehört.

Wo freilich in den gesamtwirtschaftlichen Bilanzen Aussagen über die »qualitative Verbesserung« der natürlichen Lebens- und Produktionsgrundlagen – oder eher deren sich beschleunigende qualitative *und* quantitative *Verschlechterung* – zu finden sind, verrät uns weder die Bundesregierung noch der Sachverständigenrat. Die angebliche Bemühung um die Integration der Ökologie in die Ökonomie bleibt deklamatorisch, ein dünnes Alibi für das politische »business as usual«, von einigen lobenswerten, wenn auch äußerst zaghaften Ansätzen zur Nutzung marktwirtschaftlicher Instrumente für den Umweltschutz abgesehen. In der Literatur[149] ist längst nachgewiesen worden, daß sich die wirtschaftlichen Erfolgsrechnungen im wesentlichen nach Stromgrößen und nicht nach Bestandsgrößen orientieren. Sie vermitteln deshalb ein verfälschtes Bild der ökonomischen Wirklichkeit.

Aber nicht nur die hauptsächlich quantitativ bestimmten Wirtschaftsziele, auch ihre weiterreichenden Perspektiven und Prioritäten sind fragwürdig. Neuerdings ist Japan wieder ein beliebtes Gesprächsthema. Die Europäer, die in der Mikroelektronik und in anderen Branchen im internationalen Wettbewerb gegenüber Japan hoffnungslos in Rückstand geraten sind, plagen Alpträume, das könnte sich in diesen und anderen Bereichen in Zukunft wiederholen und verschärfen. Völlig unverständlich sind diese Ängste nicht. Europa ist bereits heute mit seiner Computerindustrie abhängig von den Japanern, die über mehr als 90 Prozent der Produktionskapazitäten für die wichtigsten Computer-Bauteile, die magnetischen Speicher-Chips verfügen. Japan, das sein Bruttosozialprodukt von 1960 bis 1985 real um 435 Prozent gesteigert hat, das zum Hauptgläubiger der hochverschuldeten USA aufgestiegen ist und über eine Billion Dollar im Ausland investiert hat und zunehmend aggressiver im internationalen Wettbewerb agiert, erscheint manchen als Bedrohung, anderen der Nachahmung wert.

Nachdem der Ost-West-Gegensatz passé ist, sehen einige Leitartikler Japan auf dem Wege zur Weltherrschaft. Japan dominiere die »Zukunftsindustrien« und monopolisiere »auf breiter Front die Schlüsseltechnologien des 21. Jahrhunderts: Halbleitermaterialien und Produktions- und Testgeräte, Flüssigkristall-Bildschirme, optoelektronische Komponenten, Feinstkeramik, biotechnische Verfahren«.[150] Wenn sich Europa dagegen behaupten wolle, sei Industriepolitik notwendig, »die Informationswirtschaft und -gesellschaft entstehe nicht allein durch die unsichtbare Hand des Marktes«. Diese, so befürchtet Seitz, führe Europa »in die weltpolitische Bedeutungslosigkeit«. Selbst die CIA warnt, Japan sei eine »fundamental amoralische Gesellschaft«, die die Welt durch ihre ökonomische Kraft beherrschen werde, wenn ihr der Westen nicht von neuem entgegentrete.[151] Jacques Delors, Präsident der EG-Kommission, sah die Europäische Gemeinschaft bereits in einem »Wirtschafts- und Handelskrieg«, auch er sorgte sich, Japan wolle ökonomisch »die Welt erobern«.[152] Die Zeitung »Die Welt«, etwas moderater, ortete Japan auf dem Weg zur »friedlichen Eroberung Südamerikas«.[153] In den USA kam ein Buch mit dem Titel »The Coming War with Japan«[154] auf die Bestsellerliste.

Seither wird der Wirtschaftskrieg mit Japan des öfteren angekündigt, dann aber wieder abgesagt. Viele Mythen über Japan sind im Umlauf oder in Umlauf gesetzt worden. Mit mühsam verhüllter Schadenfreude wurde in Europa registriert, daß die in den achtziger Jahren sich aufblähende japanische »Blasenökonomie« platzte und Immobilien- und Aktienwerte in den Abgrund stürzten. Die vielgerühmte Wirtschaft Japans verfing sich in einer tiefen Rezession, aus der sie auch mit staatlichen Konjunkturprogrammen großen Ausmaßes nach keynesianischem Muster und ungeachtet eines extrem niedrigen Leitzinssatzes nicht herausfand. Es komplizierte die Krise, daß Großunternehmen große Geldsummen fehlinvestiert haben und daß in den Büchern der Banken viele faule Kredite stehen. Der Harvard-Professor Takatoshi Ito hält daher »chirurgische Eingriffe« für unumgänglich. Angesichts dieses Schwächeanfalls der Japan AG und weil einige Domänen der weltweiten Märkte von den USA zurückerobert wurden, hat sich die grassierende Angst vor der schier übermächtigen japanischen Konkurrenz anscheinend wieder gelegt. Andere warnen vor vermeintlich einschläfernden Parolen.

Ob wir uns dem japanischen Wirtschaftsstil anpassen sollten oder nicht, ob wir die Konkurrenz mit ihm bestehen werden oder nicht und ob wir das Gruseln lernen oder nicht, mag jeder für sich beantworten – die technische und ästhetische Vollkommenheit vieler japanischer Produkte schätzen und bewundern wir. Die Arbeitsbesessenheit und die autoritären Unternehmensstrukturen in Japan sind jedoch kein Vorbild, dem die Europäer nacheifern sollten. Zwingen uns aber womöglich die Japaner in einen wirtschaftlichen und technischen Wettlauf um technische Errungenschaften von zweifelhaftem Wert?

Das japanische Amt für Wissenschaft und Technologie (MITI) hat im Herbst 1987 die vierte Expertenumfrage durchgeführt mit dem Ziel, verläßliche Prognosen über die wissenschaftliche und technische Entwicklung in Japan zu erarbeiten. Die Umfrage dient der Regierung und der Industrie als »Rückkopplungs-Information«. Für die jüngste Erhebung wurden während zweier Jahre die Aussagen von 3 000 Experten in 1 077 Bereichen gesammelt. Daraus ergab sich – auszugsweise – der folgende »Blick über den Zeit-Horizont«:

1996	Maschinen können miteinander kommunizieren.
1999	Roboterschwestern sorgen für Bettlägerige und Alte.
2000	Supercomputer, die zehn Milliarden Rechnungen pro Sekunde durchführen können, werden eingeführt.
2001	Supraleitender Linearmotor-Zug mit einer Höchstgeschwindigkeit von 500 km/h in Betrieb gesetzt.
2002	Durch Stimme in Gang zu setzende Schreibmaschine in Gebrauch.
	Ein Mittel zur Appetitkontrolle wird vermarktet.

2002	Künstliches Ohr wird konstruiert.
2004	Raumfahrzeug beginnt Geschäftsbetrieb.
2006	Erfindung von künstlichen Organen, die menschliche anatomische Elemente verwenden.
2007	Überschallflugzeug überquert den Pazifik in zwei Stunden.
2008	Raumfahrt-Tourismus wird Wirklichkeit.
2011	Vorbeugemaßnahmen gegen Altersschwachsinn verfügbar.
2012	Der Mechanismus des Erinnerungsvermögens wird verstanden.
	Der Mechanismus des Alterns wird verstanden.
2013	Altersschwachsinn wird behandelbar.
2014	Künstliches Auge entwickelt.
2015	Beziehungen zwischen Gehirnsignalen und Denkprozessen geklärt.[155]

Es fehlt nur noch »Medikament gegen Altern erfunden« in diesem verheißungsvollen Zukunftspanorama, wahrscheinlich ist das erst für das Jahr 2020 vorgesehen. Mitnichten ist es eine japanische Spezialität. Die pharmazeutischen Unternehmen in den USA geben mehr als die Hälfte ihres Forschungsetats – ca. 3,6 Milliarden Dollar – für Alterskunde aus. Genforscher suchen nach dem Alterungs-Gen, Institute versuchen, »die letzte große Grenze der Biologie«[156] zu überwinden. Herrliche Aussichten, der Mensch wird unsterblich. Tod nur noch durch Selbstmord, Unfall, Krieg, Hunger oder Naturkatastrophen.

Alles das kostet reichlich Geld, in »Zukunftsmärkte« muß investiert werden. Weniger Ehrgeiz ziehen die »einfachen« Fragen auf sich, wie Millionen Menschen vor dem Hungertod bewahrt und die natürlichen Lebensgrundlagen erhalten werden können.

Weil die Erde zu eng oder vielleicht unbewohnbar werden könnte, hält die Wissenschaft Ausschau nach Ausweichquartieren und genießt allerhöchste Unterstützung. Der frühere US-Präsident Bush wünschte, die US-Weltraumbehörde möge bis zum Jahr 2005 auf dem Mond eine permanent bewohnte Station einrichten und bis zum Jahr 2019 Menschen auf den Mars transportieren. Der britische Wissenschaftler James Lovelock verfaßte eine Studie »Die Begrünung des Mars«, in der er vorschlägt, Chlorkohlenwasserstoffe, die die Ozonschicht der Erde schädigen, auf den Mars zu schießen, um dort einen Treibhauseffekt zu erzielen und die unterkühlte Mars-Atmosphäre aufzuheizen. Christoper McCay vom Ames Research Center der NASA in Kalifornien schwärmt schon davon, binnen eines Jahrhunderts könnte auf dem Mars ein primitives Öko-System von sauerstoffproduzierenden Mikroben etabliert werden.[157]

Die Bundesrepublik will bei solchen ambitionierten Plänen nicht das Nachsehen haben. Für Weltraumforschung und Weltraumtechnik vergab das Bundesministerium für Forschung und Technologie den größten Etatposten in den Jahren 1991 und 1992 mit rund 1,4 Milliarden DM und rund 1,6 Milliarden DM – während sich die Umweltforschung einschließlich der Klimaforschung in den genannten Jahren mit 334,3 Millionen und 350 Millionen DM begnügen mußte. Die Forschungsmittel auf dem Gebiet der erneuerbaren Energien und der rationellen Energieverwendung wurden von 318 Millionen DM sogar auf 288 Millionen DM gekürzt. Wohin die Weltraumreise der Deutschen gehen soll, wissen die staatlichen Planer jedoch vorderhand nicht so genau.

Diese Art Industriepolitik ist allem Anschein nach eher »targeting« mit der Schrotflinte. Selbst die wohlerzogene

FDP-Bundestagsfraktion monierte, es sei falsch, erst die Projekte zu beschließen und dann zu überlegen, was man damit macht. Auch der Nobelpreisträger und Biophysiker Erwin Neher kritisierte die hohen Ausgaben für Weltraumvorhaben mit der einem Wissenschaftler geziemenden Zurückhaltung. »Die Ziele der Weltraumforschung sind uns nicht ganz einsichtig«, meinte er.[158]

Um kein Mißverständnis aufkommen zu lassen: Weltraumforschung soll beileibe nicht grundsätzlich verdammt werden, nicht wenige Anwendungsbereiche von Weltraumtechnik haben erhebliche Bedeutung beispielsweise für die Erkundung und Messung von Umweltschäden (Satellitenaufnahmen etc.). Es geht auch nicht um die Details des Forschungsetats, also um die Frage, in welchen Größenordnungen welche Forschungsbereiche in welchen Zeitperioden konkret gefördert werden sollen. Sondern es handelt sich um die Grundstruktur einer wirtschafts- und technikbesessenen Welt, die nicht mehr zu unterscheiden vermag, was die Haupt- und was die Nebensache ist.

Wenn der Staat ein bestimmtes Forschungsprogramm fördert, nimmt er dafür Haushaltsmittel in Anspruch, die entweder über die Besteuerung wirtschaftlicher Vorgänge vereinnahmt wurden oder über die öffentliche Kreditaufnahme zur Verfügung stehen. Haben staatliche Subventionen eine industriepolitische Zweckbestimmung, sollen sie in aller Regel dem Wirtschaftswachstum dienen. Generell ist staatliche Ausgabenpolitik unmittelbar oder mittelbar darauf gerichtet, das Wirtschaftswachstum zu erhalten oder sogar auszuweiten. Daran hat der Staat auch ein Eigeninteresse, weil Wirtschaftswachstum zu vermehrten Steuereinnahmen führt und damit die politischen Handlungsspielräume erweitert.

Unglücklicherweise ist die erhoffte Vergrößerung politischer Handlungsmöglichkeiten untrennbar mit ihrer simultanen Einengung verknüpft, weil die ökologischen und sozialen Folgen des Wirtschaftswachstums gewissermaßen dessen Früchte wieder aufzehren. Das wird zwar durch soziale Hilfsmaßnahmen und ökologische Reparaturen auszugleichen versucht, die damit verbundenen Kosten müssen aber wiederum aus erhöhten Steuereinnahmen und – als Voraussetzung – aus erhöhtem Wirtschaftswachstum aufgebracht werden. Damit entstehen auf einer neuen Stufe größere soziale und ökologische Belastungen, und die Spirale setzt sich fort. Der Kollaps ist absehbar, ob er in zehn oder fünfzig Jahren stattfinden wird, bleibt dem Expertenstreit überlassen.

Den Zusammenbruch der Lebensgrundlagen des Menschen abzuwenden wird nur dann gelingen, wenn wir uns von der unheilvollen Bindung an die ständige Expansion der Wirtschaft lösen. Statt einseitiger Expansion muß die Wirtschaft auf ein Pulsieren organisiert werden, in dem Bedarf sich nach menschlichem Maß artikuliert und das entsprechende Angebot im Rahmen der Regenerierbarkeit der Natur formuliert wird. Eine Eiche stellt etwa einhundert Jahre nach dem Keimen ihr Höhenwachstum ein und nimmt nur noch in der Breite des Stammes zu. Durch diese Selbstbegrenzung können Bäume ein Lebensalter von mehreren tausend Jahren erreichen. Alle Lebewesen haben einen Lebenszyklus im Sinne von Werden und Vergehen. Wo dieser Rhythmus unterbrochen wird, entsteht Krebs, meint inzwischen die Wissenschaft. »The cancer is caused not because cells proliferate out of control but because they fail to die on schedule.«[159]

Heutzutage sind wir rettungslos auf den unaufhörlichen Aufschwung der Wirtschaft fixiert, jene politische Turnübung, die in ihrer endlosen Wiederholung darauf angewiesen ist, daß immer mehr gekauft und verbraucht wird. »Buy something!«, (»kauft irgend etwas!«), diesen flehentlichen Appell richtete die Firma Range Rover (Land Rover) an die

Käufer in den USA in einem Inserat, das in den auflagenstarken Zeitungen »Wall Street Journal« und »USA Today« erschien. »Natürlich würden wir es vorziehen«, so hieß es weiter in dem Text, »wenn Sie einen Range Rover kaufen. Aber wenn es bei Ihnen dazu nicht reicht, kaufen Sie einen Mikrowellenherd. Einen Bassetthund. Theaterkarten. Schokoladen-Karamel-Bonbons. Denn wenn wir alle darauf warten, bis die Rezession offiziell erklärt wird und wir dann endlich wieder etwas ausgeben, könnte es zu spät sein. Denn dann wird die Rezession sich selbst schüren. Wir haben einen Anfang gemacht. Wir haben diese Anzeige gekauft.«

In dieser Anzeige äußert sich sehr anschaulich die herrschende Wirtschaftsphilosophie, deren Grundvoraussetzung eine nicht nachlassende Nachfrage nach Gütern und Dienstleistungen ist. Die Konsequenzen sind bekannt. Eingebauter Verschleiß statt Langlebigkeit der Güter, Modestrategien, suggestive Werbung und andere aggressive Verkaufsmethoden, Markteroberungs-»Kriege«; stets müssen neue Bedürfnisse gefunden oder notfalls erzeugt werden, koste es was es wolle. Reicht die private Nachfrage nicht mehr aus, muß die staatliche nachhelfen.

Unter diesem Vorzeichen ist absurderweise sogar die Umweltzerstörung als Nachfragefaktor willkommen. »Die Ökologie wird zum Wachstumsmotor«, verheißt ein Bericht im Wirtschaftsteil der VDI-Nachrichten unter Hinweis auf die Voraussage von Fachleuten, daß sich der Umweltmarkt bis zum Jahr 2000 verdoppeln wird.[160] Mit Umweltschutz läßt sich Geld verdienen, das ist die frohe Botschaft. Umwelttechnik, so die Analyse in einem Gutachten der in München residierenden Bayerischen Hypotheken- und Wechselbank, sei »der Wachstumsmarkt der neunziger Jahre«.[161]

Der Ausbau von Umweltindustrie und Umwelttechnik ist zweifellos von Vorteil, leider hat die Sache den Haken, daß es sich zum überwiegenden Teil um Umweltreparatur handelt. Sicherlich sind technische Innovationen zur Beseitigung von Umweltschäden notwendig und nützlich. Das daraus entstehende Know-how wird den Unternehmen auch im Wettbewerb angesichts verschärfter Umweltvorschriften zugute kommen. Jedoch wird niemand ernsthaft behaupten, es sei weise, Menschen damit zu beschäftigen, die Umwelt zu zerstören, damit andere damit beschäftigt werden können, sie wieder instand zu setzen. Mindestens zum Teil »funktioniert« die Vollbeschäftigungs-Marktwirtschaft nach diesem Muster.

Rudolf Steiner bemerkte dazu: »Es wird also für den Markt ohne Rücksicht auf den Konsum produziert, nicht im Sinne dessen, was in meinem Aufsatz ›Geisteswissenschaft und soziale Frage‹[162] ausgeführt worden ist, sondern man stapelt in den Lagerhäusern und durch die Geldmärkte alles zusammen, was produziert wird, und dann wartet man, wieviel gekauft wird. Diese Tendenz wird immer größer werden, bis sie sich... in sich selber vernichten wird. Es entsteht dadurch, daß diese Art von Produktion im sozialen Leben eintritt, im sozialen Zusammenhang der Menschen auf der Erde genau dasselbe, was im Organismus entsteht, wenn so ein Karzinom entsteht...«[163]

Abfall belastet meist die Umwelt. Das gigantische Abfallvolumen, das die wachsende Wirtschaft produziert, muß »entsorgt« werden. Am Markt entsteht somit eine zusätzliche Nachfrage nach »Entsorgungs«-Leistungen, soweit der Staat diese nicht gegen Gebührenerhebung übernimmt. Auch dadurch wächst die Wirtschaft. Nach allgemeiner Meinung müßte die Abfallvermeidung jedoch den Vorrang haben vor der Abfallbeseitigung, die in der Regel nur eine Lagerung oder Verlagerung ist. Durch Investitionen in abfallarme Produktions- und Transporttechnik könnte die Wirtschaft ebenfalls sektoral wachsen. In der Energiepolitik gilt Energieeinsparung, die Senkung des Primärenergieverbrauchs, desgleichen als vorrangig gegenüber dem Ausbau von Energieerzeugungskapazitäten. Neuerdings taucht die Forderung nach »Verkehrsvermeidung« als Ausweg aus dem Verkehrschaos auf. Überall handelt es sich jeweils um Verbrauchsvermeidung ... wäre es nicht folgerichtig, Verbrauchsvermeidung allgemein im Sinne von angemessener Begrenzung von Wirtschaft anzustreben?

In diesem Sinne empfiehlt John E. Young im World-Watch-Institute-Report 1991/92 als »wichtigste Faustregel für diejenigen, die mithelfen wollen, etwas zu verändern« eine Kaufentscheidung, die am wenigsten Müll erzeugt, nämlich überhaupt nichts zu kaufen.

Wer glaubt, damit ginge die pralle Fülle des Lebens verloren, verwechselt Quantität mit Qualität. Nein, die unendliche Vielfalt, der Reichtum, der Überfluß, selbst der Luxus, kämen uns keineswegs abhanden, wenn die Wirtschaft sich nicht weiter aufblähte.

Die partielle Ent-Ökonomisierung unseres Lebens wäre eine Wohltat für uns selbst wie für die Natur. Der spielende, meditierende, musizierende, malende Mensch als Widerpart des Homo oeconomicus? Das ist vorläufig kaum zu erwarten. Die Kultur ist kein wirtschaftsfreier Raum. Im Gegenteil: Kunst wird vermarktet wie andere Produkte. Auch die sogenannte Freizeit ist zum größeren Teil eine wirtschaftliche Veranstaltung.

Nun kann theoretisch jede menschliche Betätigung zu Umweltschäden führen, unabhängig davon, ob es sich um eine wirtschaftliche Tätigkeit – gegen Entgelt – handelt oder um eine solche, die dem informellen Sektor zuzurechnen ist. In der Praxis ist die Vehemenz menschlicher Handlungsweisen eine Folge ihrer wirtschaftlichen Vorzeichen. Kultur als Umformung der Umwelt ist das Gegenteil von ökonomisch motivierter Ausbeutung der Natur.

Holger Schmidt, ein nach Skandinavien ausgewanderter Bayer, lebt bescheiden, aber allem Anschein nach zufrieden seit einigen Jahren im hohen Norden Schwedens als Einsiedler. Er hat sich bei Träskholm im fast eintausend Kilometer nördlich von Stockholm gelegenen Bezirk Norbotten ein Grundstück gekauft. Zum Heizen versorgt er sich mit Holz aus dem nahegelegenen Wald, ein fischreicher See bietet ihm ausreichend Nahrung, und ein wenig Bargeld verschafft er sich durch den Verkauf von Brombeeren an Restaurants. Er hat keine Schulden und sogar einige Ersparnisse auf der Bank. Obwohl Holger Schmidt keinem Menschen etwas zuleide tut, die Natur nicht schädigt, niemandem Wohnung oder Arbeitsplatz streitig macht und überhaupt ein verträglicher und umgänglicher Mensch ist, wie seine Freunde versichern, wollte die schwedische Ausländerbehörde die Aufenthaltserlaubnis nicht verlängern, weil sein Einkommen zu niedrig sei, mit den von ihm angegebenen Einkünften als Beerensammler könne er unmöglich seinen Lebensunterhalt fristen. Inzwischen haben sich die Beamten aufgrund von Protesten der einheimischen Bevölkerung wohl eines Besseren besonnen, und Holger Schmidt darf bleiben, soweit ich weiß.

Dennoch ist die Geschichte lehrreich, weil die Gesellschaft – ob nun in Schweden oder anderswo – weit eher sozial schädliches und umweltzerstörerisches Verhalten toleriert als einen dem gängigen ökonomistischen Denken fremden Lebensstil.

Gewiß, Vorbild muß und kann Holger Schmidt nicht sein. Seine Selbstversorgungswirtschaft ist sympathisch aber kaum noch zeitgemäß, sie hat eine Existenzberechtigung, aber sie läßt sich keinesfalls auf die komplizierte arbeitsteilige Weltwirtschaftsstruktur übertragen, obwohl es in einer utopischen

Perspektive vielleicht verlockend erscheinen mag, die Produktivität und zugleich den Konsum des einzelnen allgemein so radikal zu reduzieren.

Zurück zur reinen Naturalwirtschaft kann allenfalls die Wunschvorstellung von Natur-Fetischisten oder Aussteigern sein. Der arbeitsteiligen, industriellen Wirtschaft verdanken wir außergewöhnliche Fortschritte bei der Verbesserung der Lebenssituation der Menschen, die niemand geringschätzen sollte. Das von Stephan Schmidheiny – zusammen mit dem Business Council for Sustainable Development – verfaßte Buch »Kurswechsel«[164] beginnt offenbar sehr bewußt mit der Aufzählung einiger positiver globaler Trends in der wirtschaftlichen und sozialen Entwicklung, obwohl oder gerade weil er angesichts der ökologischen Krise ein Umsteuern in der Wirtschaft für notwendig hält. Es heißt deshalb nicht, die unbezweifelbaren Erfolge einer marktorientierten, produktiven Wirtschaft herabzusetzen, wenn der einfache Kausalzusammenhang zwischen wirtschaftlicher Tätigkeit und Umweltzerstörung untersucht wird. Niemand wird ernsthaft bestreiten, daß die Überbeanspruchung, die Schädigung und die Zerstörung von Natur und Umwelt eine unmittelbare Folge einer überproduktiven und überkonsumtiven Wirtschaft ist. Deshalb sind alle Bestrebungen und Versuche, die Umweltsituation zu verbessern, in letzter Konsequenz auf eine Änderung der wirtschaftlichen Betätigung gerichtet.

Wirtschaft hat auch mit Ethik zu tun

Unter Wirtschaft verstehen die Wirtschaftswissenschaftler[165] den »rationalen Umgang mit knappen Gütern«. Güter sind »sowohl reale Güter als auch Dienstleistungen, die zur Befriedigung menschlichen Bedarfs dienen«. »Ist der Vorrat an Gütern hinreichend, um den gesamten, darauf gerichteten Bedarf stets zu befriedigen, dann handelt es sich um freie Güter.«

Eine »rationale Wirtschaftspolitik« setzt folgendes voraus: »Rationalität als Verhaltensnorm in der Wirtschaftspolitik erfordert von ihren Trägern ein widerspruchsfreies, vollständiges Zielsystem (Zielhierarchie), das in der Realisierung einen möglichst hohen Erfolgsgrad anstrebt.« Wenn es tatsächlich so etwas wie eine rationale Wirtschaftspolitik gegenwärtig geben sollte, dann stimmt jedenfalls die Zielhierarchie nicht, sondern es besteht bestenfalls eine Zielanarchie.

Die Vereinigung für ökologische Wirtschaftsforschung befand auf einer ihrer Jahresversammlungen in einer Resolution zur Reform der Wirtschaftswissenschaften: »Die ökologische Krise der Industriegesellschaft und die globale Krise des Ökosystems der Erde sind Produkte des wirtschaftlichen Handelns. Unternehmen und Verbraucher verursachen die Naturzerstörung, sonst niemand. Da die Menschen ohne Produktion und Konsumtion aber nicht leben können, bleibt als einziger Weg, die Methoden der Produktion und Konsumtion mit der Natur in Einklang zu bringen. Dies bedeutet ein riesiges Reformprojekt der modernen Gesellschaft. Die industriellen Wirtschaftsordnungen haben die Natur in Unordnung gebracht. Deshalb müssen heute alle Wirtschaftsordnungen überprüft werden. Es ist nicht wahr, daß sich Natur und Wirtschaft nicht vereinbaren lassen. Es wurde bisher niemals ernsthaft versucht ...«

Ökonomie wird in der genannten Resolution »im Kern« als »Wissenschaft vom Haushalten« verstanden. Das scheint in die allgemeine Begriffsbestimmung zu passen, daß Wirtschaft der Umgang mit knappen Gütern sei, wobei die Natur und ihr »Reichtum« als knappes Gut in die Bewirtschaftung einbezogen werden. Die Resolution trägt die Überschrift »Wirtschaften für die Natur«, das allerdings wäre eine Vorstellung, die

die Natur als Wirtschaftssubjekt fingiert. Die Natur hat ihre eigene Ökonomie, also müssen wir Menschen uns auf ein Wirtschaft »mit« oder »in« der Natur einstellen.

Die Wirtschaft ist ihrerseits nun kein Naturereignis, sondern eine Veranstaltung der Menschen für Menschen. Was in der Wirtschaft geschieht, ist abhängig vom Willen und vom sozialen Verständnis der dort Handelnden. In der »Tauschgesellschaft«, die sich mit Arbeitsteilung, Kapitalismus und technischer Zivilisation herausgebildet hat, konkurriert Einzelwille mit Einzelwillen. Damit auch die ökologische und soziale Vernunft in der Wirtschaft wirksam werden kann, bedarf es künftig eines Konzertierens der Einzelinteressen. Dafür muß eine angemessene Form gefunden werden. Karl Schiller versuchte es als »Konzertierte Aktion«, Rudolf Steiner sprach von »Assoziationen«, Stephan Schmidheiny nennt es etwas umständlich »Kooperation mit Bezugsgruppen«.[166]

Entscheidend für die institutionelle Form ist, ob durch sie eine soziale Bewußtseinsbildung zustande kommt.[167] Hans Diefenbacher formuliert sieben Bedingungen, die für eine nachhaltige Entwicklung (»sustainable development«) maßgebend sein müßten. Unter anderem sei »jede Verständigung über ›sustainable development‹ sinnlos, wenn es nicht gelingt, ein *Bewußtsein* beim einzelnen Verbraucher, beim einzelnen Unternehmer und Arbeitnehmer zu schaffen, das sie motiviert, die Konsequenzen für die Umwelt zu bedenken, die ihr jeweiliger Konsum, ihre jeweilige Produktion mit sich bringt«.[168] Bewußtsein läßt sich jedoch nicht ohne weiteres »schaffen«, sondern es stellt sich her aus einer aktiven Zusammenarbeit, aus der heraus der einzelne jeweils die erforderlichen Informationen erhält sowie seinen Sachverstand und seine Erfahrung zur Geltung bringen kann.

Hans Diefenbacher hat sicherlich recht, wenn er es als Illusion bezeichnet, nach einem Programm für »die große, schöne Lösung aller Umweltprobleme« zu suchen.[169] Das »ökonomische« – nicht ökologische – »Minimalprogramm« von Nicolas Georgesu-Roegen, das Diefenbacher in diesem Zusammenhang zitiert, ist ein Beispiel für derlei gutgemeinte, aber wirklichkeitsfremde Beschwörungen der Wirtschaft, sich zum vorgeblich Besseren zu bekehren. Der Acht-Punkte-Katalog besteht aus folgenden Forderungen:

- Verbot der Produktion sämtlicher Kriegsgüter;
- Konversion der freiwerdenden Produktivkräfte für Hilfeleistungen an unterentwickelte Länder, damit in diesen annehmbare, nicht luxuriöse Lebensbedingungen entstehen;
- langsame Reduktion der Bevölkerung auf ein Niveau, auf dem sie dann in adäquater Weise durch ausschließlich organische Landwirtschaft ernährt werden kann;
- Vermeidung jeder Energieverschwendung, nötigenfalls durch Regulierung;
- keine Nachfrage mehr nach Luxusgütern: Das wird die Einstellung der Produktion derartiger Güter zur Folge haben;
- Abschaffung der Mode; Gebrauchsgüter müssen so lange verwendet werden, solange sie noch von spezifischem Nutzen sind,
- dauerhafte Güter müssen durch Verbesserung der Reparierbarkeit noch dauerhafter werden;
- der technische Fortschritt muß wieder zu einem menschlichen Maß finden.

Diese merkwürdige Mixtur aus frommen Wünschen und fataler tyrannischer Bevormundung der Menschen ist zum Teil inhaltlich sehr anfechtbar, davon abgesehen bleibt aber völlig unklar, auf welche Weise die Wirtschaft wohl dazu veranlaßt werden könnte, sich in ein solches Korsett zu zwängen.

Daß die Reichtümer der Natur vorerst noch nicht vollständig aufgezehrt sind, verdanken wir in gewisser Weise wahrscheinlich der Armut. Diese provokante Tatsache erleichtert der Politik die Arbeit nicht, weil sie darauf angewiesen scheint, den Menschen eine stetige Ausweitung ihrer Konsummöglichkeiten zu versprechen. Die Marktwirtschaft in den Industriestaaten hat diese Versprechen bisher eingelöst. Sie hat den Menschen einen beispiellosen Massenkonsum ermöglicht.

Fatalerweise wird der Gebrauchswert von manchen Waren, die in großen Mengen auf den Markt gelangen, herabgesetzt, weil ihr Nutzen geringer wird, wenn andere sie auch erwerben. Das gilt nicht nur für sogenannte positionelle Güter, deren Wert gerade darin gesehen wird, daß sie nur in kleiner Stückzahl zu haben sind, sondern vor allem für Waren und Dienstleistungen, für deren Nutzung Raum oder andere knappe Ressourcen beansprucht werden. Die bequeme und beliebige Fortbewegung im Auto verliert, wie wir aus der alltäglichen Erfahrung wissen, erheblich an Reiz, wenn sich die Fahrzeuge auf den Straßen stauen. Die stetige Vermehrung des Kraftfahrzeugbestandes bremst daher die Mobilität, anstatt sie zu erhöhen. Bei anhaltenden Zuwachsraten ist der Zeitpunkt abzusehen, in dem der Autoverkehr – jedenfalls in den großen Ballungszentren – praktisch völlig zum Stillstand kommt. Die massenhafte Verbreitung des Autos gerät damit in Widerspruch zu seiner Zweckbestimmung.

Bietet das Auto damit ein lehrreiches Beispiel für den dialektischen Umschlag von Quantität in – negative – Qualität, müssen wir leider außerdem zugestehen, daß das Auto als Massenprodukt zu äußerst ernsten ökologischen Folgekosten führt, die wir alle kennen, aber bereitwillig *verdrängen,* weil wir uns an das Gefährt so gewöhnt haben, daß wir es für unentbehrlich halten. Ernste ökologische Schäden verursachen Autos wegen ihrer massenhaften Verbreitung. In diesem einfachen Satz steckt leider das Problem – und die Politik deswegen in der Zwickmühle.

Wer – durch marktwirtschaftliche Mittel – den Autoverkehr und/oder wenigstens den Treibstoffverbrauch einschränken will, wird u. a. das Benzin verteuern, Straßenbenutzungsgebühren erheben und die Steuern auf Fahrzeuge erhöhen. Im Extremfall wird Autofahren ein Luxus, den sich nur noch die Reichen leisten können. Singapur, ein Stadtstaat, in dem Straßenraum besonders knapp ist, hat auf diese Weise den Autoverkehr radikal verteuert.[170] Künftig wird dort den Autofahrern für jeden zurückgelegten Kilometer ein »Wegezoll« abverlangt. Die Fahrstrecken der jeweiligen Autos sollen durch ein perfektes, computerisiertes Kontrollsystem erfaßt und monatlich abgerechnet werden. Schon heute darf die Innenstadt von Singapur während der Rush-hour morgens und abends nur gegen Entrichtung eines »Eintrittsgeldes« befahren werden. Parken entlang der Straßenränder, bei uns eine Selbstverständlichkeit, ist in Singapur nicht erlaubt. Das Abstellen eines Autos auf einem öffentlichen Parkplatz ist sündhaft teuer, erst recht das unerlaubte Parken. Der Verstoß gegen ein Parkverbot wird mit umgerechnet etwa 100 DM geahndet. Für Kraftfahrzeugsteuer müssen jährlich umgerechnet mindestens 3 000 DM berappt werden. Im übrigen ist der Erwerb eines Autos nicht gerade billig. Der Staat hat eine Obergrenze für die Zulassung von Kraftfahrzeugen festgelegt, durch die die Zuwachsrate des Autobestandes in sehr schmalen Grenzen gehalten wird. Die neuen Lizenzen werden meistbietend versteigert. Wer also in Singapur Auto fahren will, muß erst für teures Geld eine Zulassung ersteigern. Der Autoverkauf ist schließlich für sich genommen wegen hoher

Importabgaben und Luxussteuern eine sehr kostspielige Anschaffung. Das System beschert dem Fiskus einen reichen Geldsegen, die Gesamteinnahmen aus Steuern, Strafen und Gebühren betrugen im Jahr 1991 insgesamt umgerechnet etwa zwei Milliarden DM. Diese Gelder investiert der Staat vornehmlich in den öffentlichen Personennahverkehr. Singapur verfügt inzwischen über eine komfortable, luxuriös ausgestattete U-Bahn, von deren unterirdischen Stationen behauptet wird, sie seien mit ihrem »Pomp und Glanz« eine Sehenswürdigkeit.[171]

Liest man das eine oder andere Parteiprogramm, müßte Singapur fast als Vorbild für die künftige Verkehrspolitik in den Ballungsräumen gelten. Viele städtische Verkehrsplaner, die der Autoflut nicht mehr Herr werden, wären sicherlich froh, wenn sie nur einen Teil des Singapur-Modells bei sich zu Hause in die Tat umsetzen könnten. Doch bis es soweit ist, haben bei uns viele ein gewichtiges Wort mitzureden, die Autoindustrie, die Regierungen, der ADAC, die Einzelhändler, die Kommunen und die Autofahrer selbst. In Singapur gibt es keine Autoindustrie und auch sonst keinerlei erwähnenswerte Widerspenstigkeiten. Das autoritäre Regime kann sich auf die Willfährigkeit der Einwohner verlassen, deren Mentalität und Erziehung den durchaus vorhandenen kritischen Eigensinn nach Möglichkeit zu unterdrücken sucht. Es paßt in dieses Bild, wenn in Singapur Kurse in »Gehorsamstraining« angeboten werden.

In Europa sind die Bedingungen ersichtlich verschieden. Wir werden uns hoffentlich den kritischen Eigensinn nicht abgewöhnen, auch wenn manche Entscheidungen dadurch komplizierter und beschwerlicher werden. Wir haben eine Autoindustrie, die ein wichtiger und sehr einflußreicher Wirtschaftsfaktor ist. Wir haben Siedlungs- und Produktionsstrukturen, die uns in extreme Abhängigkeit vom Autoverkehr gebracht haben und deren Umgestaltung schon technisch und architektonisch keine leichte Aufgabe ist. In Deutschland, aber auch anderswo ist das Auto eine soziale Errungenschaft. Das Wort »Volkswagen« ist dafür ein Synonym.

Das Autofahren dermaßen zu verteuern, daß sich diesen Luxus nur noch wenige leisten können, werden sich die Menschen in unseren Breiten daher wahrscheinlich selbst dann nicht gefallen lassen, wenn der öffentliche Personennahverkehr großzügig ausgebaut würde.

Weil die kapitalistisch-autoritäre Lösung nach dem Singapur-Modell für uns kaum anwendbar ist, kam ein Autor der Zeitschrift »Natur« auf eine andere revolutionäre Idee.[172] Sein einfaches Konzept sieht so aus, daß wir den Autoverkehr, ohne auf die Freuden der beliebigen Mobilität verzichten zu müssen, erheblich reduzieren können, wenn wir uns darauf umstellen, künftig nur noch chauffiert zu werden, statt selber ein Auto zu lenken. Den ökologischen, sozialen und ökonomischen Zugewinn hat er säuberlich analysiert. Die in den alten Bundesländern Deutschlands zugelassenen 31 Millionen Pkw erbrachten 1991 eine Beförderungsleistung von etwa 600 Milliarden Personenkilometern (Anzahl der Kilometer, die alle Personen pro Jahr zurücklegen). Vergleicht man damit die Beförderungsleistung der in den alten Bundesländern zugelassenen 65 000 Taxis, die rund 2,3 Milliarden Personenkilometer bewältigen, errechnet sich die Zahl der erforderlichen Taxis, die alle Personen befördern können, die bisher mit dem eigenen Auto unterwegs waren, mit 17 Millionen. Weil anzunehmen ist, daß Taxis bei freien Straßen und verstärkter Nachfrage wesentlich besser ausgelastet sind als bisher, kann die erforderliche Zahl von Taxis auf die Hälfte reduziert werden. Weil sich die Fahrgewohnheiten der Taxikunden voraussichtlich ändern, wenn Taxis das einzige individuelle Beförderungsmittel sind, können in Zukunft im Durchschnitt 1,6 Fahrgäste befördert werden statt bisher 1,2, und der Auslastungsgrad der Droschken erhöht sich um weitere 33 Prozent, so daß sich die Zahl der erforderlichen Taxis noch einmal auf 5,6 Millionen Fahrzeuge verringert. Zugleich käme die Beförderungsleistung der Taxis mit 1,- DM pro Personenkilometer billiger statt bisher 1,50 DM. Immerhin wären für die Jahresleistung von 600 Milliarden Personenkilometern, von der ausgegangen wurde, dann immer noch stattliche 600 Milliarden aufzubringen. Diese Summe versucht uns der Autor durch den Hinweis schmackhaft zu machen, daß der Individualverkehr alles inklusive bei 600 Milliarden Personenkilometern Beförderungsleistung Kosten in Höhe von jährlich 450 Milliarden DM verursache, so daß die Differenz zu den Taxikosten lediglich 150 Milliarden DM betrage. Außerdem sei es schon immer etwas teurer gewesen, sich einen Chauffeur zu leisten.

Auch die volkswirtschaftlichen Konsequenzen hat der Autor bedacht und mit besonderer Akribie die Zahlenkonstellationen geprüft. Für die 31 Millionen Privatfahrzeuge seien in Autoindustrie und sonstigen Wirtschaftszweigen rund drei Millionen Menschen tätig. Bei Rückgang der Autoproduktion auf die Zahl der erforderlichen 5,6 Millionen Taxis hieße das, daß nur noch rund 550 000 Menschen ihren Arbeitsplatz behalten könnten, der Rest von rund 2,5 Millionen Menschen würde theoretisch arbeitslos. Da jedoch derzeit nur 100 000 Menschen als Taxifahrerinnen und -fahrer arbeiten, ergäbe sich bei 5,5 Millionen Taxis ein zusätzlicher Arbeitskräftebedarf von 5,9 Millionen. Die in der Autoindustrie und anderen Branchen freiwerdenden Arbeitskräfte von 2,5 Millionen Menschen fänden daher sofort im Taxigewerbe einen Ersatzarbeitsplatz. Nach Abzug der 2,5 Millionen Arbeitsplätze verbleiben 3,4 Millionen offene Stellen bei den

Taxibetrieben, deren Zahl »rein zufällig« der Zahl der im Jahr 1991 erfaßten Arbeitslosen entspricht. Auch diese fänden einen Arbeitsplatz, was Kosten zur Finanzierung der Erwerbslosen erspart. Für einen Erwerbslosen müssen pro Jahr durchschnittlich 45 000 DM aufgebracht werden, so daß bei 3,4 Millionen Erwerbslosen jährlich 150 Milliarden eingespart werden könnten, was wiederum »rein zufällig« den Mehrkosten der Taxibeförderung gegenüber dem Individualverkehr entspricht.

Anhand dieses überzeugenden Zahlenwerkes wird niemand wagen, dem Autor zu widersprechen, daß der Übergang zur Taxigesellschaft kostenneutral zu vollziehen ist. Die Vorstellung, auf den Straßen Deutschlands führen statt 31 Millionen Personenkraftwagen nur noch 5,5 Millionen Taxis, die Parkplätze könnten in Kinderspielplätze, die Parkhäuser in Theater und die Garagen in Wohnraum umgewandelt werden, ist so verheißungsvoll, daß uns Eulenspiegel das Nachdenken erleichtern sollte. Wer weiß, ob wir wirklich besser zu rechnen verstehen. Bedauerlich ist nur, daß für die reizvolle Utopie der kompromittierende Name »Taxi-Kommunismus« gewählt wurde, was das Projekt vermutlich selbst bei der Taxi-Innung diskreditiert hat.

Irgend etwas werden wir uns einfallen lassen müssen, um den Straßenverkehr abzumagern. Das wußte schon Karl Valentin, der eine einfache Lösung parat hatte: Am Montag dürfen nur die Radfahrer die Straßen benutzen, am Dienstag die Feuerwehr, am Mittwoch die Fußgänger, am Donnerstag die Polizei, am Freitag die Taxis usw.

WEGE AUS DER KRISE

Wo der Staat direkt aufgerufen ist

Ökologische und ökonomische Interessen verbinden

Es ist also evident, daß es einen unausweichlichen Zielkonflikt zwischen Massenkonsum und Umweltschutz gibt. Dieser Zielkonflikt kann durch bessere technische und ökonomische Effizienz erheblich gemildert, aber nicht aufgehoben werden. Soziale Verteilungskonflikte haben die Industrienationen durch Ausweitung des Massenkonsums leidlich überstanden. Nicht selten bleibt es aber auch, ohne daß es die Menschen bemerken, bei einer höchst ungleichmäßigen Verteilung.

Die »allgemeine Luftfahrt« mit Privat- und Geschäftsflugzeugen ist ein ziemlich teures Vergnügen und deshalb vorderhand noch das Privileg einer kleinen Minderheit. Daß der Staat die »allgemeine Luftfahrt« in Deutschland sogar subventioniert, gehört zu den Absonderlichkeiten der sozialen Marktwirtschaft in der Praxis. Jedenfalls ist erfreulicherweise noch niemand eingefallen, die Produktion und den Erwerb von »Volksflugzeugen« zu propagieren.

Muß der Massenkonsum aus ökologischen Rücksichten eingeschränkt werden, beginnt automatisch wieder ein Verteilungskampf. Ein besonders markantes Beispiel dafür, wie sich ein bestimmtes Konsumgut durch massenhafte Inanspruchnahme entwertet, ist der Fremdenverkehr. Der einsame Strand, der den Kunden angeboten wird, ist halt nicht mehr einsam, wenn alle Neckermann-Touristen dorthin reisen. Von der unberührten Natur bleibt nur ein Trampelpfad, wenn sie von einer größeren Anzahl von Naturfreunden entdeckt wird. Auf diese Weise ist auch die Ökologisierung des Tourismus ein Thema geworden. Bisweilen wissen sich die Verantwortlichen nicht mehr anders zu helfen, als den Zugang zu bestimmten Gebieten zu beschränken oder ganz zu sperren. Besser wäre es, unsere eigene Einsicht würde uns dazu bringen, uns in der Natur so zu bewegen, daß wir möglichst wenig Schaden anrichten. Dazu gehörte nicht zuletzt die Bereitschaft, sich den jeweiligen Bedingungen einer bestimmten Kultur und Zivilisation anzupassen, in der wir als Gäste aufgenommen werden.

Solange wir uns nicht mit Mäßigung und Selbstdisziplin selbst Grenzen setzen, wird irgendeine Außenregelung, wie immer sie aussieht, unvermeidlich sein. Allzu hohe Erwartungen an die Selbstbescheidung der Menschen sind kaum angebracht. Dafür ist die Neigung zum »beggar my neighbour« zu ausgeprägt.

Eventuell könnten sich aber auch ökologische und ökonomische Interessen verbinden lassen, um den umweltzerstörerischen Massenkonsum zu beenden. Von der Produktionsseite wird neuerdings wieder verstärkt die Frage diskutiert, ob Massenproduktion in der Zukunft überhaupt noch ein Geschäft ist. So befand ein führender Manager aus der Textilindustrie, daß Massenproduktion angesichts von globalen Überkapazitäten und eines ständigen Preisverfalls nicht mehr sinnvoll sei; die Zukunft der deutschen Textilbranche liege vielmehr in der »Verabschiedung von Massenware, begleitet von einem Maximum an Flexibilität in allen Bereichen des Marketing und der Produktion«.[1]

Ein unabhängiges Umweltbundesamt

Im Grunde läßt sich das Problem, wie wir Geld und Natur in eine positive Verbindung bringen können, auf eine einfache Frage reduzieren: Wie, in welchem Ausmaß und in welcher Zeit lassen sich die Geldströme so korrigieren und dirigieren, daß sie einerseits in erster Linie einer umweltschonenden Produktion und Konsumtion zugute kommen und andererseits umweltbelastenden Industriesektoren schrittweise entzogen werden.

Je einfacher die Frage, desto schwieriger mitunter die Antwort. Bei der Feststellung, daß Umweltverbrauch mit einem Öko-Zins »bestraft« werden soll, haben wir offengelassen, wie das praktisch umzusetzen wäre. Weil es uns um die Stabilität der Natur zu tun ist, liegt es nahe, daß wir uns eine Institution zum Vorbild nehmen, die den gesetzlichen Auftrag hat, für die Stabilität des Geldes zu sorgen: die Bundesbank. Sie war damit in dem Maße erfolgreich, als es ihr gelungen ist, die Geldmenge mit dem Produktionspotential auszubalancieren. Voraussetzung einer am Ziel der Geldstabilität orientierten Geldpolitik der Bundesbank ist nach einhelliger Meinung ihre Unabhängigkeit.

Wenn uns die Stabilität der Natur mindestens ebensoviel wert ist wie die des Geldes, sollte das Umweltbundesamt genauso wie die Bundesbank eine unabhängige Einrichtung werden, die später im Zuge der europäischen Einigung von einer entsprechenden unabhängigen europäischen Institution abgelöst werden könnte.

Das unabhängige Umweltbundesamt, dem dann die Regierung keine Weisungen mehr erteilen könnte, müßte mit einem ebenso differenzierten Instrumentarium ausgestattet werden, wie es der Bundesbank zur Verfügung steht. Auch die organisatorische Form und die Auswahl der im Umweltbundesamt verantwortlichen Persönlichkeiten könnte sich an das Statut der Bundesbank anlehnen.

Zum Aufgabenbereich des Umweltbundesamtes gehörte es dann, die Höhe eines Öko-Zinses auf umweltbelastende Produktion festzulegen, einen Fonds zu verwalten, in den die Öko-Zinsen einzuzahlen sind, oder Höchstmengen für Emissionen zu bestimmen und dementsprechend befristete Zertifikate zu veräußern oder zu versteigern. Die Fondsmittel, die aus Öko-Zinsen eingehen, müßte das Umweltbundesamt entweder unmittelbar oder mittelbar über die Geschäftsbanken für ökologische Investitionen sowie für Umweltforschung und -entwicklung oder für andere ökologisch-innovative Zwecke zur Verfügung stellen. Damit daraus keine riesige zentralistische Bürokratie wird, wäre daran zu denken, dezentrale unabhängige Einrichtungen mit einem komplementären Aufgabenbereich zu schaffen. Ein unabhängiges Bundesumweltamt wäre bei der Festsetzung eines Öko-Zinses und der Vergabe von Umwelt-Zertifikaten weitaus flexibler und handlungsfähiger als Regierung und Parlament. Es könnte auch eine Praxis der ökologischen Feinsteuerung entwickeln und damit das erreichen, was Dickertmann den »ökologischen Maßanzug« nennt.

Ein unabhängiges Umweltbundesamt ist sicherlich eine ordnungs- und finanzpolitische Neuerung, die vor allem originäre finanzpolitische Zuständigkeiten aus den herkömmlichen Staatsstrukturen herausnimmt. Seine Tätigkeit wird sich deshalb in enger Abstimmung mit der Bundesbank und mit der Bundesregierung zu vollziehen haben. Es wird außerdem ein bevorzugter Dialogpartner im Rahmen der Entwicklungspolitik sein müssen, weil alle denkbaren Maßnahmen in dem ihm zuzuweisenden Aufgabengebiet auch direkt oder indirekt Rückwirkungen auf das Preisgefüge und damit auf die wirtschaftliche Lage in den Entwicklungsländern hätten.

Ob sich ein unabhängiges Umweltbundesamt mit dem hier skizzierten Zuschnitt seiner Zuständigkeiten mit der geltenden Finanzverfassung vereinbaren läßt, wäre noch genauer zu untersuchen. Notfalls muß eben das Grundgesetz ergänzt oder geändert werden. Wenn die Neuorganisation des Postwesens nur über eine Verfassungsänderung zu regeln ist, sollten wir uns nicht dagegen sträuben, für die ungleich wichtigeren Aufgaben eines unabhängigen Umweltbundesamtes die notwendigen verfassungsrechtlichen Grundlagen zu schaffen.

Würde ein unabhängiges Umweltbundesamt analog zum Statut der Bundesbank geschaffen, dürften wir freilich einen nicht nur marginalen Unterschied der Aufgabenstellung beider Institutionen nicht aus dem Auge verlieren: Die Bundesbank paßt sich mit ihrer Geldpolitik den Notwendigkeiten des Wirtschaftssektors an. Wachsen Produktion und Konsumtion, muß die Bundesbank die Wirtschaft mit Geld versorgen, damit der Güterkreislauf durch den Geldkreislauf in entgegengesetzter Richtung nicht ins Stocken gerät. Weil nach heutigem Verständnis die Wirtschaft stetig wachsen muß, beschränkt sich die Politik der Bundesbank darauf, die Wachstumsrate der Geldmenge nach Möglichkeit so zu beeinflussen, daß sie die Rate des Wirtschaftswachstums nicht überholt. Mit erhöhten Zinssätzen operiert die Bundesbank demzufolge dann, wenn sie das Wachstum der Geldmenge bremsen will. Daß das in einer bestimmten wirtschaftlichen Konstellation tückischerweise genau ins Gegenteil umschlagen kann, hatten wir bereits gesehen.

Das unabhängige Umweltbundesamt hätte dagegen eine damit nicht vergleichbare Aufgabenstellung. Es müßte durch einen kontinuierlich ansteigenden Öko-Zins dafür sorgen, daß der Umweltverbrauch linear oder in einer exponentiellen Reduktionskurve bis auf ein für die Natur tragfähiges Limit zurückgeführt wird. Diese Aufgabenstellung erfordert eine stärker qualifizierende und differenzierende Beobachtung und Prüfung der Wirtschaftsabläufe. Selbstverständlich sollte das unabhängige Umweltbundesamt auch darauf Bedacht nehmen, daß der Öko-Zins zwar hauptsächlich eine Zuordnungsfunktion (Allokation) hat, daß er aber das Schicksal aller sonstigen finanzpolitischen Werkzeuge insofern teilt, als er zwangsläufig auch eine Verteilungsfunktion (distributive Wirkung) ausübt. Soweit diese mit Zielen der Verteilungsgerechtigkeit in Konflikt käme, müßte das an anderer Stelle wieder ausgeglichen werden. Auch die Geldpolitik hat ja eine Verteilungswirkung.

Falls das Umweltbundesamt damit Erfolg hätte, würde sich allerdings im Laufe der Zeit das Handlungsmuster für seine Tätigkeit wesentlich verändern, weil nach vollzogenem ökologischem Umbau der Industriegesellschaft, wenn im Idealfall alle Öko-Margen eingehalten werden, der Öko-Zins-Fonds mittellos würde. Weil der Öko-Zins sowieso nur sekundär der Mittelbeschaffung dienen soll und im Laufe der Zeit mit seiner Austrocknung zu rechnen ist, müssen wir danach Ausschau halten, auf welche Weise sonst Finanzmittel für den ökologischen Umbau der Industriegesellschaft gewonnen werden können. Außerdem ist der Öko-Zins ein vom Staat erzwungener Finanztransfer, der behutsam zu dosieren ist, damit er nicht Verwerfungen in der Wirtschaft und im Staat verursacht, die alle guten Vorsätze zunichte machen.

Ökologischer Strukturwandel statt Rüstung

Die vom Staat zwangsweise bewirkte Einkommensverlagerung über das Eintreiben eines Öko-Zinses, dessen administrative Schwierigkeiten nicht unterschätzt werden dürfen, kann daher bestenfalls einen Teil des Finanzvolumens zusammenbringen, das für den ökologischen Strukturwandel benötigt wird.

Woher soll also das Geld kommen, das für den ökologischen Strukturwandel investiert werden muß?

»Kann man mit Geld das Ozonloch stopfen?« Mit dieser Frage bedrängte uns eine deutsche Großbank in einer teuren, ganzseitigen Anzeige. Im Kleingedruckten ließ sie uns gleichzeitig wissen, es sei eine der »brennenden Fragen« unserer Zeit, wie wir die bedrohte Natur besser schützen können, und verband das mit dem dezenten Hinweis, daß ihr Unternehmen eigens einen Umweltschutzbeauftragten beschäftige und fünfzig Praktikantenstellen in deutschen Nationalparks finanziere. Für mittelständische Unternehmen habe die Bank einen Umweltpreis gestiftet. Und aus einer Kombination von öffentlichen Fördermitteln und eigenem Kreditprogramm habe sie ein besonders günstiges Umweltdarlehen geschaffen.

Das sind sicherlich alles lobenswerte Unterfangen, aber wohl doch nur der berühmte Tropfen auf einen sehr heißen Stein. Es soll das Lob nicht schmälern, wenn vermutet wird, daß die Bank bei der Anzeige auch ein wenig an die Image-Pflege gedacht hat. Eine alte Weisheit in der Wirtschaft lautet, tue Gutes und rede darüber. Und so münzt sich die Frage in dem Inserat leicht dahin um, ob mit dem Ozonloch und den Umweltängsten Geld zu verdienen ist. Die Bank hat diese Frage sehr pragmatisch beantwortet: Mit Umweltschutzdarlehen läßt sich nur schwer Geld verdienen, also muß der Staat sie subventionieren. Weil außerdem in der Bevölkerung der Umweltschutz eine hohe Priorität hat, ist es werbewirksam, wenn ein paar Mark in den Klingelbeutel für Umweltschutz-Aktivitäten gesteckt werden.

Der Kreditmarkt, der hauptsächlich von den Geschäftsbanken beherrscht wird, taugt demnach einstweilen unter den gegenwärtigen Bedingungen in sehr bescheidenem Umfang zur Mittelbeschaffung für ökologische Zwecke. Eine andere Finanzierungsoption ist die einschneidende Umwidmung staatlicher Ausgaben.

Lester R. Brown, Gründer und Leiter des angesehenen Worldwatch Institute in Washington, hat eine runde Summe errechnet. In einem »Spiegel«-Gespräch bezifferte er die Kosten für ein Programm zur Rettung unseres Planeten (Stopp der Bodenerosion, Wiederaufforstung, Begrenzung des Bevölkerungswachstums, bessere Luft, Säubern der Gewässer, Nutzbarmachung erneuerbarer Energien, Senkung des Verbrauchs fossiler Brennstoffe) auf 150 Milliarden Dollar jährlich in den nächsten zehn Jahren, insgesamt somit 1,5 Billionen Dollar.[2] Auf die skeptische Frage der »Spiegel«-Journalisten, woher denn das Geld kommen solle – die Entwicklungsländer seien mit 1,3 Billionen Dollar verschuldet, schon dieses Problem sei unlösbar –, antwortete Brown, daß er in die Zahl von 150 Milliarden Dollar schon eine Verminderung der Schuldenlast eingerechnet habe, das Geld sei da. Jahr für Jahr würden 900 Milliarden Dollar für die Rüstung ausgegeben. Es genüge also, lediglich ein Sechstel davon umzulenken. Selbst wenn sich herausstellen sollte, daß der doppelte Betrag für sein Programm nötig sei, bliebe immer noch genügend Geld für das Militär.

So einleuchtend die einfache Rechnung von Brown auch sein mag, unglücklicherweise ist die Rüstungslobby weitaus einflußreicher als die Ökologiebewegung. Die Menschheit hat sich, wie die traurige Bilanz dieses Jahrhunderts beweist, Kriege nicht abgewöhnen können, so daß der Politik die Legitimation von Rüstungsausgaben nicht sonderlich schwerfällt. Rüstungsausgaben werden Bestandteil staatlicher Budgets selbst dann aller Voraussicht nach in beachtlichen Größenordnungen bleiben, wenn Militäraktionen nur noch unter der Oberhoheit der Vereinten Nationen durchgeführt würden.

Moderne Rüstungstechnik ist zudem sündhaft teuer, und die Diskussion über die Kürzung der Rüstungsetats verfängt sich dann im Expertenstreit, welche Rüstungsgüter zur Ausstattung der militärischen Verbände unerläßlich sind oder nicht. Nebenbei läßt sich mit Rüstungstechnik ansehnliches Geld einheimsen, was den Einfluß der Rüstungsindustrie zusätzlich stärkt.

Um diesem Einfluß Paroli bieten zu können, wäre es wünschenswert, daß sich auf Verbandsebene die ökologisch orientierten Unternehmen zusammenschlössen. Ansätze dazu sind schon vorhanden. Vielleicht wird demnächst der Bundesverband der ökologisch orientierten Industrie gegründet, der dann hoffentlich nicht nur ein Schattendasein fristet. In Baden-Württemberg hat sich ein »Wirtschaftsverband UnternehmensGrün« zusammengefunden, und seit längerer Zeit besteht ein »Bundesdeutscher Arbeitskreis Umweltbewußtes Management« (BAUM). Beide Organisationen könnten Keimzellen für den Bundesverband ökologisch orientierter Unternehmer sein.

Auch auf der Konsumentenseite müßte versucht werden, eine weitaus deutlichere ökologische Akzentuierung der staatlichen Ausgaben durchzusetzen. Dazu bedarf es einer Erweiterung der Verbraucherrechte, damit Verbraucherorganisationen größeres Gewicht erhalten.[3] Den Verbrauchern sollte unter anderem ein Boykottrecht zur Durchsetzung bestimmter Standards in ökologischen »Tarifverträgen« analog zum Streikrecht der Gewerkschaften zugestanden werden.

Der Erfolg der Rüstungslobby im Kampf um staatliche Haushaltsmittel beweist zur Genüge, daß die Wirtschaft der Industriegesellschaften sich »regrettable necessities« durchaus in beachtlicher Höhe leisten kann, ohne daran zugrunde zu gehen. Wer Umweltschutzausgaben ebenfalls zu den »regrettable necessities« zählt, müßte daher zugeben, daß die

Wirtschaft diese mindestens ebenso verkraften kann wie Rüstungslasten. Es fällt auf, daß von der Industrie zwar häufiger zu hören ist, die Umweltschutzkosten seien zu hoch, jedoch zu hohe Rüstungsausgaben und die damit verbundenen Steuerlasten noch nie beanstandet wurden. Aber die Behauptung, die Wirtschaft leide nicht unter zu hohen Rüstungsausgaben, ist anfechtbar. Staaten mit überproportional hohen Rüstungsausgaben haben sich riesige Schuldenlasten aufgebürdet, die die wirtschaftliche Entwicklung erheblich beeinträchtigen.

Staatsverschuldung zugunsten der Natur

Ob erhöhte Umweltschutzausgaben auf Kosten einer höheren Staatsverschuldung ähnlich negative Auswirkungen auf die Wirtschaft haben, läßt sich so generell nicht sagen. Eine Kreditaufnahme des Staates ist selbst nach den strengen Maßstäben der Bundesbank dann akzeptabel, wenn die aufgenommenen Finanzmittel Investitionen dienen, die das Produktionspotential stärken. Weil Ausgaben für präventiven Umweltschutz besonders effiziente Investitionen in das Produktionspotential, zu dem wir auch die natürlichen Lebensgrundlagen rechnen, sind, kann staatliche Kreditaufnahme für solche Zwecke auch unter dem Gesichtspunkt der sogenannten intertemporalen Gerechtigkeit (Lastverschiebung auf spätere Generationen durch Schuldenaufnahme) angemessen sein. Dem Vergleich von Umweltschutzausgaben mit Rüstungsausgaben ist daher mit Vorsicht zu begegnen, weil Umweltschutzausgaben im Gegensatz zu Rüstungsausgaben im Regelfall produktiv sind.

Umlenkung staatlicher Ausgaben zugunsten des Umweltschutzes sollte sich im übrigen nicht nur auf den Rüstungsetat beschränken. Alle Etatposten der gesamten öffentlichen

Haushalte müssen im Sinne eines budgetären Öko-Auditing auf den Prüfstand, ob sie den ökologischen Umbau der Industriegesellschaft fördern, ihm zuwiderlaufen oder ihn hemmen. Auch die indirekten Auswirkungen staatlicher Aufwendungen müssen dabei in Betracht gezogen werden.

Weil der Staat die Gelder, die er einnimmt, erst anderen wegnehmen muß, bevor er sie für einen guten oder schlechten Zweck ausgibt, ist der Umweg der Finanzmittel über den Staat meist nur die zweitbeste Lösung, von den Fällen abgesehen, in denen staatliche Institutionen über die höhere Kompetenz und die größere Legitimation verfügen.

Daraus resultiert die Frage, ob nicht ökologische Innovationen und Investitionen so attraktiv werden können, daß das Geld quasi »freiwillig« und ohne staatliche Nachhilfe dafür zur Verfügung steht.

Der Geldmarkt boomt

Da die finanziellen Handlungsspielräume des Staates durch eine übermäßige Verschuldung sehr eng geworden sind, während im wirtschaftlichen und privaten Sektor sehr viel Geld unterwegs ist, muß versucht werden, Finanzmittel auf dem Kapitalmarkt aufzunehmen: Mit rund drei Billionen DM hat das Geldvermögen der privaten Haushalte in den alten Bundesländern zum Ende des Jahres 1990 einen neuen Höchstwert erreicht. Daraus erzielten sie in dem genannten Jahr Zinsen, Dividenden und andere Erträge in Höhe von 147 Milliarden DM. Das entspricht einem Anstieg der Vermögenseinkommen gegenüber dem Vorjahr um 17 Prozent. Von den Einkommen aus Geldvermögen müssen die Zinsen abgezogen werden, die die privaten Haushalte für die von ihnen aufgenommenen Kredite zahlen müssen. Sie beliefen sich im Jahr 1990 auf rund 25,5 Milliarden DM, das sind 21 Prozent mehr als im Vorjahr. Netto blieben den privaten Haushalten 122 Milliarden an Zinsen und sonstigen Erträgen. Der größere Teil davon ging nicht in den Konsum, sondern diente der Aufstockung der Geldkapitalanlagen.[4]

Im Jahr 1991 haben die privaten Haushalte in Deutschland ihr Geldvermögen um 238 Milliarden DM aufgestockt. Weitere 47 Milliarden DM flossen in die Eigenheimfinanzierung. Ende 1991 erreichte der Geldvermögensbestand der privaten

Haushalte nahezu 3,4 Billionen DM. Mehr als vier Fünftel des Geldvermögens waren verzinslich angelegt und erbrachten mit 177 Milliarden DM an Zinsen und Dividenden (vor Steuern) eine durchschnittliche Rendite von 6,5 Prozent.[6] Bei einem verfügbaren Einkommen der privaten Haushalte in Gesamtdeutschland in Höhe von 1,8 Billionen DM betrug die Sparquote in den alten Bundesländern 13,7 Prozent, während sie in den neuen Bundesländern nur 6,3 Prozent erreichte. Ende 1992 ist das Geldvermögen der privaten Haushalte auf über 3,6 Billionen DM angewachsen. Bis zum Jahre 2000 wird das Geldvermögen der Deutschen nach Expertenschätzungen die Summe von 6 Billionen DM ausmachen.[7]

Das Geldvermögen der westdeutschen Produktionsunternehmen erreichte nach Schätzung der Bundesbank im Jahresmittel 1991 eine Größenordnung von rund 1,67 Billionen DM; davon entfielen rund 600 Milliarden DM oder ein Drittel auf sofort oder verhältnismäßig rasch mobilisierbare Geldanlagen bei in- und ausländischen Banken sowie in festverzinslichen Wertpapieren.[8] Den »flüssigen Mitteln« müssen allerdings die simultanen kurzfristigen Verbindlichkeiten gegenübergestellt werden. Diese betrugen im Jahresdurchschnitt 1991 schätzungsweise 485 Milliarden DM.

Wie kann Kapital für den Umweltschutz aktiviert werden?

Geld ist also reichlich vorhanden. Es vervielfältigt sich unaufhörlich. Wirken sich diese Geldmassen zwangsläufig zum Schaden der Natur aus? Oder kann das latente Geld der Geldvermögen zum operativen Geld zugunsten des ökologischen Strukturwandels werden? Oder tangiert das Geldvermögen die Wirtschaftsabläufe gar nicht, die zur Umweltzerstörung führen?

Weil sich der ökologische Strukturwandel nicht von selbst einstellt, sondern nur durch Einsatz von Arbeit im weitesten Sinn (Forschung und Entwicklung inbegriffen) und Sachmitteln zustande kommen kann und Arbeit und Sachmittel nur gegen Geld zu haben sind, gibt es erheblichen Kapitalbedarf. Die schlichte Schlußfolgerung könnte lauten, einen größeren Teil des reichlich vorhandenen Geldvermögens diesem Kapitalbedarf zuzuführen. Aber das Geldvermögen, soweit es nicht vom Staat über Steuern und Abgaben konfisziert wird, läßt sich nicht irgendwohin kommandieren, sondern allenfalls anlocken. Das geschieht auf dem Kapitalmarkt. Wir müssen uns also umsehen, ob sich das Geld für den ökologischen Umbau der Industriegesellschaft in ausreichenden Größenordnungen auf dem Kapitalmarkt beschaffen läßt.

Zunächst sollten wir uns jedoch vergewissern, was das Geldvermögen seiner Substanz nach überhaupt darstellt. Geldvermögen nennt man den Teil des Vermögensbestandes, der sich aus Zahlungsmitteln (Kassenbestand und a tempo verfügbaren Bankguthaben) sowie aus der Summe der Forderungen abzüglich Verbindlichkeiten zusammensetzt. Weil Bargeld (Kassenbestand) als Forderung gegenüber der Bundesbank und Giralgeld (jederzeit disponible Bankguthaben) ebenfalls als Forderung gegenüber der Geschäftsbank figurieren, ist das gesamte Geldvermögen die Ansammlung von Forderungstiteln. Lassen wir das Bargeld (Zentralbankgeld) als »definitives Geld« beiseite, das »leer« und eine bloße Aufzeichnung für eine Leistung zugunsten bzw. eine Leistungsentnahme zu Lasten der Wirtschaft ist, stehen den Forderungen, die das Geldvermögen ausmachen, Schulden in gleicher Höhe gegenüber. Das Nettovermögen einer geschlossenen Gesamtwirtschaft ist daher immer gleich Null.

Umstritten ist dagegen die Frage, »inwieweit staatliche Schuldtitel im Portefeuille der Privaten . . . als Netto-Vermögen aufzufassen sind«.[9] In der geldtheoretischen Debatte wird unter diesem Aspekt zwischen »Außen-« (outside money) und »Innengeld« (inside money) unterschieden. Um Außengeld soll es sich handeln, wenn die Geldschöpfung nicht zu einer entsprechenden Zunahme der Verschuldung der privaten Wirtschaftssubjekte führt, wie es beispielsweise beim Ankauf von Devisen oder von staatlichen Schuldtiteln durch die Bundesbank der Fall ist. Die Schaffung von Innengeld hingegen geht unweigerlich mit einer Verschuldung der privaten Wirtschaftssubjekte einher. So ist die aktive Geldschöpfung der Geschäftsbanken (Buchgeld) immer mit einer gleich großen Verschuldung der privaten Kreditnehmer verknüpft. Demnach ist »das Innengeld – und damit der im Regelfall größte Teil der umlaufenden Geldmenge – nicht zum Nettovermögen einer Volkswirtschaft zu rechnen«.[10]

Aus volkswirtschaftlicher Sicht existiert – vom Außengeld abgesehen – kein Geldvermögen. Das Geldvermögen ist nichts als ein weitverzweigtes Kapillarsystem von Gläubiger/Schuldner-Beziehungen, die ständig in Bewegung sind, und der Geldkreislauf ist nichts anderes als eine stetige Veränderung der Relationen von Forderungen und Schulden. Diese sind das Resultat des Güteraustauschs im Güterkreislauf, der die entgegengesetzte Richtung hat. Dabei entstehen Forderungen und werden wieder getilgt, Buchgeld wird geschaffen und wieder »vernichtet«. Aber es bleibt ein Überschuß aus Geldschöpfung und -vernichtung; dem exponentiellen Wachstum des Bruttosozialprodukts entspricht logischerweise ein exponentielles monetäres Wachstum. Simultan wachsen die Schulden.

Wie läßt sich nun im Geldkreislauf (oder besser gesagt in der Geldspirale) das ökologisch-ökonomische Prinzip der Nachhaltigkeit unterbringen? Oder – anders ausgedrückt – wie lassen sich die Geldprozesse des Kaufens (Investieren und

Konsumieren), Leihens und Schenkens ökologisch qualifizieren?

»Kapitalmärkte werden bei der Suche nach Wegen zu einer nachhaltigen Entwicklung eine *entscheidende* Rolle spielen. Über die Hindernisse und Möglichkeiten sowie über die Beziehungen zwischen den Kapitalmärkten, der Umwelt und den Bedürfnissen künftiger Generationen ist jedoch noch wenig bekannt«, stellt Stephan Schmidheiny fest und fügt hinzu, daß »im Grunde genommen über dieses Thema bisher so gut wie keine Forschungen angestellt wurden«.[11]

Die Bedeutung der Kapitalmärkte hat im Laufe der Zeit zugenommen. Die Entwicklung ist unter anderem durch zwei Elemente bestimmt: *globalization* und *futurization*. Globalisierung heißt, daß sich die Märkte tendenziell räumlich ausdehnen und in einen erdumspannenden Weltmarkt integrieren. Futurisierung hat zur Folge, daß über die Finanzprodukte, die auf dem Kapitalmarkt angeboten werden, wirtschaftliche Entscheidungen der Gegenwart auf die Zukunft erstreckt werden. Die Reichweite wirtschaftlicher Entscheidungen wird dadurch in der Raum- und Zeitdimension erheblich vergrößert, ein Grund mehr, die ökologischen Verantwortlichkeiten zu stärken.

Mehrere Fragen sind nach Schmidheiny in diesem Zusammenhang klärungsbedürftig: »Nachhaltige Entwicklung erfordert vermehrte Investitionen sowohl in den Industrie- als auch in den Entwicklungsländern. Sie bedarf langfristiger Investitionen in Projekte und Unternehmen, die auf Umweltkriterien und Entwicklungsbedürfnisse besondere Rücksicht nehmen. Die meisten finanziellen Mittel für solche Investitionen werden von den Kapitalmärkten kommen müssen.« Weil Struktur und Funktionsweise der Kapitalmärkte sich wesentlich auf die Verfügbarkeit des Kapitals und die Investitionsprozesse auswirken, weil sie die Art und Weise, wie die Manager im Hinblick auf die Kapitalbeschaffung die gegenwärtige Leistung ihres Unternehmens beurteilen und dessen künftiges Potential planen, beeinflussen, sind Kapitalmärkte nach Einschätzung von Schmidheiny mit die wichtigsten Faktoren, die das Verhalten von Unternehmen prägen. Sie nehmen daher eine *Schlüsselposition* für die Lösung der Zukunftsprobleme unseres Planeten ein.

Was sind Kapitalmärkte? Es sind Märkte, auf denen Geld, das nicht für Konsumzwecke oder zur Liquiditätsvorsorge benötigt wird, gegen eine bestimmte Verzinsung oder sonstige Rendite und mit einer bestimmten Fristigkeit angeboten wird. Kapitalmärkte sind dadurch charakterisiert, daß langfristige, durch Wertpapiere (Aktien oder festverzinsliche Wertpapiere) verbriefte Kredite aufgenommen werden. Eine Parallele bildet dazu der Bankenkredit- und Einlagenmarkt, auf dem ebenfalls langfristige Mittel gehandelt werden. Die auf dem Kapitalmarkt entstehenden Forderungen sind jedoch im Unterschied zu dem Bankenkredit- und Einlagenmarkt besonders leicht weiterzuveräußern oder zu verpfänden. Die Quelle des Geldangebots auf den genannten Märkten ist die Ersparnisbildung der Einkommensbezieher. Jedoch ist der Kapitalmarkt nur eine Unterform des Kreditmarktes, der sich in Geld- und Kapitalmarkt unterteilt.

Kapitalmärkte sind mehr oder weniger ergiebig und »leistungsfähig« oder bisweilen ausgeräumt (crowding out). Wie auf jedem Markt entwickelt sich auch auf dem Kapitalmarkt ein Preis- und Qualitätswettbewerb. Die Geldanleger bevorzugen normalerweise Wertpapiere von Emittenten, deren Bonität zweifelsfrei und deren Renditezusagen glaubhaft sind. Qualität hat ihren Preis, während riskantere Papiere billiger zu haben sind. Im Preiswettbewerb läßt sich das Papier am besten absetzen, das zum niedrigsten Preis die höchste Rendite verspricht. In der Regel mischt sich bei der Kaufentscheidung das Qualitäts- mit dem Preisargument. Geld gesellt sich gern zu Geld, es schert sich – von Ausnahmefällen abgesehen, auf die wir noch eingehen werden – wenig darum, um welchen Investitionszweck es sich handelt, für den es gebraucht wird. Der Versuch, den Geldanlegern den Wunsch nach Geldvermehrung auszutreiben, ist etwa so aussichtsreich wie der, einer Katze die Mäusejagd abzugewöhnen.

»Die hohe Verschuldung und der harte Wettbewerb um Kapital bringen es mit sich, daß eine umweltverträgliche Entwicklung für die Kapitalmärkte der Welt nicht jene Priorität besitzt wie für die öffentliche Meinung und für die Regierungsprogramme.«[12]

Stephan Schmidheiny ist ein optimistischer, aber auch ein vorsichtiger Mensch. Er schreibt, Priorität für die »Regierungsprogramme«, nicht etwa für die Praxis der Regierungen, und das ist – leider – meist die Realität. Aber bedeutsamer ist sein Hinweis darauf, daß die Kapitalmärkte wenig empfänglich sind für ökologische Bewertungen. Der Geldhunger der Investoren führt dazu, daß der Marktwert beispielsweise des Aktienkapitals eines Unternehmens sich hauptsächlich am »return of investment« und »return on investment«, also an kurzfristigen Erträgen und Dividendenerwartungen, orientiert.

Das hat Rückwirkungen auf das Management. Wenn ein Unternehmen Kapitalbedarf hat, muß es zusehen, daß kurzfristig eine Rendite erwirtschaftet wird, damit die Kapitalanlage attraktiv ist. Viele Manager klagen heute über den enormen Druck, der auf diese Weise von der Kapitalmarktseite auf die Unternehmen ausgeübt werde. Langfristige Strategien und Sicherung der Substanz des Unternehmens geraten dann ins Hintertreffen.

Schmidheiny bemerkt dazu, daß sich diese Erfahrungen nicht verallgemeinern lassen, »die Weitsicht der Investoren«

werde unterschätzt. Die Aktienpreise seien gestiegen, als sie Rückstellungen gegen die Schulden der Entwicklungsländer vorgenommen hätten, obwohl dies die kurzfristige Rentabilität beeinträchtigt habe. Die Anleger würden auch nicht negativ gestimmt, wenn Unternehmen viel Geld in Forschung und Entwicklung investieren. Ebenso werde sich am Ende die Erkenntnis durchsetzen, daß Ausgaben für eine nachhaltige Entwicklung langfristig Wettbewerbsfähigkeit und Rentabilität steigern.[13]

Diese Zuversicht könnte sich dann bewahrheiten, wenn es gelänge, die Kosten für Umweltbelastungen kontinuierlich spürbar zu verteuern und dadurch die langfristigen Renditeerwartungen für Investitionen in ökologisch-technische Innovationen zu verbessern. Die Erhebung eines linear ansteigenden Öko-Zinses hätte damit nicht nur eine unmittelbare Lenkungswirkung bei Produktions- und Konsumtionsentscheidungen, sondern auch – indirekt – auf den Kapitalmarkt. Nach allgemeiner Ansicht sind verläßliche Rahmenbedingungen die markanteste Einflußgröße bei Investitionsentscheidungen. Investoren fürchten »versunkene Kosten«, die Unternehmen manövrierunfähig machen können. »Versunkene Kosten« hemmen den ökologischen Strukturwandel in doppelter Hinsicht. Unternehmen mit alter, umweltschädigender Ausrüstung wird die Umstellung auf umweltfreundliche moderne Technik erschwert, und Investitionsentscheidungen für neue oder erweiterte Fabrikationsanlagen werden durch Unsicherheit über künftige Erträge und Kapitalkosten zurückgehalten.

Was im betriebswirtschaftlichen Rahmen die Entscheidungen einengt, muß nicht für den größeren gesamtwirtschaftlichen Bereich gelten. Es wäre verhängnisvoll, wenn die Industriegesellschaften sich an die versunkenen Kosten einer veralteten, umweltzerstörerischen Technik gebunden glaubten und unfähig wären, aus dieser verfehlten Wirtschaftsstruktur auszusteigen.

Die notwendige Verschränkung ökologisch-ökonomischer Zielsetzungen könnte sich aus dem monetären Sektor bilden, wenn wenigstens ein Teil der Geldvermögensbesitzer ihre Verfügungsmöglichkeiten entsprechend nutzen. Wenn auf naturzerstörenden Konsum verzichtet und das daraus entstehende Sparkapital in umweltschonende Technik investiert und zugleich die Konsumgewohnheiten auf umweltverträgliche Produkte umgestellt werden, kämen Wirtschaftskreisläufe in Gang, die die Wirtschaft zunehmend ökologisch qualifizieren. Dazu bedarf es der Initiative und der aktiven Kommunikation.

»Ethik«-Fonds

Nicht immer – entgegen manchem Vorurteil – ist das einzig wirksame Mittel der materielle Vorteil, der den Investoren für ihr finanzielles Engagement winkt. Die zunehmende Verbreitung »grüner« Fonds, des »ethischen« Investments und anderer Formen des Kapitalsammelns mit ökologischem Vorzeichen beweist das. Die Öko-Bank ist ein Experiment dieser Art, ebenso die anthroposophisch orientierte Gemeinschaftsbank in Bochum.

In Deutschland ist die Nachfrage nach »Ethik-Fonds« noch äußerst schwach. Experten schätzen ihren Marktanteil auf etwas ein halbes Prozent.[14] Selbst die Kirchen haben sich auf diesem Gebiet bisher kaum engagiert. Weil sie knapp bei Kasse sind, achten sie vermutlich zuerst darauf, daß ihr Geld, das sie zeitweise bei einer Bank verstauen, eine ordentliche Rendite bringt.

Wenig Gefallen finden die »Ethik-Fonds« bei den eingesessenen Banken. Bisweilen präsentieren sie dem Publikum zwar ihrerseits sogenannte Öko-Fonds, aber wohl mehr zur Image-Pflege und weniger im Sinne einer zielgerichteten Einwerbung von Sparkapital für ökologische Investitionen. Die Abneigung gegenüber »ethischem Investment« begründen die Banken mit »der Relativität ethischer Wertmaßstäbe«.[25]

Der Staat sollte die Bildung von Kapitalsammlung zugunsten ökologisch einwandfrei arbeitender Betriebe massiv fördern, sei es durch steuerliche Vergünstigungen, sei es durch eine Anschubfinanzierung. Wichtig ist, daß die Geldbewegung so umgelenkt wird, daß sie umweltverträgliche Produktionsbetriebe mit dem notwendigen Investitionskapital versorgt, aber zugleich die Nachfrage nach umweltangepaßten Gütern trägt.

Sinnvoll ist die Umwidmung von öffentlichem Vermögen und deren Einbringung in Stiftungen, die Umweltvorhaben fördern, vorausgesetzt, das Stiftungskapital wird seinerseits für vernünftige Umweltinvestitionen eingesetzt. Die Errichtung der Deutschen Bundesstiftung Umwelt aus dem Privatisierungserlös eines ehemals staatseigenen Unternehmens ist lobenswert. Ihr steht ein Kapital von ca. 2,5 Milliarden DM zur Verfügung. Sie ist damit die zweitgrößte Stiftung in Deutschland und die größte private Fördereinrichtung in Europa. Nach eigenen Angaben soll die Stiftung seit Beginn ihrer Fördertätigkeit im Frühjahr 1991 etwa 550 Projekte zum Schutz der Umwelt mit einer Summe von mehr als 345 Millionen DM unterstützt haben. Das sind beachtliche Zahlen. Es ist auch durchaus im Sinne der notwendigen Vernetzung von Geld- und Umweltpolitik, daß der Präsident der Deutschen Bundesbank, Hans Tietmeyer, zum Vorsitzenden des Stiftungskuratoriums berufen worden ist.

Einer Frage müßte freilich noch nachgegangen werden. Wo hat die Stiftung ihr Kapital investiert, aus dem sie ihre

Einkünfte bezieht, mit denen auch die Fördergelder finanziert werden? Sofern die Stiftung ihre Einkünfte aus einem Investment bezieht, das direkt oder indirekt mit einem umweltbelastenden Produktionsbetrieb verbunden ist, wäre der ökologische Zugewinn, dem die Stiftung gewidmet ist, mindestens erheblich geschmälert. Hat sie ihr Kapital in öffentlichen Anleihen angelegt, wäre das schon ökologisch fragwürdig, weil die Öko-Bilanz aller Staatsaktivitäten keineswegs vorbildlich ist. Im übrigen wären die Einkünfte der Stiftung dann im Grunde eine reine Steuerfinanzierung, weil die Zinsen aus Steuern aufgebracht werden müssen.

Damit ökologisch orientierte Kapitalfonds besser zum Zuge kommen und die pseudo-ethischen Lockangebote ausgesondert werden können, ist eine deutliche Verbesserung der Markttransparenz und der Kundeninformation dringend notwendig.

Der in den USA herausgegebene »Better-World-Investment-Guide« bietet beispielsweise einen umfangreichen Katalog von ökologisch, sozial und ethisch verantwortbaren Unternehmen. Dergleichen existiert in Europa bisher wohl noch nicht. Die »alternativen Branchenbücher« sind nützlich für die Konsumenten, aber nicht für die Investoren.

Hilfreich wäre vor allem, wenn es so etwas gäbe wie ein »Öko-Rating«. Das könnte den ökologisch-ökonomischen Wettbewerb zusätzlich positiv beeinflussen und dem öko-bewußten Investor wertvolle Hinweise bieten. In den USA wurde bereits im Jahre 1969 der Council on Economic Priorities (CEP) gegründet, der nach bestimmten Kriterien Unternehmen auf ihre ethische *»performance«* prüft und sie danach in drei Klassen einteilt (top rating, middle rating, lowest rating). Diese Kriterien sind: Spendenbereitschaft, Frauenförderung, Minderheitenförderung, Produktion von Militärgütern, Tierversuche, Informationsbereitschaft (Transparenz), gesellschaftliches Verhalten (Ausbildung, Wohnungsbau, Verhalten in Arbeitsgerichtsverfahren etc.), Verbindung zur Atomindustrie, Verhalten in Menschenrechtsfragen, Umweltschutz, Unterstützung von politischen Aktivitäten und Familienfürsorge. An diesem Kriterienkatalog läßt sich ablesen, daß kaum allgemeinverbindliche moralische Maßstäbe jenseits subjektiver Präferenzen und Weltanschauungen aufgestellt werden können. Vorstellbar wäre ja auch ein Kriterienkatalog, der sich die viktorianischen Moralvorstellungen zu eigen macht. Das hätte aber zur Folge, daß auf dem Markt unterschiedliche moralische Vorstellungen konkurrieren und auf Angebot und Nachfrage zurückwirken. Das schadet nichts.

Da die ökologischen Leistungen eines Unternehmens zunehmend ein Verkaufsargument auch bei der Einwerbung von Fremdkapital werden, ist »Öko-Rating« sogar kommerziell eine lohnende Aufgabe.

Die internationale Dimension von Natur und Geld

Letzte Ausfahrt: Rio?

In und mit der Natur sind die meisten Menschen eine Welt, in und mit dem Geld haben sie eine zweite gemeinsame Wirtschaftswelt geschaffen. Geld und Natur sind unkündbar. Beide sind aus dem Gleichgewicht geraten, weil wir nicht richtig damit umzugehen wissen.

Geld ist Weltgeld geworden und hat zu globalen Gläubiger-Schuldner-Beziehungen geführt, die weder ökonomisch vernünftig noch sozial angemessen, noch finanzpolitisch stabil, noch ökologisch verantwortbar sind. Die Natur wurde zur Beute einer aggressiven Wirtschaft, die ihre Tätigkeit auffallend häufig mit militärischen Termini beschreibt, wie Exportfeldzug, Preisgefechte, Markteroberung und dergleichen. Die Verheerung der Natur wird nur aufgehalten werden, wenn die Wirtschaft abrüstet. Dazu gehört nicht zuletzt, daß die in Geld ausgedrückten globalen Gläubiger- und Schuldnerbeziehungen auf eine neue Grundlage gestellt werden.

Die von den Vereinten Nationen im Jahre 1992 ausgerichtete »Konferenz über Umwelt und Entwicklung« (United Nations Conference on Environment and Development – UNCED) in Rio de Janeiro, mit der sich viele Hoffnungen und weitgesteckte Erwartungen verbanden (Maurice Strong, der Generalsekretär der Konferenz: »UNCED ist die letzte Chance, den Planeten zu retten«), konzentrierte sich deshalb auf die Frage, wie die globalen Geldbeziehungen so geordnet werden können, daß sie der Natur und den Menschen nützen, anstatt – aufs Ganze gesehen – immensen Schaden zu stiften.

Sehr vereinfacht ging es darum,

1. ob genügend Geld aufgebracht werden kann, um das Armutsgefälle auf der Welt zu mildern, weil sonst notleidende Menschen in den sogenannten unterentwickelten Ländern gar keine andere Wahl haben, als die Natur zu zerstören;

2. welche Veränderungen in den globalen Gläubiger-Schuldner-Beziehungen (Schuldenerlaß und -reduzierung) vorgenommen werden müssen, um nicht die gleiche Zwangslage bei der Umweltnutzung herbeizuführen bzw. bestehen zu lassen;

3. wie die miteinander vernetzten Wirtschaftsstrukturen, die in einer Geldweltwirtschaft eben immer Gläubiger-Schuldner-Beziehungen sind, so umgestaltet werden können, daß die Verschwendungswirtschaft in den reichen Industriestaaten beendet und von einer nachhaltigen Wirtschaftsweise abgelöst wird.

Der Auftrag an die Konferenz lautete wörtlich so: »UNCED soll den Übergang von einem fast ausschließlich auf die Förderung wirtschaftlichen Wachstums ausgerichteten Wirtschaftsmodell zu einem Modell herbeiführen, das von den Prinzipien einer dauerhaften Entwicklung ausgeht, bei der dem Schutz der Umwelt und der rationellen Bewirtschaftung der natürlichen Ressourcen entscheidende Bedeutung zukommt. Ferner soll UNCED dazu beitragen, eine neue globale Solidarität zu schaffen, die nicht nur aus wechselseitiger Abhängigkeit erwächst, sondern darüber hinaus aus der Erkenntnis, daß alle Länder zu einem gemeinsamen Planeten gehören und eine gemeinsame Zukunft haben.«

Im Kern war es tatsächlich »der große Kampf ums grüne Geld«, wie Thomas Fröhlich in der »Süddeutschen Zeitung«

seinen Kommentar zum »Erdgipfel« in Rio de Janeiro überschrieb, in dem er eine Verschärfung des Streits um die Finanzierung des globalen und regionalen Umweltschutzes voraussagte. Er bezweifelte mit Recht, daß es den »großen Paukenschlag bei der Finanzierung einer umweltverträglichen Entwicklung« geben werde. Zu groß sei der Bedarf und zu gering die Bereitschaft der reichen Länder, sich über das gewohnte karge Maß zu engagieren. Bloße Transferzahlungen reichten nicht aus, die angesichts mancher Finanzprobleme der Industriestaaten ohnehin nicht allzu großzügig ausfielen. Erfolgversprechender sei ein »Finanzierungspaket«, das neben multilateralen Entwicklungsbanken und Fonds, bilateralen Hilfsprogrammen, Beiträgen von Entwicklungs- und Umweltschutzorganisationen auch den weiteren Schuldenerlaß und nicht zuletzt Investitionen von Unternehmen umfassen müsse. Hinzukommen müßten Initiativen der Entwicklungsländer selbst, aber endlich auch Veränderungen in dem von den Industrieländern dominierten Welthandelssystem. Thomas Fröhlich erinnerte auch an die von allen Seiten erhobene Forderung, die »Friedensdividende«, die uns durch die weltweite Abrüstung zuteil werde, in Entwicklung und Umweltschutz zu investieren. Letztlich sei es aber gar nicht so wichtig, ob auf diese oder jene Weise Kapital zusammenkomme. »Geld ist genug da, Milliardensummen vagabundieren auf den internationalen Finanzmärkten und suchen nach Anlage. Entscheidend wird vielmehr die Bereitschaft sein, das Geld in Projekte zu stecken, die einer umweltverträglichen Entwicklung dienen.«[16]

Das ist in der Tat die Schlüsselfrage: Wie gelangt das Geld in die richtige Bahn? Kurz gesagt, wie stellen wir es an, daß es für sinnvolle Zwecke ausgegeben und investiert wird. Wie kann das Geld »grün« werden? Und wie bleibt es »grün«? Welche Kanäle müssen wir bauen, damit die Geldströme auf die »grünen« Mühlen gelenkt werden, und wem müssen wir das Geld abgraben?

Vorschläge zum Rio-Gipfel gab es haufenweise. Horst Siebert empfahl ein »Umwelt-GATT«, um im Rahmen einer globalen Umweltordnung ein Arrangement für die Weltwirtschaft zu schaffen. Während das GATT Regeln für den Welthandel festlegt, solle eine Weltumweltordnung die institutionellen Bedingungen für die Nutzung der Natur festlegen. Die Politiker müßten sich auf eine Reihe von Regeln verständigen, die zum Ziel hätten, grenzüberschreitende beziehungsweise globale Emissionen von Schadstoffen zu vermindern. Weil sich das Verursacherprinzip – das Vorsorgeprinzip wie auch das Prinzip der einzelstaatlichen Verpflichtung – als umweltpolitische Rahmenbedingung international nur schwer durchsetzen lasse, sollte auch die Möglichkeit von Transferzahlungen geprüft werden, um Umweltverschmutzer dazu zu animieren, die Emissionen von Schadstoffen zu vermeiden. Die Transferzahlungen müßten von den potentiell Geschädigten aufgebracht werden.

Um Trittbrettfahrer-Verhalten zuvorzukommen, sollten institutionelle Regelungen für Anreize sorgen, von diesem Verhalten abzusehen. Eine Möglichkeit dazu wäre nach Siebert die Ausgabe von handelbaren Zertifikaten. International müßte eine Gesamtmenge beispielsweise von CO_2-Emissionen festgelegt werden, die als tolerierbar eingeschätzt wird. Dann könnte man an die einzelnen Länder Zertifikate ausgeben, die das Recht beinhalten, eine bestimmte Menge CO_2 zu emittieren. Das bevölkerungsreichste Land der Erde, China, müßte die meisten Zertifikate erhalten. Wenn China mit seinen Kohlevorräten schonend umginge, benötigte es nicht alle Zertifikate und könnte sie teilweise verkaufen oder verpachten. So gäbe es für China einen Anreiz, sich umweltschonend zu verhalten. Gekauft würden die Zertifikate von den Ländern, die sehr viel CO_2 emittieren. Damit käme ein Anreizmechanismus zustande, dort in den Umweltschutz zu investieren, wo es den größten Nutzen bringt.[17]

Ähnliche Überlegungen vertreten Gebhard Kirchgässner und Torsten Amelung. Letzterer regte an, die reichen Nationen sollten sich zu einem Kartell zusammenschließen, um die Kompensationszahlungen an die Besitzerländer von tropischen Regenwäldern zu koordinieren. Die Höhe der Kompensationszahlungen will Amelung von den bei Verzicht auf Rodung des Regenwaldes entgehenden Erträgen (Opportunitätskosten) abhängig machen.[18]

Daß es schwierig werden kann, die Erfüllung der mit solchen Kompensationszahlungen verbundenen Auflagen nachzuprüfen, kalkulieren auch deren Befürworter ein. Sie meinen, das Kontrollproblem ließe sich durch zeitliche Streckung der Zahlungen und durch Wohlverhaltensklauseln in den Griff bekommen. Kirchgässner erwähnt außerdem ausdrücklich die »psychologische« Hürde, die Zahlungen der Geschädigten an die Schadensverursacher entgegensteht.

Mit Zumutungen dieser Art muß sich die Umweltpolitik fast tagtäglich auseinandersetzen. Die Klima-Konvention, die in Rio de Janeiro von zahlreichen Regierungsvertretern unterzeichnet wurde, legt die Industrieländer – ohne verbindlichen Zeitrahmen – auf das bescheidene Ziel fest, die Emission von Treibhausgasen, darunter vor allem Kohlendioxid, auf dem Niveau von 1990 zu stabilisieren. Prompt protestierten die Länder, die sich benachteiligt sehen, weil sie bisher am Export von fossilen Energieträgern gut verdient haben. Die Ölförderstaaten wollen angesichts der Forderungen nach Energieeinsparungen Sonderabfindungen als Ausgleich für verringerte Exporterlöse verlangen.

Die Methode ist immer dieselbe: Wer durch umweltbelastende Wirtschaft verdient hat, will die Umweltbelastung nur einstellen, wenn er dafür entschädigt wird. Ein Beispiel unter vielen ist der Agrarbetrieb, der nur bereit ist, weniger Pestizide und Mineraldünger auszubringen, wenn ein Ausgleich gezahlt wird. Es hat ein wenig Ähnlichkeit mit dem Ansinnen eines Diebes, der sich erbietet, künftig auf das Klauen zu verzichten, wenn er eine angemessene Entschädigung bekommt.

Der zahlungsbereite Staat ist sicherlich in einer heiklen Situation. Soll er auf die Forderung nach Abgeltung der finanziellen Einbußen bei Verzicht auf umweltbelastendes Verhalten eingehen, sofern das Erfolg verspricht? Oder schafft er damit eher einen Anreiz zu umweltzerstörerischem Handeln, das später zusätzlich »abgekauft« werden muß? In diesem Dilemma befand sich die Bundesrepublik einst beim sogenannten Freikauf von Inhaftierten in der ehemaligen DDR. Aus humanitären Gründen zahlte die Bundesregierung für die Freilassung von politischen Gefangenen erhebliche Beträge, mußte bei diesem »Menschenhandel« leider aber damit rechnen, daß die DDR den »Vorrat« an Gefangenen auffüllte. Der Freikauf, so richtig er im Einzelfall gewesen sein mag, war daher ungeeignet, das Problem an der Wurzel zu packen und die Unterdrückungsmaßnahmen des DDR-Regimes zu beenden. Dasselbe gilt für den »Freikauf« umweltzerstörerischer Vorhaben, ohne daß im Einzelfall die positive Wirkung solcher finanziellen Ablösungen bestritten werden soll.

Die auf der Rio-Konferenz beschlossenen »Agenda 21«, ein umfangreiches und ehrgeiziges Programm, das auf 800 Seiten zahlreiche Aktionspläne zum Schutz der Erdatmosphäre, zum sparsamen Umgang mit Energie, zum Technologietransfer usw. vorsieht, erfordert schätzungsweise für die Verwirklichung der über einhundert Einzelprogramme allein bis zum Jahr 2 000 jährlich etwa 600 Milliarden Dollar. Davon müßten die Industriestaaten 125 Milliarden Dollar aufbringen. Das entspräche etwa 0,7 Prozent ihres Bruttosozialprodukts.

Woher soll das Geld für diese Ausgaben kommen? Wird es durch Umweltzerstörung verdient? Und welche Wirtschaftsbewegung bringt es letztlich durch die Ausgaben in Gang? Denn das Geld bleibt nie stehen. Wird es für Umweltinvestitionen ausgegeben, findet es seinen Weg eventuell wieder in Kassen, die damit erneut umweltbelastenden Konsum finanzieren. Ein Circulus vitiosus?

William Reilly, der Abgesandte des früheren US-Präsidenten Bush auf der Rio-Konferenz, gab damals die folgende Parole aus: »Nur wenn die Wirtschaft wächst, kann man auch die grünen Technologien bezahlen.«[19]

Das ist eine gefährliche und kurzsichtige These, obgleich sie auch das Credo vieler Ökonomen hierzulande ist. Bedarf es wirklich des Umwegs über naturzerstörende Produktion und Konsumtion, um Umweltschutz zu finanzieren? Sind wir nicht mit Blindheit geschlagen? Wenn es möglich ist, die Wirtschaft im Prinzip für jedwede Produktion, für die eine Nachfrage existiert, mit Geld zu versorgen, warum sperren wir uns dagegen, ebenso zu verfahren, wenn es darum geht, den Markt für Umweltschutzgüter, für die notfalls der Staat – mangels privater Nachfrage – als Nachfrager am Markt auftritt, mit Geld »auszustatten«?

Es gibt bereits ein Instrument zur Finanzierung von Umweltprojekten, den Fonds »Global Environmental Facility« (GEF). Dieser Fonds hat jedoch nach Ansicht vieler Länder der Dritten Welt einen Fehler: Er wird von der Weltbank verwaltet. Der Weltbank wird auch von Umweltschützern vorgeworfen, sie habe bei den von ihr vergebenen Krediten bisher so gut wie nie die Umweltverträglichkeit von Projekten berücksichtigt und durch die von ihr geförderten Vorhaben zu Umweltschäden großen Ausmaßes in der Dritten Welt beigetragen. Das Entscheidungsmonopol der Weltbank soll deshalb zugunsten der Nehmerländer eingeschränkt und das Kreditvergabeverfahren transparenter und straffer gestaltet werden. Der Fonds ist derzeit mit einem vergleichsweise ziemlich armseligen Volumen von 1,3 Milliarden DM ausgestattet, die Dotierung soll allerdings verdreifacht werden.

Die Dritte Welt fordert einen eigenständigen »Grünen Fonds« mit einem Etat von 125 Milliarden Dollar jährlich, der durch entsprechende Aufstockung der Entwicklungshilfe der Industrieländer in Höhe der Zielvorgabe von 0,7 des Bruttosozialproduktes aufgebracht werden soll. Die Industrieländer lehnen diesen Fonds ab, weil er nur zu einer weiteren Superbürokratie führen würde.

Es geht jedoch nicht nur um »frisches« Geld für den Umweltschutz, sondern auch um die Schuldenlast der Dritten Welt, die den Raubbau an der Natur nicht unwesentlich beschleunigt, weil die Schuldnerländer anders ihre Zins- und Tilgungsleistungen nicht erfüllen können. Die Verschuldung der Entwicklungsländer hat sich von 1980 bis zum Jahre 1990 mehr als verdoppelt und ist auf die gigantische Summe von knapp anderthalb Billionen Dollar angewachsen. Es war wohl mehr als voreilig, als der Präsident des Bundesverbandes Deutscher Banken, Eberhard Martini, im Oktober 1991 stolz verkündete, die Weltschuldenkrise sei weitgehend bewältigt. Das mochte für die deutschen Bankinstitute richtig sein, die ihre Kredite beigetrieben, verkauft oder – zu Lasten der Steuerzahler – abgeschrieben haben. Für die Entwicklungsländer ist die Schuldenkrise nach wie vor bittere Realität.

Die Entwicklungsländer sehen sich bekanntlich auch erheblich durch Zoll- und Handelsschranken der Industrieländer benachteiligt. Nach einer Untersuchung des »Entwicklungsprogramms der Vereinten Nationen« (UNDP) entgehen den Ländern der Dritten Welt durch die Abschottung der

Märkte in den Industrieländern jährlich etwa 500 Milliarden Dollar; das ist nahezu das Zehnfache der Entwicklungshilfe sämtlicher Industriestaaten. Hafez Sabet hat den Nettotransfer von Süd nach Nord im Zeitraum zwischen 1956 bis 1990 je nach unterschiedlichen Annahmen in einer Bandbreite von etwa 17,5 bis 53,5 Billionen US-Dollar errechnet.[20]

Die eher vagen Ankündigungen und Absichtserklärungen, die in den umfangreichen Dokumenten und Vertragswerken der Rio-Konferenz von 1992 unterschrieben wurden, bilden einen deutlichen Kontrast zu den dramatischen Aufrufen zur Rettung der Umwelt. Auch die Bundesregierung hat sich ungeachtet allen Selbstlobs eher mäßig engagiert. Zu konkreten Initiativen konnte sie sich nicht entschließen. Außer der Bekräftigung der seit langem bekannten Zusage, 790 Millionen DM in den Umweltfonds der Weltbank einzuzahlen, blieben weitere spezifizierte Aussagen aus.

Das Bekenntnis zu dem Ziel, 0,7 Prozent des Bruttosozialprodukts für Entwicklungshilfe zur Verfügung zu stellen, folgt einer Empfehlung, die die Vereinten Nationen schon vor zwanzig Jahren formuliert haben. Ohne eine verpflichtende Zeitangabe, wann dieses Ziel erreicht sein soll, sind solche Erklärungen jedoch wertlos, abgesehen davon, daß sich der Anteil der Entwicklungsausgaben in Deutschland im Verhältnis zum Bruttosozialprodukt sogar verringerte. Der frühere EG-Kommissar Ripa de Meana ließ deshalb auch alle diplomatische Höflichkeit beiseite und bezeichnete das Verhalten der Industrieländer auf der Konferenz in Rio de Janeiro als Heuchelei.

Die von UNCED eingesetzte UN-Kommission für nachhaltige Entwicklung wird harte Kärrnerarbeit leisten müssen, wenn sie die bisher äußerst magere Bilanz bei der Einlösung der in Rio de Janeiro abgegebenen Versprechen aufbessern will. Eines ihrer Arbeitsfelder beschäftigt sich mit dem Thema »Finanzielle Ressourcen und Mechanismen«. Soll sich das Vorhaben nicht in Kleinkram und Einzelaktivitäten verheddern, wird sie sich auch und vorrangig der Frage zu stellen haben, wie künftig die globale Geldordnung zu regeln ist. Dabei geht es um nichts Geringeres als eine »Weltgeldverfassung«[21], deren Ausgestaltung sich an die Ideen anlehnen könnte, die seinerzeit Keynes auf der Konferenz in Bretton Woods als International Clearing Union (Union für den internationalen Zahlungsausgleich) entwickelt hat, ohne daß er damals ausreichende Unterstützung fand.[22]

Der Keynes-Plan ist angesichts der in ständiger Bewegung (Volatilität) befindlichen internationalen Finanzmärkte und der Schuldenkrise aktueller denn je. Vor allem gilt es einzusehen, »daß sich kein internationaler Handel ohne den Einsatz einer für alle Nationen gleich akzeptablen und verbindlichen Geld- oder Abrechnungseinheit, ohne ein Mittel ›letzter‹ internationaler Liquidität, in dem alle am internationalen Leistungs- und Kapitalaustausch beteiligten Nationen ihre Währungsparitäten ausdrücken und vergleichen können, organisieren läßt«.[23] Dieses Mittel »letzter Liquidität« sollte jedoch nicht Bargeld sein, sondern »abrechnungssicheres Giralgeld der Zentralbanken«, der »Bancor«. Das Abrechnungsverfahren sollte direkt unter den Zentralbanken abgewickelt werden, um zu vermeiden, daß sich die unbeaufsichtigten Geld- und Kreditmärkte der Geschäfte mit den Zahlungsbilanzdefiziten annehmen. Sowohl bei Bancor-Defiziten wie bei Bancor-Überschüssen sollten Strafzinsen erhoben werden.

Keynes schrieb in der Begründung seines Planes: »Die Idee, die einer solchen Union zugrunde liegt, ist einfach, nämlich: das eigentliche Bankprinzip, wie es innerhalb eines jeden geschlossenen Systems gehandhabt wird, zu verallgemeinern. Dieses Prinzip besteht im notwendigen Ausgleich von Guthaben und Schulden. Wenn keine Guthaben aus dem Verrechnungssystem herausgezogen, sondern nur innerhalb des Systems übertragen werden können, kann die Union niemals in irgendwelche Schwierigkeiten kommen, was die Einlösung von Schecks anbelangt, die ihr vorgelegt werden. Sie kann jedem ihrer Mitglieder nach ihrem Ermessen Vorschuß gewähren in der Gewißheit, daß der Gegenwert nur auf das Verrechnungskonto eines anderen Mitglieds übertragen werden kann. Ihre einzige Aufgabe ist es, darauf zu achten, daß ihre Mitglieder sich an die Regeln halten und daß die Vorschüsse, die jedem einzelnen von ihnen gegeben werden, klug und ratsam für die Union als Ganzes sind.«[24]

Die Kunstwährung der Sonderziehungsrechte beim Internationalen Währungsfonds (IWF), die heute nur eine marginale Bedeutung hat, könnte zu dem Keynesschen Bancor avancieren. Wir würden dann »unsere Währungen und Wechselkurse über ein wirklich neutrales, entstaatlichtes und deprivatisiertes n+1-tes Weltgeld abrechnen und entstören« (Wilhelm Hankel) und damit die Spekulation austrocknen. Die US-Währung, die weitgehend als Weltgeld fungiert, würde den Seigniorage-Vorteil einbüßen, und die USA würden das fragwürdige Privileg verlieren, ihre Zahlungsbilanz zu vernachlässigen. Damit wäre der US-Dollar zugleich wieder als rein nationale Währung intakt.[25]

Binswanger, der sich für flexible Wechselkurse ausspricht, weil nur so eine unkontrollierte und unkontrollierbare Geld-

und Kreditausweitung verhindert werden könne, will Sonderziehungsrechte nicht »gratis« vergeben, sondern quasi als *SZR for nature swap* nur gegen »Unterschutzstellung ökologisch wertvoller Regionen«.[26] Diese ökologische Komponente könnte in dem Modell von Keynes bei der Bemessung der Verschuldungsquote eine Rolle spielen.

Qualität statt Quantität: das A und O der Landwirtschaft

Ein Gegenmodell zum naturunverträglichen Massenkonsum

Die Landwirtschaft ist der ökonomische Bereich, der der Natur am nächsten ist. Schädigungen und Zerstörungen der Natur sind dort in langfristiger Perspektive gleichbedeutend mit der Vernichtung des wirtschaftlichen Fundaments. Man sollte annehmen, daß die Bauern, die sich aus uralter Überlieferung ein tiefes und sensibles Naturverständnis erworben haben, besonders empfänglich sind für einen ökologischen Strukturwandel und das Prinzip der nachhaltigen Wirtschaftsweise. Leider setzt sich aber auch bei den Bauern nur sehr langsam die Erkenntnis durch, daß die Industrialisierung und Chemisierung der Landwirtschaft ein Irrweg ist.

Wie anderswo lassen sich die Probleme auch bei der Landwirtschaft nicht auf die Frage einengen, ob künftig umweltverträglich und naturschonend Ackerbau und Viehzucht betrieben werden oder ob die konventionellen agroindustriellen Methoden beibehalten werden sollen. Auf dem Agrarsektor tummeln sich viele Interessenten, die Chemie-Industrie, die Nahrungsmittelindustrie, der Handel und die Bürokratie. Und wie anderswo geht es um viel Geld, das die einen verdienen und andere zu bezahlen haben, zum Beispiel in Form von gigantischen sogenannten Agrarsubventionen.

Viele Bauern gehören zu den sozial Schwachen und sehen sich in ihrer Existenz gefährdet. Die dörfliche Kultur hat unter dem wirtschaftlichen Niedergang der bäuerlichen Landwirtschaft gelitten. Es scheint, daß »das Leben auf dem Lande« für die meisten an Anziehungskraft verloren hat. Die harten Arbeitsbedingungen und dürftigen Löhne haben die Landflucht verstärkt. Obwohl sich die Zahl der bäuerlichen Betriebe drastisch verringert hat, sind Arbeitskräfte rar.

Die sozialen Schwierigkeiten haben mancherlei Facetten. Zu meiner Überraschung erfuhr ich anläßlich einer Diskussion über die Zukunft der Landwirtschaft von einem Jungbauern, daß das größte Problem nicht das bescheidene Einkommen, nicht die EG-Agrarbürokratie, nicht die Schulden, nicht die Umstellung auf biologischen Landbau, sondern die Frage sei, wie Jungbauern zu einer Ehefrau kämen.

Niemand kann im übrigen behaupten, die Gesellschaft habe kein Geld für die Landwirtschaft mobilisiert. Im Gegenteil: Über den EG-Agrarhaushalt sind Jahrzehnte hindurch Milliardenbeträge aus Steuermitteln zur Stützung der Landwirtschaft aufgebracht worden. Seit langer Zeit steht wegen dieser exorbitanten Subventionen die EG-Agrarpolitik im Kreuzfeuer der Kritik. Diese richtet sich nicht nur gegen die extreme Höhe der Ausgaben, sondern bemängelt vor allem, daß die EG-Agrarpolitik im Endergebnis den Bauern mehr geschadet als genutzt und daß sie immense soziale und ökologische Nachteile verursacht habe. Das Geld, das die EG-Kommission mit vollen Händen ausgegeben habe, sei in erster Linie nicht den Bauern, sondern der Chemie- wie der Lebensmittelindustrie, dem Handel, der Verpackungsindustrie und agroindustriellen Betrieben zugute gekommen.

Ziehen wir die Bilanz der europäischen Agrarpolitik, ist nicht zu bestreiten, daß die Landwirtschaft ihre Hauptaufgabe, die Bevölkerung ausreichend mit Lebensmitteln zu erschwinglichen Preisen zu versorgen, in Westeuropa quantitativ nie besser erfüllt hat als heute. Dieser Erfolg ist gewiß nicht geringzuschätzen. Immerhin hat es auch in Europa vor nicht allzu langer Zeit noch Hungersnöte gegeben. Doch wurde dieser ökonomische Erfolg für die Landwirte zum sozialen Verhängnis, und die Überschußproduktion wird erkauft mit der fortschreitenden Zerstörung der natürlichen Lebensgrundlagen. Trotz steigender Produktion geht der Anteil der Landwirtschaft an Wertschöpfung und Beschäftigung insgesamt immer mehr zurück. In vielen wirtschaftlich starken Regionen Europas liegt er bereits unter fünf Prozent. Unter diesen Bedingungen muß es fast überraschen, daß immer noch 80 Prozent der Flächen forst- und landwirtschaftlich genutzt werden.

Die Gesamtentwicklung ist dadurch gekennzeichnet, daß die Umweltleistungen der Landwirtschaft stetig abnehmen, während die von ihr verursachten Umweltschäden zunehmen. Eine Chemie-Landwirtschaft, die ihre Aufgabe als »Krieg« gegen die Natur mißversteht, rottet wildlebende Tier- und Pflanzenarten aus. Im Jahr 1940 verwendeten die Bauern noch kaum Pestizide zur Bekämpfung von Insekten. Damals fielen den Schädlingen 3,5 Prozent der Ernte zum Opfer. Heute wird die tausendfache Menge an Insektiziden versprüht, die Ernteverluste stiegen auf zwölf Prozent, und viele Schädlinge werden resistent.[27]

Die EG-Agrarpolitik hat die Umstellung der bäuerlichen Landwirtschaft auf agroindustrielle Methoden gewaltig forciert. Nach der Devise »wachse oder weiche« wurden viele kleine und mittlere Betriebe zur Aufgabe gezwungen. Dagegen wurde die wirtschaftliche Stellung agroindustrieller Großbetriebe immer stärker. Welchen dramatischen Verlauf dieser – negative – Strukturwandel genommen hat, läßt sich an den nüchternen Zahlen der Entwicklung in Deutschland sehr deutlich ablesen: Im Jahr 1949 bestanden in Deutschland noch 1 647 000 bäuerliche Betriebe, sie verringerten sich bis zum Jahr 1990 auf 629 740, also um weit mehr als die Hälfte.

Gleichzeitig erhöhte sich die Durchschnittsgröße der landwirtschaftlichen Betriebe erheblich. Lag die landwirtschaftlich genutzte Fläche 1949 noch durchschnittlich bei nur 8,1 Hektar, hat sie bis zum Jahr 1990 eine Durchschnittsgröße von 18,70 Hektar erreicht.

Dieser »Strukturwandel« hat sich in den letzten Jahren sogar noch beschleunigt. Der Präsident des Deutschen Bauernverbandes glaubt, daß sich das fortsetzt. Nach seiner Meinung haben kleine und mittlere Betriebe keine Überlebenschance. Er befürchtet, daß »die Betriebe noch mehr wachsen müssen und daß wir dann riesige Farmen bekommen«, analog zu den Verhältnissen in den USA, die durch ein ähnliches System der finanziellen Stützung der Landwirtschaft entstanden seien.[28]

Daß sich die EU-Politik in einem Teufelskreis verheddert hat, gibt der EU-Kommissar für Agrarfragen, Ray Mac Sharry, rückhaltlos zu: »Ist die Selbstversorgung erreicht – und dies ist seit den späten siebziger Jahren der Fall –, so trägt eine Politik, wie sie gegenwärtig verfolgt wird, nur zu strukturellen Überschüssen bei. Die Landwirte wissen sehr wohl, welche negativen Auswirkungen Überschußbestände auf die Marktpreise haben. Die Preise verfallen, was die Landwirte wiederum zwingt, mehr zu erzeugen, um ihr Einkommen stabil zu erhalten. Der Absatz der Überschußbestände verschlingt einen immer größeren Teil des Agrarhaushaltes der Gemeinschaft und macht wiederum eine Senkung der Stützpreise erforderlich.«[29]

Daß rein ökonomisch etwas in dem Europäischen Agrarsystem nicht stimmen kann, ist schon an der Tatsache ablesbar, daß sich der EU-Agrarhaushalt in den letzten Jahren sprunghaft erhöht hat und im Jahre 1993 auf die schwindelnde Höhe von 78,6 Milliarden DM angestiegen ist, während die Einkommenslage der Landwirte immer noch angespannt ist.

Bis 1997 sollen die Ausgaben der EU im Rahmen des Agrarhaushalts auf 81,2 Milliarden DM gesteigert werden.

Die hohen Kosten entstehen vor allem dadurch, daß die EU-Kommission, weil die Lagerbestände überquellen, die EU-Agrarexporte mit etwa 21 Milliarden Mark jährlich subventioniert. Das Kilo Butter wird in Drittländer für 50 Pfennig verkauft. Der inländische Verbraucher, der mit seinen Steuern auch für die unsinnigen Exportsubventionen aufzukommen hat, zahlt für das gleiche Kilo EU-Butter derzeit etwa acht Mark. Jede Tonne Getreide, die Deutschland exportiert, wird mit 265 DM subventioniert, jede Tonne Rindfleisch mit 5 200 DM. Einer der größten Abnehmer von Rindfleisch ist Argentinien.

Die Importländer ziehen sicherlich kurzfristig einen Gewinn aus der billigen Einfuhr. In aller Regel bringen die Billig-Importe aber den heimischen Markt in Unordnung. Die billigen Nahrungsmittel drücken auf die Preise für landwirtschaftliche Produkte aus dem Inland, verringern die Einkünfte der einheimischen landwirtschaftlichen Betriebe, führen zu ungenügender Ausnutzung der eigenen Ressourcen zur Nahrungsmittelerzeugung und zu einer Verschärfung des Trends zur Abwanderung aus den ländlichen Gebieten in die Städte, in denen die Arbeitslosigkeit und zugleich der Nahrungsbedarf steigt. Nahrungsimporte führen häufig zur Erhöhung der Schuldenlast des Importlandes. Um die Devisen für die Abzahlung der Kredite aufzubringen, werden landwirtschaftliche Produkte für den Export erzeugt, nicht selten zu Lasten der Erzeugung von Produkten für die eigene Nahrungsmittelversorgung, was mit Zerstörung traditioneller landwirtschaftlicher Strukturen sowie Brandrodung und Abholzung wertvoller Waldbestände einhergeht. Weil aber das Angebot solcher Erzeugnisse für den Export steigt, verfallen nach einiger Zeit die Weltmarktpreise und mindern die für den Schuldendienst dringend benötigten Devisenerlöse. Sind die Preise für Futtermittel rückläufig, die zollfrei oder mit niedriger Zollbelastung auf den EU-Markt gelangen, wie zum Beispiel Soja, werden in der EU die Überschüsse größer, weil die fallenden Preise für Importfuttermittel die Fleischproduktion anregen und das hier erzeugte Getreide aus dem Futtermittelmarkt drängen.

Die Beziehungen zwischen den einzelnen Agrarmärkten der Welt sind auf Grund der massiven Stützung durch den Staat zu einem Belastungsfaktor ersten Grades für den freien Welthandel geworden. Die USA, Japan, die EU, Österreich, Schweden, Kanada, Australien und Neuseeland wetteifern in der Subventionierung der Landwirtschaft. An der Spitze liegt die Schweiz, in der 78 Prozent des Wertes der Agrarproduktion aus staatlichen Zuwendungen stammen. Während in den USA nur 3,3 Millionen Erwerbstätige die riesige Fläche von 430 Millionen Hektar bearbeiten, sind es in der EU nur 135 Millionen Hektar landwirtschaftliche Nutzfläche, die von fast zehn Millionen Erwerbstätigen bewirtschaftet werden. Da die öffentlichen Ausgaben der USA für die Farmer etwa gleich hoch sind wie die Gesamtsumme der Agrarstützungsgelder der EU, sind die Subventionen der USA pro Kopf der landwirtschaftlich Erwerbstätigen demnach erheblich höher.

Die EU versucht neuerdings eine Reform. Ob diese den Schlamassel beenden wird, ist fraglich. Die Stützpreise für Getreide sowie für Ölsaaten und Eiweißpflanzen sollen drastisch gesenkt werden, damit der Markt künftig ohne hohe Subventionen funktionieren könne und sich die Erzeugung auf die effektive Nachfrage auf den Binnen- und Außenmärkten einpendelt. Die Einkommensverluste der Landwirte sollen durch Direktzahlungen ausgeglichen werden, wobei größeren Betrieben eine Flächenstillegung in einem bestimmten Ausmaß zur Auflage gemacht wird. Als »flankierende Maßnahmen« sind unter anderem ein Aufforstungsprogramm für stillgelegte Flächen, eine Vorruhestandsregelung und – immerhin – ein Programm »Landwirtschaftlicher Umweltschutz« vorgesehen, der die Bauern durch Beihilfen zur Umstellung auf ökologische Landwirtschaft ermuntern soll.

Diese Pläne sind bis auf das Programm zur Erleichterung der Umstellung auf alternative Landwirtschaft problematisch. Natur und Landschaft sind von zwei Seiten bedroht: zum einen durch eine zu intensive landwirtschaftliche Nutzung vornehmlich in den sogenannten Kerngebieten und zum andern durch die vollständige Verdrängung der Landwirtschaft in den Grenzgebieten der Agrarlandschaft. Die EU-Agrarpolitik verstärkt diese Tendenz zu regionaler Polarisierung. In Gebieten mit günstigen Produktionsbedingungen wird die Erzeugung weiter konzentriert und intensiviert mit allen bekannten Folgelasten (zum Beispiel Nitratbelastung des Grundwassers), und gleichzeitig wird in ungünstigen Gebieten die Aufgabe von Betrieben mit naturverträglichen Anbaumethoden durch Flächenstillegung und Vorruhestand subventioniert. Dabei muß bedacht werden, daß ein ökologischer Ausgleich bei großräumiger Funktionstrennung nicht möglich ist. Ungenutzte Brachflächen in den Bergen schaffen keinen Ausgleich für ökologische Schäden in der Ebene.

Raumdeckende Extensivierung läßt sich nicht allein durch staatliche Kontrollen und durch Sonderprogramme mit finanziellen Anreizen durchsetzen, sondern – mit voraussichtlich besserem Erfolg – wenn die wirtschaftlichen Rahmenbedingungen so festgelegt werden, daß es im wirtschaftlichen Interesse der Landwirte liegt, ökologische Grenzen zu beachten. Über die Ziele künftiger Agrarpolitik scheinen sich die meisten Beteiligten weitgehend einig zu sein: Marktentlastung, angemessene Einkommen für die Bauern, Erhaltung der bäuerlichen Familienbetriebe, Verringerung des Nährstoffaustrags in Grund- und Oberflächengewässer, Erhaltung und Verbesserung der Lebensgrundlagen für Flora und Fauna, Verbesserung der Artgerechtigkeit der landwirtschaftlichen Tierhaltung. Wer die genannten ökologischen Ziele erreichen will, muß die Produktionsstruktur ändern und zwar durch Verringerung des Aufwands an Mineraldünger und Agrargiften, Verringerung der Futtermittelimporte, Verringerung des Viehbesatzes, Beschränkung der landwirtschaftlichen Nutzfläche auf 90 bis 95 Prozent der offenen Landschaft (auf Gemeindeebene) und Schaffung beziehungsweise Aufrechterhaltung einer hinreichenden Biotop-Vernetzung sowie Beschränkung auf artgerechte Viehhaltungsmethoden.

Vorschläge, wie ein solcher ökologisch vernünftiger Wandel der Produktionsstruktur zu erreichen ist, gibt es. Zu den geeigneten Maßnahmen zählen eine drastische Verringerung des Einsatzes von Stickstoffchemiedünger durch Erhebung einer entsprechenden Abgabe, Begrenzung der Futtermittelimporte, systematische Biotop-Vernetzung durch flächendeckende Landschaftspläne und Rechtsverordnungen über die in der Tierhaltung zulässigen Produktionsverfahren.

Man könnte also mit demselben Geldaufwand ein vernünftiges Einkommen für die Landwirte, angemessene Preise für die Verbraucher, drastisch verringerte Kosten für Bürokratie, Erhaltung einer natürlichen Umwelt, gesunde, schmackhafte und abwechslungsreiche Nahrung, »glückliche Hühner und Kühe«, Erhaltung von Arbeitsplätzen in der Landwirtschaft, geringeren Energie-Aufwand, geringeren Zins-Aufwand wegen Abnahme der Verschuldung der Bauern, geringere Transportkosten und Vermeidung der Kosten von teuren, falls überhaupt technisch möglichen, Umweltreparaturen erreichen. Als Draufgabe, die alles andere als eine Bagatelle ist, käme hinzu, daß die Verwerfungen auf dem Weltmarkt und die Störungen, die die EU-Agrarüberschußproduktion auf den heimischen Märkten der Entwicklungsländer verursacht, eingedämmt werden könnten.

Bilanz des Machbaren

Vorläufig ist kein politischer Herkules in Sicht, der den Augiasstall der europäischen Agrarpolitik auszumisten imstande wäre. Vielleicht sollten wir unsere Hoffnungen auch nicht auf die Heldentaten irgendeines Herkules heften, sondern auf die stille Kraft der vielen Bauern, Umweltschützer und Verbrauchergruppen, die schon einiges erreicht haben. Leider ist die Zahl der Alternativbetriebe in Deutschland, die mit ökologischen Landbaumethoden arbeiten, vergleichsweise immer noch verschwindend gering. Nach dem Agrarbericht der Bundesregierung von 1994 wurden 4385 Betriebe dieser Art gezählt, die insgesamt 127240 Hektar bewirtschaften; das sind lediglich 0,7 Prozent der gesamten landwirtschaftlich genutzten Fläche in Deutschland.

Nach dem erwähnten »Agrarbericht 1991« weisen die ökologisch wirtschaftenden Betriebe folgende Unterschiede zu konventionellen Vergleichsbetrieben auf:

- einen höheren Arbeitskräftebesatz, der durch die arbeitsaufwendigeren Produktionsverfahren bedingt ist (vor allem die Beschäftigung von mehr Lohnarbeitskräften);
- eine vielfältigere Fruchtfolgengestaltung, das heißt, es wurden weniger Getreide und Zuckerrüben, aber mehr Kartoffeln, Feldgemüse, Hülsenfrüchte und Ackerfutter (ohne Silomais) angebaut;
- eine bodenabhängigere Viehhaltung, bei einem etwas größeren Milchkuhbestand, aber bei einer geringeren Zahl von Mastrindern und Schweinen;

- niedrigere Hektarerträge und geringere Milchleistung infolge einer extensiven Bewirtschaftung;
- erheblich höhere Erzeugerpreise für pflanzliche Produkte; bei Milch ist der Abstand relativ gering, da diese überwiegend auf konventionellen Märkten abgesetzt wird;
- einen fast völligen Verzicht auf Pflanzenschutzmittel sowie, da weitgehend innerbetrieblich erzeugt, erheblich geringere Ausgaben für Mineraldünger, Futtermittel und den Viehzukauf;
- größere Aufwendungen für Löhne, Saatgut, Energie, Gebäude und Maschinen. Dies erklärt sich vor allem aus den abweichenden und arbeitsintensiveren Verfahren in der Tierhaltung, Düngerwirtschaft und Unkrautbekämpfung sowie durch die Form der Vermarktung. In den ökologisch bewirtschafteten Betrieben spielt der Direktabsatz an den Endverbraucher eine wichtige Rolle.

Bemerkenswert ist, daß die ökologisch bewirtschafteten Alternativbetriebe im Vergleich zu den konventionellen Betrieben ein insgesamt günstigeres Ertrags-/Aufwandsverhältnis und damit höhere Gewinne erzielt haben.

Hermann Priebe zieht aus diesem Vergleich den Schluß, die alternativen Betriebe seien »praktisch eine agrarpolitische *Wunschkombination* ökonomischer und ökologischer Ziele: Umweltverträgliche Landwirtschaft auf der Grundlage der eigenen Naturkräfte bei Ersparnis der Kosten für Überschüsse und zugleich Erhaltung von Arbeitsplätzen.«[30]

Wenn aber Wirtschaftlichkeit nicht nur durch Steigerung der Flächenerträge durch Intensiv-Anbau, sondern auch durch geringere Aufwendungen und höhere Preise als Qualitätsprämie der Verbraucher für naturgerechten Anbau zu erreichen ist, dann ist unverständlich, warum die Politik daraus nicht längst Konsequenzen gezogen hat. Hermann Priebe hat auf der Basis der Zahlen des Agrarberichts 1988 errechnet, daß der Unternehmensertrag der alternativen Betriebe um 22 000 DM geringer wäre, wenn man die bei Getreide, Kartoffeln und Milch erzielten Preise auf das Preisniveau der konventionellen Vergleichsbetriebe verminderte. Das wären im Betriebseinkommen 800 DM je Hektar landwirtschaftlich bewirtschafteter Fläche. Konkret bedeutet das: Die höheren Preise, die für die besonderen Qualitäten der Produkte aus alternativem Landbau von den Verbrauchern gezahlt werden, entsprechen in der Größenordnung den Marktordnungskosten, die für die konventionellen Betriebe von den Steuerzahlern aufgebracht werden. Oder im Umkehrschluß: Für den Gegenwert der Marktordnungskosten könnten die biologischen Produkte auf das übliche Preisniveau verbilligt werden. Oder noch besser: Das Preisniveau bleibt, die Marktordnungskosten entfallen und werden den Verbrauchern durch Steuerentlastung in sozial gerechter Relation zurückvergütet.[31]

Rechnet man außerdem hinzu, daß bei ökologischem Landbau unwiederbringliche Naturschätze, deren Vernichtung durch den konventionellen Landbau in keiner einzel- oder gesamtwirtschaftlichen Bilanz vorkommt, erhalten, die Verschmutzung des Trinkwassers und andere Umweltschäden vermieden, Kulturlandschaften bewahrt und rekultiviert werden, dann ergibt sich ökonomisch, sozial und ökologisch ein deutlicher Positivsaldo zugunsten einer ökologischen Landwirtschaft.[32]

Wir könnten von Schweden lernen. Dort wurde schon 1983 anläßlich des »Ökonomietages« ein Plan für ein biologisch optimal gestaltetes Landwirtschaftssystem vorgestellt, welches den Bedarf an Fleisch, Milch und Getreide und anderen pflanzlichen Produkten decken würde. Nach diesem Modell sollte sich die schwedische Landwirtschaft auf biologische Methoden umstellen, die sich den ökologischen Gegebenheiten anpassen, das Ackerland fruchtbar erhalten und Futter-

und Düngemittel aus eigener Produktion beschaffen. Eine flächenangepaßte und mehr auf Rauhfutter basierende Tierhaltung sowie leguminosenreiches Grünland auf dem größten Teil der Höfe sind dafür die Grundbedingungen. Auf diese Weise werden knappe Ressourcen gespart, die Nährstoffverluste an die Umwelt minimiert und eine abwechslungsreiche, vielgestaltige Feldflur als Basis für eine selbstversorgende Landwirtschaft erhalten.

Dieses Modell hat auch Schweden leider noch nicht in die Praxis umgesetzt. Immerhin ist es dank der Zusammenarbeit zwischen Regierung, Parlament und Bauernverband in Schweden gelungen, die Ausbringung von Pestiziden drastisch zu reduzieren. Heute setzt ein schwedischer Bauer nur ein Viertel der Giftmenge ein, die ein deutscher oder englischer Landwirt durchschnittlich auf die Felder bringt. Jetzt hat sich Schweden zum Ziel gesetzt, den Pestizid-Verbrauch nochmals um 50 Prozent zu verringern. Es kommt Schweden zugute, daß der dortige Bauernverband gegenüber der Chemie- und Agro-Industrie eine kritische Distanz wahrt. Der Einfluß der Chemie-Lobby ist weitaus geringer als in Deutschland, denn 95 Prozent der Pestizide müssen importiert werden. Schwedischer Reichstag, Agrarminister und Bauernverband sind sich einig in der Parole für die Landwirtschaft: »Weg von der Chemie!«

Das ist vorläufig noch undenkbar in Deutschland. Zu verschlungen scheinen die Interessen von Chemie-Industrie und Agrarfabriken. Bezeichnend dafür ist, daß der Präsident des Deutschen Bauernverbandes gleichzeitig dem Aufsichtsrat eines der größten Chemieunternehmen in Deutschland angehört.

Die höchsten Agrarsubventionen leistet sich die Schweiz mit 78 Prozent des Wertes der Agrarproduktion. Wenn so viel Geld zur Stützung der Landwirtschaft ausgegeben wird, ist es nicht verwunderlich, daß darüber auch bei den Eidgenossen heftig gestritten wird.

Hans Christoph Binswanger hat in dieser Diskussion die Aufmerksamkeit auf einen wichtigen Punkt gelenkt: »Entscheidend ist, daß die Landwirtschaft sich wegen ihrer Nähe zur Natur nicht in gleicher Weise am Markt- und Wachstumsprozeß beteiligen kann wie die übrige Wirtschaft.«[33] Binswanger nennt auch die Gründe, die dafür seiner Meinung nach maßgeblich sind:

»1. Das Nahrungsbedürfnis des Menschen ist in natürlicher Weise begrenzt. Die Produktion kann daher nicht beliebig ausgedehnt werden und im allgemeinen Wachstumsprozeß mithalten...

2. Die Landwirtschaft kann auch nicht in gleicher Weise durch Erhöhung der Wertschöpfung (Differenz zwischen Preisen und Kosten) mit der übrigen Wirtschaft mithalten. Denn bei den Nahrungsmitteln handelt es sich um *homogene Produkte,* deren Qualität nicht von der Herkunft beziehungsweise vom Hersteller abhängt. Für die meisten Konsumenten oder Verarbeiter entscheidet allein der Preis. Konkurrenz heißt in der Landwirtschaft daher (fast) immer Preiskonkurrenz, das heißt Preisdruck. Das ist anders bei Gütern, die als heterogene Produkte bezeichnet werden. Auch bei hohen Preisen ermöglichen sie Qualitäts- und Markenkonkurrenz sowie Einschränkungen der Preiskonkurrenz und Neuheitswettbewerb. Mit der Weiterverarbeitung und der zunehmenden Entfernung vom Naturprodukt steigt die Wertschöpfung.

3. Die Bodenabhängigkeit der landwirtschaftlichen Produktion bestimmt deren Menge. Demgegenüber kann in einer Fabrik auf kleiner Fläche eine große Produktion stattfinden, indem die Rohstoffe und Halbfabrikate von außen zugeführt werden. Die höheren Fixkosten des vermehrten Maschineneinsatzes können dabei auf eine steigende Erzeugung ohne

entsprechende Ausweitung der Bodenfläche umgelegt werden, was in der Landwirtschaft nur in beschränktem Ausmaß und nur durch Überbeanspruchung des Bodens und der Umwelt möglich ist.

4. Unterschiedliche Zielsetzungen bestehen zwischen einem bäuerlichen Familienbetrieb und einer Kapitalgesellschaft (Aktiengesellschaft). Im Familienbetrieb bestimmen in erster Linie die Arbeitskraft des Bauern und seiner Familienmitglieder sowie der Boden das Produktionsvermögen. Es gilt daher, den Ertrag der Arbeit – das Arbeitseinkommen – auf dem verfügbaren Boden zu maximieren. Demgegenüber ist in der Kapitalgesellschaft das Eigenkapital die Vermögensgrundlage. Es gilt hier, die Kapitalrendite zu maximieren. Im Gegensatz zum einkommensorientierten bäuerlichen Betrieb ist der Industriebetrieb renditeorientiert. Er kann seine Kapitalgrundlage durch Kapitalerweiterung ständig aufstocken und damit wachsen. Dies öffnet Gewinnmöglichkeiten, die dem bäuerlichen Familienbetrieb nie offenstehen.«[34]

Aus diesen Überlegungen folgert Binswanger, daß es schließlich zu einer »Schrumpfung« der Landwirtschaft kommen muß, wenn nicht ein Teil der in den anderen Bereichen der Wirtschaft erzielten Wertschöpfung über die Preise oder über finanzielle Beiträge an die Urproduktion zurücktransferiert wird, wenn also keine aktive Agrarpolitik betrieben wird.

Die Agrarpolitik ist nun zusätzlich mit der Frage konfrontiert, wie die sehr unterschiedlichen Verhältnisse in den einzelnen Agrargebieten der Welt im Markt ausgeglichen werden können und sollen. Die Abhängigkeit der Landwirtschaft von örtlichen Gegebenheiten ist offenkundig, wie schon in der von Binswanger erläuterten Bodenabhängigkeit sichtbar wird. Richtige landwirtschaftliche Entscheidungen können daher nur dezentral, regional oder sogar individuell getroffen werden.

Nach Rudolf Steiner ist jeder bäuerliche Betrieb eine »individuelle Einheit, ähnlich wie sehr unterschiedliche Symbiosen in der Natur«. Jedes Rasterdenken verbietet sich daher in der Agrarpolitik. Binswanger weist darauf hin, daß die Besonderheiten der Landwirtschaft in der Schweiz gegenüber der übrigen Wirtschaft in denjenigen Regionen der Welt weniger akut ist, wo der Boden noch sehr billig ist, weil dort dessen landwirtschaftliche Verwendung weniger in Konkurrenz zur Nutzung für industrielle oder Siedlungszwecke stehe, so daß sich erfolgreiche landwirtschaftliche Betriebe ohne größere Schwierigkeiten ständig vergrößern. Sie finden sich in den USA und Kanada, in Argentinien, Australien, Neuseeland und zum Teil auch in der EU. Den übrigen Restriktionen der Landwirtschaft können aber auch sie sich nicht entziehen, insbesondere dem Preisdruck (homogene Produkte) und dem beschränkten Nahrungsbedarf.

Hinzuzufügen ist allerdings, daß die Nachfrage nach Nahrungsmitteln auf dem Markt sehr viel größer wäre, wenn die Millionen Hungernden auf der Welt ein existenzsicherndes Einkommen hätten. Angesichts des Überangebots an Nahrungsmitteln auf dem Weltmarkt und des Fehlens kaufkräftiger Nachfrage seien die Agrarexportländer laut Binswanger bestrebt, den politischen Druck auf andere Länder zwecks Abschaffung von Importbeschränkungen zu verstärken, was sich aber nur auf Kosten der Landwirtschaft in den Importländern durchsetzen lasse. Für die Schweiz heißt das: durch Öffnung der Importschranken der eigenen Landwirtschaft den Garaus zu machen, ihr vielleicht durch einige Übergangshilfen das Hinscheiden zu erleichtern und sich damit künftig kostspielige Subventionen zu ersparen. Ob dieser Spareffekt einträte, bezweifelt Binswanger, weil ja teure Landschaftsgärtner eingestellt werden müßten, um der Erosion und der Verödung der Landschaft entgegenzuwirken.

Binswanger spricht sich sehr entschieden für den Schutz der heimischen Landwirtschaft aus. Er hat dafür gute Gründe, die auch in den anderen Alpenländern Zustimmung finden: In den Exportländern werde die Bebauung des Bodens wegen der stärkeren Renditeorientierung immer mehr in einer Weise betrieben, die hohe Risiken in sich trage. Dazu gehören Monokulturen, massiver Chemikalieneinsatz, Hochzüchtung von Nutztieren und künftig auch der Einsatz der Gentechnik. Die Bodenerosion durch Destabilisierung und Ausräumung der Agrarlandschaften, durch eine einseitige Fruchtfolge und sogenannte rationelle Produktionsmethoden sowie die Versalzung der Böden durch unangepaßte Bewässerungsmethoden schritten voran. Die Erreger von Pflanzenkrankheiten würden gegen Pestizide und Insektizide zunehmend immun, hochgezüchtete Tiere seien in immer stärkerem Ausmaß Krankheiten ausgesetzt. Gentechnologische Freilandexperimente könnten verheerende Wirkungen haben. Das Produktionspotential werde durch Rückstandsbelastungen, vor allem durch Schwermetalle, gefährdet. Binswanger verweist auf Schätzungen, daß auf der Erde pro Jahr sechs Millionen Hektar Acker- und Weideland durch Verwüstung zerstört werden. Der Verlust an landwirtschaftlicher Nutzfläche durch Versalzung und Alkalisierung betrage jährlich 200 000 bis 300 000 Hektar. Insgesamt seien 35 Prozent der Landfläche durch Verödung gefährdet.

Ein im Jahr 1992 im »Spiegel« publizierter Artikel bestätigte diese Sorgen. Über zehn Prozent der landwirtschaftlichen Anbauflächen weltweit haben in den letzten Jahrzehnten einen erheblichen Teil ihrer natürlichen Fruchtbarkeit verloren, berichtete das Magazin unter Berufung auf eine von der UNO finanzierte Studie. Auch Europa ist nach den Untersuchungen der Experten in nicht geringem Maße betroffen: 17 Prozent der europäischen Anbauflächen seien durch menschliche Aktivitäten wie mechanisierten Anbau und die Folgen des sauren Regens extrem geschädigt.[35]

Das Fazit von Binswanger: »Die Landwirtschaft ist offenkundig dem Gesetz des abnehmenden Bodenertrags unterworfen.« Er empfiehlt deshalb der Schweiz aus Gründen der Versorgungssicherheit, die heimische Landwirtschaft nicht preiszugeben. Die Transferzahlungen, die die Schweizer Bürgerinnen und Bürger über Steuern und Preise dafür zu leisten hätten, seien nicht einfach Subventionen, sondern »Versicherungsprämien«, die zur Sicherung der Existenzgrundlage der Bevölkerung geleistet werden müßten.

Innerhalb dieses Rahmens plädiert Binswanger auch für eine strukturelle Änderung der Produktionsbedingungen in der Landwirtschaft durch Extensivierung und Anwendung umweltverträglicher Methoden. Von einem Rettungsversuch, der in Deutschland eine breite Lobby hat und auch von der Bundesregierung unterstützt wird, hält Binswanger mit Recht nichts: dem Projekt, der Landwirtschaft mit einem Programm zum Anbau sogenannter nachwachsender Rohstoffe aus der Patsche zu helfen. Dies sei nicht nur aus ökologischen Gründen fragwürdig. Die Förderung nachwachsender Rohstoffe sei auch agrarpolitisch falsch. Es sei gefährlich, die Bauern in einen Markt zu manövrieren, in dem das Produkt – Energie – vollständig homogen ist, bei dem also die Preiskonkurrenz dominiere und die Qualität überhaupt keine Rolle spiele. Es gehe im Gegenteil für den Bauern darum, durch Produktion hochstehender, biologisch einwandfreier und gesunder Nahrungsmittel einen Markt zu schaffen, bei dem nicht nur die Menge, sondern die *Qualität* im Preis honoriert werde. Darüber hinaus sei die Förderung nachwachsender Rohstoffe bei den heutigen Bedingungen auf dem Energiemarkt die bei weitem teuerste und unwirtschaftlichste Stützung des Agrarsektors.[36]

Im Markt liegt nach verbreiteter Meinung »die Achillesferse« der ökologischen Anbausysteme.[37] Die vergleichsweise günstigen ökonomischen Ergebnisse der Alternativbetriebe seien durch den »Nachfrageüberhang« zu erklären und deshalb nur zu bewahren, wenn die Nachfrage bei verstärktem Angebot von Produkten aus alternativen Betrieben entsprechend steige. Es sei sehr unsicher, ob es sich um einen »weiten oder engen« Markt handele. Aller Voraussicht nach werde die Nachfrage sich nicht über einen relativ kleinen Teilbereich ausdehnen. Deshalb könne der alternative Landbau auch nicht der umfassende Lösungsansatz sein, er sei lediglich »der beste Weg innerhalb seiner durch Marktumfang bedingten Nische«.[38]

Es ist schade, daß Experten, die dem alternativen Landbau so viel Sympathie entgegenbringen, in diesem Denkfehler steckenbleiben. Richtig ist, daß die Produkte aus dem alternativen Landbau gegenwärtig nur von einer zahlenmäßig vergleichsweise kleinen Käuferschicht gekauft werden. Diese Kunden sind in der Regel gut informiert, kritisch in der Einkaufswahl und finanziell besser ausgestattet als der Durchschnitt der Bevölkerung. Die »Enge« des Marktes für ökologisch erzeugte Lebensmittel beruht derzeit in der Hauptsache auf einem begrenzten Angebot, aber auch auf der Preiskonkurrenz gegenüber den konventionell hergestellten Nahrungsmitteln. Dabei entgeht dem Verbraucher aber, daß er nicht nur im Gemüse- und Fleischerladen recht hohe Preise zu entrichten hat, sondern zusätzlich über die Steuer die Kosten für den Unfug der EU-Agrarpolitik trägt.

Der alternative Landbau in der Nische ist ein dünnes Alibi, das zum Freispruch für die EU nicht reichen wird. Mit ein paar ökologischen Oasen ist es nicht getan, um die horrende Zerstörungsmaschinerie der Intensiv-Landwirtschaft zum Stehen zu bringen oder wenigstens zu bremsen.

Bis heute hat man in Seen und Flüssen, die in Deutschland zur Trinkwassergewinnung genutzt werden, 35 Wirkstoffe, samt Abbauprodukten, und im Grundwasser 31 Wirkstoffe, deren Spektrum sich deutlich von dem im Oberflächenwasser unterscheidet, entdeckt.[39] Nach der Prognose eines Wasserschutzexperten muß bei intensiver Landwirtschaft langfristig überall mit Pestizid-Rückständen in Grundwasser und Trinkwasser gerechnet werden.[40] Derweil sind die gesundheitlichen Auswirkungen von Pestiziden und Bioziden im Trinkwasser noch weitgehend unerforscht. Dabei muß berücksichtigt werden, daß die wahre Dimension der Verseuchung des Grundwassers erst in der Zukunft erkennbar werden wird, weil es einige Zeit dauert, bis die Giftstoffe im Grundwasser ankommen.

Angesichts des Wirrwarrs der europäischen Agrarpolitik, ihrer bürokratischen Exzesse und ihrer gigantischen Kosten halten die Ratgeber Ausschau nach radikalen Lösungen. Die orthodoxen Marktgläubigen fordern, daß am Ende einer Übergangsphase, als deren Beginn die geplante Agrarreform der EU gesehen wird, die Preisstützung ganz verschwinden solle. Dann werde der Markt über Preisniveau und Preisrelationen befinden und nicht mehr der Staat. Angebot und Nachfrage bestimmten dann, was und wieviel die Bauern produzieren. »Nur mit einem solchen Befreiungsschlag könnte es gelingen, Agrarpolitiker und Landwirte aus den bürokratischen Verstrickungen zu lösen.«[41] Daß die kleineren und mittleren bäuerlichen Betriebe dabei auf der Strecke blieben, müsse in Kauf genommen werden. Benachteiligt würden sonst Bauern, die »drahtige und fixe Unternehmer« seien.

In dieser Analyse wird die ökologische Seite völlig ausgeblendet. Wenn dem Markt unter diesen Bedingungen freier

Lauf gelassen wird, »siegen« im Wettbewerb die Landwirte, die rücksichtslose Intensiv-Landwirtschaft betreiben, mit allen ökologischen Folgelasten.

Naturnahe Landwirtschaft – nicht nur eine Nische

In der Landwirtschaft wird der notwendige ökologische und soziale Strukturwandel nur zu erreichen sein, wenn wir versuchen, durch gesellschaftliche Vernunft, durch kooperative Verbindungen zwischen Erzeugern und Verbrauchern, einen sinnvollen Umgang mit Geld zuwege zu bringen. Das wäre dann sozusagen der ökologische, soziale, kulturelle, aber auch ökonomische »Befreiungsschlag«. Der Markt sollte nicht durch Preissubventionen »geordnet« werden (in Wahrheit wird er dadurch in Unordnung gebracht), sondern durch strikte Normen und sonstige staatliche Maßnahmen, die die Einhaltung der Regeln für umweltverträgliche Anbau- und Viehhaltungsmethoden sicherstellen. Dazu gehören neben Verboten und Geboten (unter anderem Bestandsobergrenzen für die Viehhaltung, Verbot nicht artgerechter Massentierhaltung) auch jährlich linear ansteigende Abgaben auf Mineraldünger- und Pestizideinsatz. Die ersparten Agrarsubventionen sollten durch Steuersenkungen in der gleichen Größenordnung den Verbrauchern zugute kommen, die jedoch an die Bauern höhere Preise für die nach ökologischen Grundsätzen hergestellten Agrarerzeugnisse zu zahlen hätten. Über den Preis erhielten die Landwirte also ein Einkommen, das dem höheren ökologischen Qualitätsstandard bei der Agrarproduktion entspricht. Eine außenwirtschaftliche Absicherung wird nur in geringem Umfang erforderlich sein, falls Vorkehrungen gegen ein Öko-Dumping im Rahmen eines Umwelt-GATT getroffen werden.

Nach einer vom Institut für Ökologische Zukunftsperspektiven veröffentlichten Studie kann der Ernährungsbedarf in Deutschland durch flächendeckenden ökologischen Landbau gedeckt werden; auch ist die flächendeckende Umstellung auf ökologischen Landbau finanzierbar, wenn Haushaltsgelder in dem notwendigen Umfang umgeschichtet werden. Bei Berücksichtigung der von der konventionellen Landwirtschaft verursachten Umweltschäden, die bei ökologischer Bewirtschaftung nicht entstehen, erweist sich nach den Untersuchungen in der genannten Studie der flächendeckende Übergang auf biologischen Landbau, der mindestens kostenneutral finanziert werden kann, gesamtwirtschaftlich sogar als wesentlich kostengünstiger.[42]

Die Umstellung auf umweltverträgliche Landwirtschaftsmethoden ist sicherlich eine Aufgabe, die den Bauern viel Arbeit und der Politik viel Überzeugungskraft abverlangt. Sie kann vor allem nur unter der Voraussetzung gelingen, daß eine durchdachte, umfangreiche und sorgfältige Beratung stattfindet, die auf die bisherigen Denk- und Verhaltensgewohnheiten der Bauern Rücksicht nimmt.

Damit diese Beratung umfassend und gut vorbereitet angeboten werden kann, sollte auf europäischer Ebene eine Stiftung mit angemessener finanzieller Ausstattung errichtet werden. Bei Auslaufen des Vertrages über die Europäische Gemeinschaft für Kohle und Stahl (Montanunion) in zehn Jahren könnte deren Vermögen, das im Jahr 2002 nach Schätzungen der Experten etwa zwei Milliarden DM betragen wird, auf die Stiftung übertragen werden.

Weil sich Zeit auch hier mit Geld kaum aufholen läßt und die Widerstände gegen eine ökologische europäische Agrarmarktordnung nicht unterschätzt werden dürfen, wird der »ökologische Umbau« der europäischen Landwirtschaft wohl eine Generation dauern. Massiver Widerstand ist zu erwarten von seiten der Chemie-Industrie, Teilen der Nahrungsmittelindustrie und des Transportgewerbes, aber auch von vielen Bauern, die sich in ihrer Mehrheit voraussichtlich nur widerwillig von ihren eingeschliffenen Anschauungen trennen können. Erkennen die Bauern aber beizeiten, daß eine ökologisch orientierte europäische Agrarmarktordnung ihre Existenzgrundlage ökonomisch und sozial verläßlicher sichert, werden sie sich auch mit umweltverträglichen Landwirtschaftsmethoden anfreunden, die ohnehin besser in die bäuerlichen Traditionen passen als agroindustrielle Verfahren.

Vielleicht wird dann auch ein Verständnis für eine andere »ökonomische Rationalität im ökologischen Landbau«[43] entstehen. Wenn wahrgenommen wird, daß der finanzielle Ertrag (Gewinn) nicht das einzige Ziel eines ökologisch bewirtschafteten bäuerlichen Betriebes ist, sondern auch ethische, ökologische und soziale Ziele ihren Rang beanspruchen, stellt sich heraus, daß angesichts der Vielseitigkeit der Ziele eines landwirtschaftlichen Unternehmens »eine ökonomische Bewertung der innerbetrieblichen Vorgänge im ökologischen Landbau nicht mehr nur in der Dimension Geld stattfinden kann«, sondern daß neben dem Tauschwert, der auf den Markt und damit den Austausch marktfähiger Güter bezogen ist, ein »persönlicher Nutzwert«[44] zu berücksichtigen ist.

Ob deshalb eigens »eine für den ökologischen Landbau angemessene Betriebswirtschaftslehre«[45] zu entwickeln wäre, ist zu bezweifeln. Richtig ist, daß in dem agroindustriellen Betrieb die Gewinnmaximierung im Sinne der Erzielung eines in Geld zu beziffernden möglichst hohen Tauschwertes dominiert, dem der persönliche Nutzwert untergeordnet ist. Werden die Wirtschaftsziele anders definiert, muß sich auch die ökonomische Rationalität verändern. Das ist jedoch eine Fragestellung, die nicht nur die Landwirtschaft, sondern die Wirtschaft insgesamt angeht. Die moderne Geldwirtschaft tendiert dazu, alle Wirtschaftsabläufe auf die Formulierung von Tauschwerten zu reduzieren, und vernachlässigt Werte und Ziele, die sich nicht in Geld ausdrücken lassen.

Jedenfalls ist es nach meiner festen Überzeugung zuallererst die Landwirtschaft, in der die Notwendigkeit der Konvergenz ökologischer, ökonomischer, finanzpolitischer und sozialer Zielsetzungen unmittelbar einsichtig werden kann, wenn sich das überall hervortretende tiefere Verständnis des Verhältnisses zwischen Mensch und Natur zu einer neuen kulturellen Identität zu verdichten vermag. Dann werden die Menschen in Anknüpfung an alte bäuerliche Traditionen vielleicht auch eine deutlichere Wahrnehmung der natürlichen Lebensrhythmen und -zyklen zurückgewinnen und damit empfänglicher werden für eine andere Ökonomie der Zeit.

Nichtmaterielle Faktoren

Zeit – eine unerschöpfliche Ressource?

»Time is money« ist ein berühmter Rat des amerikanischen Präsidenten Benjamin Franklin an einen jungen Handelskaufmann im Jahr 1748, der nicht ohne Erfolg blieb. Für das beginnende Industriezeitalter und den wirtschaftlichen Aufstieg Amerikas war die Umwandlung von Zeit in Geld ein Leitmotiv.

Zur Ökonomisierung der Zeit sollte auch das russische Volk nach der Oktoberrevolution umerzogen werden, weil anders die gewaltsame Industrialisierung nicht durchführbar schien. Iring Fetscher hat in einem Aufsatz »Schnelligkeit wird zur Bedrängnis« sehr schön beschrieben, wie in dieser Situation die Zeitrationalität der Geldwirtschaft mit dem Zeitempfinden einer überwiegend bäuerlich geprägten Gesellschaft konfrontiert wurde.[46]

Die Bauern waren es gewohnt, sich den Rhythmus von der Natur vorgeben zu lassen. Sie fühlten sich aufgehoben im Ablauf der Jahreszeiten und der Vegetationsperioden der Natur. Einer solchen Zeiterfahrung ist Hektik und Hast fremd. Mit dem Satz »Zeit ist Geld« konnte ein russischer Bauer mit Sicherheit nichts anfangen.

Erst neuerdings wird uns bewußt, daß die totale Transformation von Zeit in Geld und die Verdinglichung unseres Lebens die Natur und die Menschen selbst schädigt. Wir erkennen, daß wir Zeit in Geld, aber nicht Geld gegen Zeit eintauschen können.

In der Industriegesellschaft gilt Zeit als ökonomische Ressource, die möglichst effizient genutzt werden muß. Die Zeitempfindung, das Zeitgefühl, das Zeitbewußtsein, die Muße gehen aber verloren, wenn Zeit vollständig dem ökonomischen Kalkül unterworfen wird. Der Zeitgewinn durch Rationalisierung hat nur dann einen Sinn, wenn die ersparte Zeit wenigstens zum Teil Kulturzeit wird. Das zweckfreie Zeitraffen entfremdet uns unserer eigenen inneren und der äußeren Natur. Nur wenn wir die Zeit nicht ebenso wie die Natur zerstören, kann Neues entstehen. Die Zeit ist für Natur und Mensch die Voraussetzung für Kreativität.[47]

Bewußtsein – der archimedische Punkt?

Die Konferenz in Rio de Janeiro wurde von vielen auch deshalb gefeiert, weil durch die Versammlung von Staatsoberhäuptern, Regierungschefs, Ministern und anderen hohen und höchsten staatlichen Würdenträgern endlich der hohe Rang des Umweltschutzes für die Politik ins *Bewußtsein* gebracht worden sei.

Vom Bewußtsein ist im Zusammenhang mit dem Umweltschutz häufig die Rede. Das europäische Umwelt*bewußtsein* müsse gestärkt werden, befand die Parlamentarische Versammlung des Europarates in einer Entschließung. Programme zur *Bewußtseins*bildung und Aufklärung der Öffentlichkeit fordert Stephan Schmidheiny im Anhang zu seinem Buch »Kurswechsel« als eine der »Prioritäten für rationelle Energiestrategie«. Ein besseres Verständnis der ökologischen Zusammenhänge habe die Schäden, die vielen lebenserhaltenden Systemen unseres Planeten zugefügt werden, stärker in das allgemeine *Bewußtsein* gerückt, meinte die »Stockholmer Initiative zu globaler Sicherheit und Weltordnung« in einem im Jahr 1991 veröffentlichten Memorandum. Hans Immler, der das *Bewußtsein* als »Natureigenschaft« des Menschen sieht, die die Evolution hervorgebracht habe, hofft darauf, daß es »allein der menschlichsten Qualität der Evolution, nämlich der bewußten Gestaltung der Materie, vorbehalten sein« werde, »die verschüttete Spur zur Natur wiederzufinden«.[48] In der Präambel des »Rahmens für einen Ökologischen Tarifvertrag« der Gewerkschaft Nahrung, Genuß, Gaststätten wird an erster Stelle als ein wesentliches Anliegen des Tarifvertrages »die Schaffung und Weiterentwicklung von *Bewußtsein* für die Voraussetzungen und Probleme des Umweltschutzes und der Erhaltung einer lebenswerten Umwelt« genannt. Mohssen Massarrat meint, entweder nehme »die Menschheit ihr Schicksal *bewußt* in die Hand und handelt nach Ratio und universellen Interessen«, oder sie überlasse »ihr eigenes Schicksal und das künftiger Generationen dem Prinzip Versuch und Irrtum, das nach Lage der Dinge aller Wahrscheinlichkeit nach eher zum Chaos und zur Katastrophe führen dürfte«.[49]

Descartes vermutete den Sitz des Bewußtseins in der Zirbeldrüse. Inzwischen ist die Wissenschaft vorangekommen. Nach den wissenschaftlichen Erkenntnissen des Neurobiologen Christof Koch wird Bewußtsein hervorgerufen durch die elektrische Aktivität einer Gruppe von Nervenzellen, die über die ganze Gehirnrinde verstreut sind. Bewußtsein lasse sich also nicht einzelnen Zellen, sondern nur dem synchronisierten Zusammenwirken ganzer Zellverbände in der Hirnrinde zuordnen. Die synchron feuernden Neuronen hinterlassen für einige Sekunden biochemische oder elektrische Spuren, die das Kurzzeitgedächtnis darstellen. Wird die Aufmerksamkeit auf ein anderes Objekt gelenkt, so wird eine andere Konstellation von Nervenzellen auf das neue Objekt reagieren, während die Aktivität der ersten Gruppe langsam auseinandertreibt. Dies geht einher mit einer Änderung des Bewußtseins und spielt sich in Bruchteilen von Sekunden ab.

Koch ist kein Einzelgänger. Auch William H. Calvin will entdeckt haben, daß »aus Neuronen Bewußtsein entsteht«[50] und »wie aus den so unscheinbaren chemoelektrischen Vorgängen in unseren Gehirnzellen etwas so Immaterielles und Komplexes wie unser Denken, unser Bewußtsein hervorgehen kann«. Und der Kybernetiker Braitenberg glaubt, daß man eine Maschine eines Tages fragen kann, ob sie ein Ich-Bewußtsein hat. Mein Personalcomputer ist schon soweit und teilt mir mit, »ich formatiere die Seite 341«. Aber darauf falle ich nicht herein, weil ich zufällig im Gedächtnis behalten habe, daß es wohl eher der Programmierer ist, der – mit einer gewissen zeitlichen Verzögerung – seine »Ich«-Äußerung repetiert.

Kommt es also darauf an, daß unsere Nervenzellen sich aktivieren? Gibt es dafür eine Medizin? Oder kann uns die Gentechnik weiterhelfen?

Es ist sonderbar, daß die moderne Wissenschaft uns weismachen will, das Bewußtsein sei ein elektronisch-biochemischer Prozeß, während alle Welt auf die Erweiterung und Intensivierung unseres Bewußtseins baut, um die notwendigen gesellschaftlichen Veränderungen in Gang zu bringen. Demnächst wird die Wissenschaft noch herausfinden, daß die Notenschrift und die Musikinstrumente die Komponisten und Künstler auf wundersame Weise absondern.

Bewußtsein, das die Welt nicht nur zu »fotografieren«, sondern zu verändern vermag, verlangt Erkennen und Umsetzung des Erkennens in Willensentscheidungen und Initiativen. Oder glaubt irgendwer, soziales Handeln gehe aus biochemischen und elektromagnetischen Reaktionen hervor?

Wenn wir die soziale Frage als Bewußtseinsfrage ernst nehmen, müssen wir erst wieder lernen, uns als Menschen in unserer geistigen Eigentlichkeit zu erkennen und anzuerkennen. Nur dann erhält unser Bewußtsein ein Fundament, das zu einer Hoffnung für die Zukunft werden kann. Dann wird es wohl auch gelingen, Natur und Geld zu einem vernünftigen Zusammenhang zu verhelfen.

Wie ein jüdisches Sprichwort sagt: »Nichts ist so gut mit Geld, wie es schlecht ist ohne.«

ANHANG

Bibliographie*

Altvater, Elmar: Der Preis des Wohlstands. Oder Umweltplünderung und neue Welt(un)ordnung, Münster 1992

– : Die Zukunft des Marktes, München 1991

Bahner, Tilo: Ökonomische Rationalität im ökologischen Landbau, in: Lebendige Erde 2/1990

Becker, Gary S.: Ökonomische Erklärung menschlichen Verhaltens, Tübingen 1982

Beckmann, Arnim u. a.: Ökologischer Landbau ist flächendeckend machbar, in: Politische Ökologie, H. 33, Sept./Okt. 1993

Binswanger, Hans Christoph/Frisch, Heinz/Nutzinger, Hans-Georg, u. a.: Arbeit ohne Umweltzerstörung, Frankfurt a. M. 1983

Bonus, Holger: Marktwirtschaft im Umweltbereich: Eine ordnungspolitische Aufgabe, in: Umwelt Europa. Der Ausbau zur ökologischen Marktwirtschaft, Bertelsmann Stiftung, München 1991

Botskor, Ivan: Der Technostaat plant seine Zukunft, in: Aus Politik und Zeitgeschichte, B 19/88, 6. 5. 1988

Bürgersteuer – Entwurf einer Neuordnung von direkten Steuern und Sozialleistungen (= Schriftenreihe des Frankfurter Instituts für wirtschaftspolitische Forschung, Nr. 4), Frankfurt a. M. 1986

Calvin, William H.: Die Symphonie des Denkens. Wie aus Neuronen Bewußtsein entsteht, München 1993

Coulmas, Florian: Bare Münze. Zu einer Ökonomie der Sprache, in: Merkur 2/1990

Crutzen, Paul Josef/Müller, Michael: Das Ende des blauen Planeten, München 1989

* Aus Raumgründen müssen die bibliographischen Angaben auf die wichtigsten Publikationen beschränkt bleiben.

Deutsche Bundesbank: Geschäftsbericht, Frankfurt a. M. 1979ff., 1990, 1992
Dickertmann, Dietrich: Erscheinungsformen und Wirkungen von Umweltabgaben aus ökonomischer Sicht, in: Umweltschutz im Abgaben- und Steuerrecht, Köln 1993
Diefenbacher, Hans/Habicht-Erenler, Susanne (Hrsg.): Wachstum und Wohlstand, Marburg 1991
Dornbusch, Rüdiger/Fischer, Stanley: Makroökonomik, München ³1987
Dürr, Hans-Peter: Ökologische Zähmung der widerspenstigen Ökonomie, in: Frankfurter Rundschau, 13. 7. 1992
Duwardag, Dieter u. a., Geldtheorie und Geldpolitik Köln ⁴1993, sowie Mitteilungen und Kommentare zur Geldwertstabilität Nr. 6, Bonn 1994
Enquête-Kommission des 11. Deutschen Bundestages (Hrsg.): Vorsorge zum Schutz der Erdatmosphäre, Berichte 1–3, Bonn 1988
Erkennen als geistiger und molekularer Prozeß, Weinheim 1991
Ewringmann, Dieter: Ökologische Steuerreform? Bemerkungen zum gleichnamigen Buch von Ernst Ulrich v. Weizsäcker u. a. sowie zur Notwendigkeit eines Forschungsprogramms (= Finanzwissenschaftliche Diskussionsbeiträge, Nr. 93, hrsg. v. Finanzwissenschaftlichen Forschungsinstitut der Universität Köln), Köln 1993
Friedell, Egon: Kulturgeschichte der Neuzeit, München 1989
Friedman, George/Lebard, Meredith: The Coming War with Japan, New York 1991
Gabler Wirtschaftslexikon, Wiesbaden ¹²1988
Gemeinschaft zum Schutz der deutschen Sparer: Jahresbericht 1988/89, Bonn 1989
Glauber, Hans/Pfiem, Reinhard (Hrsg.): Ökologisch wirtschaften, Frankfurt a. M. 1992
Grimm, Jakob und Wilhelm, Deutsches Wörterbuch, München (dtv) 1974
Handbuch des Verfassungsrechts, Berlin 1983
Hankel, Wilhelm: John Maynard Keynes, München 1986
Hardorp, Benediktus: Elemente einer Neubestimmung des Geldes, (Diss.). Freiburg i. Br. 1958
– : Konsumsteuer und Gesellschaft, in: Konsumorientierte Neuordnung des Steuerrechts, Berlin 1991
– : Preis, Einkommen, Steuer, in: Ökonomie und Ethik, Freiburg 1990
Henderson, Hazel: Das Ende der Ökonomie, München 1985
Herr, Hansjörg: Geld, Kredit und ökonomische Dynamik in marktvermittelnden Ökonomien. Die Vision einer Geldwirtschaft, München ²1988
Huber, J.: Unternehmen Umwelt, Frankfurt a. M. 1991

Immler, H.: Welche Wirtschaft braucht die Natur? Frankfurt a. M. 1993
Issing, Ottmar: Einführung in die Geldtheorie, München 1987
Jahresgutachten des Sachverständigenrates zur Begutachtung der gesamtwirtschaftlichen Entwicklung, Bde. 1974/75 und 1992/93
Jarchow, Hans-Joachim: Theorie und Politik des Geldes, Göttingen 1984
Jüttner, Heiner: Umweltpolitik mit Umweltabgaben. Ein Gesamtkonzept, Bonn ²1992
Kaiser, Monika: Konsumorientierte Reform der Unternehmensbesteuerung, Heidelberg 1993
Kennedy, Margrit: Geld ohne Zinsen und Inflation, München ²1992
Keynes, John Maynard: Vom Gelde, München/Leipzig 1932
Kirchhof, Paul (Hrsg.): Umweltschutz im Abgaben- und Steuerrecht, Köln 1993
Koslowski, Peter: Die postmoderne Kultur, München 1987
Leipert, Christian: Die heimlichen Kosten des Fortschritts, Frankfurt a. M. 1989
Massarrat, Mohssen: Endlichkeit der Natur und Überfluß in der Marktökonomie, Marburg 1993
Matthiessen, Christian: Wesen und Funktion des Geldes, Stuttgart 1989
Mit dem Zehnten fing es an. Eine Kulturgeschichte der Steuer, München 1986
– : Geld und Wert, in: Bausteine. Zeitschrift für theoretische Ökonomie und soziale Fragen 2/1988
Moths, E.: Die Preise schweigen, in: Merkur 5/1993
Müller-Witt, Harald: Ökosteuern als neues Instrument in der Umweltpolitik, München 1989
Die Ökobilanz. Ein betriebliches Informationssystem (= Schriftenreihe des IÖW, Nr. 27), Berlin 1989
Patinkin, Don: Die Geldlehre von John M. Keynes, München 1976
Priebe, Hermann: Die subventionierte Naturzerstörung, München 1990
Riese, Hajo: Das Dilemma der Ökonomie der Bundesrepublik Deutschland, in: Mitt. AB 1/1984
– : Geld, Kredit, Vermögen, in: Internationale Geldwirtschaft (= Studien zur monetären Ökonomie, B 2), Regensburg 1989, S. 2
Rose, Manfred (Hrsg.): Konsumorientierte Neuordnung des Steuersystems, Berlin 1991
Roth, Karin/Sander, Reinhard (Hrsg.): Ökologische Reform der Unternehmen, Köln 1992
Sabet, Hafez: Die Schuld des Nordens. Der 50-Billionen-Coup, Bad König 1991
Schaal, Peter: Geldtheorie und Geldpolitik, München ⁹1992
Scheer, Hermann: Sonnenstrategie, München 1993

Scherer, Joachim: Umwelt-Audits: Instrument zur Durchsetzung des Umweltrechts im europäischen Binnenmarkt, in: NVerwZ 1/1993
Schmidheiny, Stephan: Kurswechsel, München 1992
Schumpeter, Joseph A.: Aufsätze zur Tagespolitik, Tübingen 1993
– : Aufsätze zur Wirtschaftspolitik, Tübingen 1993
Schütze, Christian: Das Grundgesetz vom Niedergang. Arbeit ruiniert die Welt, München 1989
Schweppenhäuser, Hans Georg: Das kranke Geld. Vorschläge für eine soziale Geldordnung für morgen, Frankfurt a. M. 1982
Steiner, Rudolf: Inneres Wesen des Menschen und Leben zwischen Tod und neuer Geburt. Gesamtausgabe, Dornach 1959
– : Nationalökonomischer Kurs, Dornach 1993
– : Soziale Zukunft. Sechs Vorträge. 24.–10. 10. 1919, Dornach 1977
Stern, Klaus/Münch, Paul/Hansmeyer, Karl-Heinrich: Kommentar zum Stabilitätsgesetz, Stuttgart ²1967
Stiftung Entwicklung und Frieden (Hrsg.): Globale Trends 1993/94, Frankfurt a. M. 1993
Streib, Folker/Ellers, Meinolf: Der Taifun. Japan und die Zukunft der deutschen Industrie, Hamburg 1994
Suhr, Dieter: Alterndes Geld, Schaffhausen 1986
– /Godschalk, Hugo: Optimale Liquidität. Eine liquiditätstheoretische Analyse und ein kreditwirtschaftliches Wettbewerbskonzept, Frankfurt a. M. 1986
Tipke, Klaus: Steuerrecht, Köln ⁹1983
– : Die Steuerrechtsordnung, Bde. 1–3, Köln 1993
Tocqueville, Alexis de: Über die Demokratie in Amerika, Stuttgart 1990
Unsere gemeinsame Zukunft. Der Brundtland-Bericht der Weltkommission für Umwelt und Entwicklung, hrsg. v. Volker Hauff, Greven 1987
Vester, Frederic: Der Wert eines Vogels, München 1987
Wege zu einer umweltökonomischen Gesamtrechnung, Stuttgart 1991
Weimann, Joachim: Umweltökonomik, Berlin/Heidelberg 1990
Weimer, Wolfgang: Geschichte des Geldes, Frankfurt a. M. 1992
– : Der schöne Schein. Zur Geschichte und Gegenwart des Papiergeldes, in: Perspektiven 28/1992
Weizsäcker, Ernst Ulrich von: Erdpolitik, Darmstadt ²1990; ³1993
Wesen und Funktion des Geldes (= Sozialwissenschaftliches Forum, Bd. 3), Stuttgart 1989
Wicke, Lutz: Die ökologischen Milliarden, Berlin 1986
– : Umweltökonomie, München ²1989
Wolf, Winfried: Warum fahren wir nicht alle Taxi?, in: Natur 9/1991

Anmerkungen

Bestandsaufnahme

1 Erster Bericht (Zwischenbericht) der Enquête-Kommission des 11. Deutschen Bundestages: Vorsorge zum Schutz der Erdatmosphäre, BT-Drucksache 11/3246

2 Inzwischen ist das Ozonloch über der Antarktis größer denn je zuvor. Messungen im Jahr 1992 haben eine Ausweitung um 15 Prozent gegenüber dem Vorjahr ergeben. Auf einer Fläche von 23 Millionen Quadratkilometern ist die Stärke der Ozonhülle um mindestens 50 Prozent reduziert.

3 Natur 4/1990

4 Franz W. Nader, in: Paul Josef Crutzen/Michael Müller: Das Ende des blauen Planeten, München 1989, S. 192

5 Dritter Bericht der Enquête-Kommission des 11. Deutschen Bundestages: Vorsorge zum Schutz der Erdatmosphäre, Bd. 1, S. 647

6 Der Rat der EG-Umweltminister hat im Dezember 1992 erfreulicherweise sogar entschieden, den Ausstieg aus Produktion und Verbrauch von FCKW auf den 1. 1. 1995 vorzuziehen. Leider verbietet diese Entscheidung nur die Neuproduktion und Vermarktung von FCKW in der EU ab 1. 1. 1995, nicht jedoch deren Anwendung. Für das Jahr 1994 hat die EU eine Erhöhung des FCKW-Imports um 50 Prozent genehmigt und damit den Ausstieg aus Produktion und Verbrauch von FCKW ab 1. 1. 1995 deutlich relativiert.

7 Stiftung Entwicklung und Frieden: Globale Trends 1993/94, Frankfurt a. M. 1993, S. 293

8 Dritter Bericht der Enquête-Kommission des 11. Deutschen Bundestages: Vorsorge zum Schutz der Erdatmosphäre, Bd. 1, S. 667

9 Hans Peter Ipsen, in: Veröffentlichungen der Vereinigung der deutschen Staatsrechtslehrer, H. 24, Berlin 1966, S. 222

10 Klaus Stern/Paul Münch/Karl Hinrich Hansmeyer: Kommentar zum Stabilitätsgesetz, Stuttgart ^{2}1967, S. 129f.

11 Ebd.

12 Gabler Wirtschaftslexikon, Wiesbaden [12]1988.
»Wachstumsprozeß = Begriff der Wirtschaftstheorie für die ständige Erweiterung des Produktionsertrages an Gütern und Diensten.«

13 Clifford Cobb, in: Hans Diefenbacher/Susanne Habicht-Erenler (Hrsg.): Wachstum und Wohlstand, Marburg 1991, S. 63

14 Ludwig Erhard: Wohlstand für alle, Düsseldorf 1957, S. 245

15 Vgl. Ralf Schiebler: Der Mensch lebt nicht vom Brot allein, in: Orientierungen zur Wirtschafts- und Gesellschaftspolitik 58 (4/1993), S. 52, Fußnote 15

16 Christian Schütze: Das Grundgesetz vom Niedergang – Arbeit ruiniert die Welt, München 1989.
Entropie heißt der Zustand, in dem sich alle Kraft unumkehrbar in Wärme verwandelt hat (Zweiter Hauptsatz der Thermodynamik).

17 Als Syntropie soll das Ergebnis eines Prozesses bezeichnet werden, in dem die Entropie abnimmt und damit ein Zustand höherer Ordnung erreicht wird oder in dem die Entropie noch nicht zugenommen hat und daher ein Zustand höherer Ordnung besteht. Syntropie ist eine Ordnungsqualität. Von ihr geht, im Unterschied zu Materie und Energie, die erhalten bleiben, bei jeder Umwandlung etwas verloren. »Bei Umwandlungsprozessen von abgeschlossenen Systemen nimmt die Unordnung immer zu und deshalb die Syntropie als Maß der Dinge immer ab.« (Hans-Peter Dürr: Die Ökonomie überlebensfähiger Ordnungen, in: Politische Ökologie, 8. Jg./1990, Sonderheft 1, S. 12)
Die Zunahme an Komplexität innerhalb eines lebendigen Organismus ist aber nicht nur, wie Manfred Eigen behauptet, die Basis für die Entstehung und Entwicklung von Leben, sondern dessen Ausdruck und Substrat.

18 Zit. nach: Der Tagesspiegel, 29. 4. 1990, S. 56

19 Eine ausführlichere Behandlung der Kontroverse um die plebiszitäre Komponente der Verfassung liegt nicht innerhalb der Intentionen dieses Buches. Lediglich auf zwei häufig wiederkehrende Einwände soll hier kurz eingegangen werden. Es wird behauptet, die schlechten Erfahrungen der Weimarer Republik mit Volksabstimmungen sprächen gegen die Einführung des Plebiszits. Bisher bin ich jedoch noch niemandem begegnet, der mir erläutern konnte, um welche bösen Erfahrungen es sich denn handeln soll. Die schlimmste und folgenreichste Fehlentscheidung der Weimarer Republik war das Ermächtigungsgesetz, das bekanntlich der Reichstag verabschiedet hat. Niemand wird damit die Abschaffung des Parlamentarismus begründen wollen.

Der zweite häufig vorgebrachte Einwand ist, es drohe bei entsprechend hochgeputschten Emotionen die Gefahr, daß die Todesstrafe wieder eingeführt werde. Die Abschaffung der Todesstrafe gehört jedoch wie die Grundrechte zum Kernbestand der Verfassung, der auch nicht mit qualifizierter Mehrheit, die für Verfassungsänderungen erforderlich ist, angetastet werden kann. Da in einer Volksabstimmung nur Entscheidungen möglich sind, die auch das Parlament treffen kann, läßt sich die Todesstrafe auf Grund der verfassungsrechtlichen Grenzen auf diesem Wege nicht einführen. Was schließlich die Befürchtung angeht, Verfassungsgarantien wie Artikel 16 (Asylrecht) könnten in einer Volksabstimmung der Volkswut zum Opfer fallen, darf die Prognose gestellt werden, daß verfassungsändernde Mehrheiten in einer Volksabstimmung, sofern das Verfahren demokratischen Regeln entspricht, noch viel schwerer zu erreichen sind als im Parlament.

20 Zit. nach: Frankfurter Rundschau, 19. 7. 1990

21 Vgl. hierzu Horst Zilleßen, in: Fortbildung 1/1992; sowie Hans-Joachim Fietkau/Helmut Werner, in: Aus Politik und Zeitgeschichte, Bd 39–40, 18. 9. 1992

22 Rahmen für einen ökologischen Tarifvertrag, in: Karin Roth/Reinhard Sander (Hrsg.): Ökologische Reform der Unternehmen, Köln 1992, S. 30ff.

23 Ebd., S. 39ff.

24 Susanne Langguth, Leiterin der Zentralabteilung Lebensmittelqualität der Südzucker AG, in einem Interview, in: VDI-Nachrichten, 6. 3. 1992, S. 7

25 Norbert Hoerster, in: Frankfurter Allgemeine Zeitung, 24. 8. 1992, S. 26

26 Alexis de Tocqueville: Über die Demokratie in Amerika, Stuttgart 1954, S. 103

27 Zit. nach: Lutz Wicke: Umweltökonomie, München [2]1989, S. 48

28 Frankfurter Allgemeine Zeitung, 23. 3. 1992, S. 33

29 Folker Streib/Meinolf Ellers: Der Taifun. Japan und die Zukunft der deutschen Industrie, Hamburg 1994

30 Süddeutsche Zeitung, 11. 9. 1992, S. 28

31 Frankfurter Allgemeine Zeitung, 6. 10. 1992, S. 15

32 Die Zeit, 2. 10. 1992, S. 23f.

33 Hazel Henderson: Das Ende der Ökonomie, München 1985, S. 255

1 Otmar Issing: Einführung in die Geldtheorie, München 1987, S. 1
2 Ebd.; Peter Schaal: Geldtheorie und Geldpolitik, München [3]1992, S. 17
3 Issing, a. a. O., S. 2
4 Ebd., a. a. O., S. 6
5 Zit. nach: Issing, a. a. O., S. 9
6 Ebd., S. 14
7 Wirtschaftswoche, Nr. 27, 29. 6. 1990, S. 130
8 Wolfram Weimer: Geschichte des Geldes, Frankfurt a. M. 1992, S. 131
9 Rüdiger Dornbusch/Stanley Fischer: Makroökonomik, München [3]1987, S. 270
10 Schaal, a. a. O., S. 20f.
11 Ebd., S. 15
12 Rudolf Steiner: Nationalökonomischer Kurs, Dornach 1993, S. 174
13 Schaal, a. a. O., S. 275
14 Ebd., S. 106
15 Issing, a. a. O., S. 140
16 Florian Coulmas: Bare Münze. Zu einer Ökonomie der Sprache, in: Merkur 2/1990, S. 107ff.
17 Zit. nach: Christian Matthiessen, in: Wesen und Funktion des Geldes, Stuttgart 1989, S. 141ff.
18 Hansjörg Herr: Geld, Kredit und ökonomische Dynamik in marktvermittelnden Ökonomien. Die Vision einer Geldwirtschaft, München [2]1988, S. 7
19 Hajo Riese: Geld, Kredit, Vermögen, in: Internationale Geldwirtschaft (= Studien zur monetären Ökonomie, Bd. 2), Regensburg 1989, S. 2: »Wenn jedoch Geld das Medium der Kontrakterfüllung ist, indem es für eine Forderung hergegeben und zur Annullierung einer Verbindlichkeit wird, so kann es selbst keine Forderung oder Verbindlichkeit sein. Geld ist vielmehr in dem Sinne ein Vermögen, das etwas vermag, die Erfüllung monetärer Kontrakte zu leisten vermag. Wenn die herrschende Geldtheorie Geld als Verbindlichkeit der Zentralbank interpretiert, so unterschlägt sie diese Vermögensfunktion des Geldes. Sie negiert die Funktion des Geldes als Zahlungsmittel.« In einer Anmerkung zu dieser Feststellung erläutert Riese: »Dies ist bei Edelmetallwährungen, bei denen die Geldschöpfung auf eine Warenproduktion zurückgeht, durchsichtiger als bei einem modernen, auf Papiergeld (fiat money) und damit auf einer kreditären Geldschöpfung beruhenden Geldsystem. Dann ist die Schöpfung von Zentralbankgeld eine Vermögensproduktion auf kreditä-

rer Grundlage. Sie macht auch klar, warum Zentralbankgeld keine Verpflichtung der Zentralbank begründet: Zentralbankgeld kann nicht der Zentralbank als Forderung präsentiert werden, weil es bereits als Ausweis der Kontrakterfüllung fungiert.«

20 Vgl. Hans Joachim Jarchow: Theorie und Politik des Geldes, Göttingen 1984, S. 18; siehe auch Riese, a. a. O.

21 Dornbusch/Fischer, a. a. O., S. 314

22 Riese, a. a. O., S. 2

23 Wolfram Weimer: Der schöne Schein. Zur Geschichte und Gegenwart des Papiergeldes, in: Perspektiven 28/1992, S. 19; ders.: Geschichte des Geldes, a. a. O., S. 15

24 Joachim Beier, in: Die Bank 3/1990, S. 124ff.

25 Geschäftsbericht der Deutschen Bundesbank, Frankfurt a. M. 1979, S. 26

26 Schaal, a. a. O., S. 142

27 Ebd.

28 Elmar Altvater: Die Zukunft des Marktes, Münster 1991, S. 106

29 Schaal, a. a. O., S. 21 und 39

30 John Maynard Keynes: Vom Gelde, München/Leipzig 1932, S. 3f.

31 Schaal, a. a. O., S. 201

32 Ebd., S. 206

33 Vgl. Hans Georg Schweppenhäuser: Das kranke Geld. Vorschläge für eine soziale Geldordnung für morgen. Frankfurt a. M. 1982; Stefan Leber u. a., in: Wesen und Funktion des Geldes, Stuttgart 1989

34 Vgl. Benediktus Hardorp: Elemente einer Neubestimmung des Geldes, (Diss.) Freiburg im Breisgau 1958

35 Vgl. dazu Gary S. Becker: Ökonomische Erklärung menschlichen Verhaltens, Tübingen 1982

36 Mitteilungen Terre des Hommes 4/1992, S. 6

37 Peter Badura, in: Handbuch des Verfassungsrechts, Berlin 1983, S. 654

38 Egon Friedell: Kulturgeschichte der Neuzeit, München 1989, S. 1033ff.

39 Schaal, a. a. O., S. 150, unter Hinweis auf Milton Friedmann.

40 »Für den herrschenden realökonomischen Ansatz sind Sparprozeß, technischer Fortschritt und Bevölkerungswachstum die tragenden Säulen der Entwicklung, wobei die Sparquote das (auf einem Konsumverzicht beruhende) ›Angebot an Akkumulation‹ ausdrückt... Dieser dem Modell einer Tauschökonomie entlehnte Spar-Investitions-Mechanismus widerspricht jedoch den Marktbedingungen einer Geldökonomie, in der die Verfügungsmöglichkeit und... die Verfügungsbereitschaft über Geld das Ausmaß der Investitionstätigkeit bestimmt... Allein mit einem solchen theoretischen

Ansatz läßt sich die Akkumulationsphase der 50er Jahre der Bundesrepublik Deutschland mit ihrem kontinuierlich steigenden Anteil der Investitionen am Sozialprodukt markttheoretisch erklären. Denn entgegen dem konventionellen Erklärungsmuster entsprach ihm ein niedriger Konsumverzicht, bedingt durch einen hohen Nachholbedarf an Konsumgütern, der deshalb auch stimulierend für die Investitionstätigkeit wirkte.« Hajo Riese: Das Dilemma der Ökonomie der Bundesrepublik Deutschland, in: Mitt. AB 1/1984, S. 29f.

41 Issing, a. a. O., S. 166f. Andere Währungen haben seit 1957 noch dramatischer an Kaufkraft eingebüßt. So hatten die italienische Lira im Jahre 1991 nur noch 7 Prozent, das britische Pfund nur noch 9 Prozent, der französische Franc nur noch 11 Prozent und die spanische Peseta sogar nur 4 Prozent ihrer jeweiligen Kaufkraft im Jahre 1957.

42 »Die im Sinne der Geldwertstabilität gerade noch hinzunehmende Preissteigerungsrate (Deflator des Bruttosozialprodukts) beläuft sich im Jahre 1993 auf 3 v. H. Sie ergibt sich aus einer zu berücksichtigenden Preissteigerungsrate für die alten Länder von 2 v. H. und für die jungen Länder von 8 v. H. sowie einem Aufschlag für die Mehrwertsteuererhöhung, der mit 1/2 v. H. angesetzt wird.« (Jahresgutachten 1992/93 des Sachverständigenrates zur Begutachtung der gesamtwirtschaftlichen Entwicklung, S. 295)
Warum diese Preissteigerungsrate »gerade noch« hinzunehmen ist, gehört zu den unaufgeklärten Geheimnissen der Wirtschaftswissenschaft. In einem früheren Gutachten hatte der Sachverständigenrat befunden, daß »Preissteigerungen... als unvermeidlich gelten müssen, weil keine marktwirtschaftliche Stabilisierungsstrategie sie zu verhindern vermag, es sei denn, man nähme Beschäftigungsrisiken in Kauf, die von der Gesellschaft als untragbar beurteilt werden.« (Jahresgutachten 1974/75)
Bemerkenswert ist, daß nach dieser Einschätzung »stabileres« – weil knapperes – Geld möglicherweise zu mehr Arbeitslosigkeit führt. Daraus ergibt sich ein Zielkonflikt zwischen Beschäftigungspolitik und Preisstabilität. Undeutlich bleibt aber auch hier, ab welcher Grenze »die Gesellschaft« Beschäftigungsrisiken als »untragbar« beurteilt.

43 Schaal, a. a. O., S. 203

44 Dieter Suhr/Hugo Godschalk: Optimale Liquidität. Eine liquiditätstheoretische Analyse und ein kreditwirtschaftliches Wettbewerbskonzept, Frankfurt a. M. 1986, S. 142

45 Dieter Suhr: Alterndes Geld, Schaffhausen 1988, S. 90

46 Ebd., S. 94f.

47 Ebd., S. 61

48 Issing, a. a. O., S. 93
49 Suhr, Alterndes Geld, a. a. O., S. 39
50 Ebd., S. 40
51 Ebd., S. 130. Suhr fragt, warum es richtig sei, »wenn der Wohlfahrtsgewinn, den Geld durch Einsparung der Informations- und Transaktionskosten mit sich bringt, nicht nur der Zentral- und Notenbank zugute kommt, sondern auch allen Geldanlegern.« (Ebd., S. 71)
Die Antwort ist ganz einfach: Überall, wo etwas ein privater Vermögensgegenstand wird, entsteht Markt, und Markt läßt sich von spekulativen Verhaltensweisen nicht freihalten. Spekulative Tendenzen lassen sich beeinflussen, z. B. dadurch, daß die Wertaufbewahrungsfunktion des Geldes mittels »Durchhaltekosten« eingeschränkt wird. Völlig ausblenden lassen sie sich in einem Markt, der diesen Namen noch verdient, nicht. Insofern ist Geldwirtschaft nicht nur Leistung und Leistungstausch, sondern bis zu einem gewissen Grad Glücksspiel. Sicherlich muß sich aber ein Geldsystem mit »checks« und »balances« rüsten, damit die Geldwirtschaft nicht zum »Kasino-Kapitalismus« (Altvater) degeneriert.
52 Margrit Kennedy: Geld ohne Zinsen und Inflation, München 1992
53 Ronald Paping, in: M. Kennedy, a. a. O., S. 230
54 Wolfgang Latrille, in: Wesen und Funktion des Geldes (= Sozialwissenschaftliches Forum, Bd. 3), Stuttgart 1989, S. 231
55 Christian Matthiessen: Geld und Wert, in: Bausteine. Zeitschrift für theoretische Ökonomie und soziale Fragen 2–3/1988, S. 114
56 Elmar Altvater: Die Zukunft des Marktes, Münster 1991, S. 131
57 Immler, a. a. O., S. 237
58 Frederic Vester: Der Wert eines Vogels, München 1987
59 »Auch wenn ökonomische Beziehungen ihrer Natur nach stochastisch sind, wird in der ökonomischen Theorie überwiegend ein deterministischer Ansatz bevorzugt.« Manfred Kricke, in: Gabler Wirtschaftslexikon, a. a. O., S. 694
60 John Maynard Keynes, in: The General Theory of Employment, Interest and Money, zit. nach: Don Patinkin: Die Geldlehre von John M. Keynes, München 1976, S. 23
61 Lutz Wicke: Die ökologischen Milliarden, München 1986, S. 123
62 Ders.: Umweltökonomie, München [2]1989, S. 96ff.
63 Ökologische Briefe 10/1993, S. 17
64 Blick durch Wirtschaft und Umwelt 5/1993, S. 8
65 Ebd., S. 16
66 Kritisch auch Ernst Ulrich von Weizsäcker, a. a. O., S. 146

67 Christian Leipert: Die heimlichen Kosten des Fortschritts, Frankfurt a. M. 1989

68 Eine gute Übersicht über Aufsätze zur Erfassung von ökonomisch induzierten Umweltwirkungen enthält die in der Schriftenreihe des Instituts für ökologische Wirtschaftsforschung herausgegebene Broschüre: Die Öko-Bilanz, ein betriebliches Informationssystem (= Schriftenreihe des IÖW, Nr. 27), Berlin 1989

69 Bayerische Staatszeitung, 31. 5. 1991

70 Fritz Vorholz, in: Die Zeit, 21. 8. 1992, S. 37

71 Ulrich Steger, in: Management des Wissens 12/1991

72 Vgl. dazu: Joachim Scherer: Umwelt-Audits: Instrument zur Durchsetzung des Umweltrechts im europäischen Binnenmarkt?, in: NVerwZ 1/1993, S. 11 ff.

73 Vgl. Ökologische Briefe 29/1993, S. 14

74 Egon Hölder, in: Wege zu einer Umweltökonomischen Gesamtrechnung, Stuttgart 1991, S. 8

75 Frank Dorow, in: Wege zu einer Umweltökonomischen Gesamtrechnung, S. 34f.

76 Christa Friedl, in: VDI-Nachrichten, 29. 11. 1991, S. 2; Elmar Altvater: Der Preis des Wohlstands oder Umweltplünderung und neue Umwelt-(un)ordnung, Münster 1992, S. 223

77 Unsere gemeinsame Zukunft. Der Brundtland-Bericht der Weltkommission für Umwelt und Entwicklung, hrsg. v. Volker Hauff, Greven 1987, S. 46

78 Ebd., S. 218

79 »Einkommen sollten wir definieren als die Summe dessen, was der Mensch in einer Woche maximal verbrauchen kann, ohne sich hinterher schlechter zu fühlen.«

80 Immler, a. a. O., S. 260f.

81 »Hicks Definition besagt, daß am Ende eines Jahres das neu hinzugekommene Kapital zumindest demjenigen entsprechen muß, das während des Jahres verbraucht wurde, so daß das Grundkapital am Ende des betreffenden Jahres zumindest so groß ist wie am Anfang.«

82 Ökologische Briefe 25/1993, S. 5

83 Ebd. 17/1993, S. 16

1 Lutz Wicke: Umweltökonomie, München [2]1989, S. 345
2 Ebd., S. 349ff.
3 Ernst Ulrich von Weizsäcker: Erdpolitik, Darmstadt [3]1993, S. 157
4 Joseph Huber: Unternehmen Umwelt, Frankfurt a. M. 1991, S. 241
5 Harald Müller-Witt: Ökosteuern als neues Instrument in der Umweltpolitik, München 1989, S. 188ff.
6 Holger Bonus: Marktwirtschaft im Umweltbereich: Eine ordnungspolitische Aufgabe, in: Umwelt Europa. Der Ausbau zur ökologischen Marktwirtschaft, Bertelsmann Stiftung, München 1991, S. 225ff.
7 Joachim Weimann: Umweltökonomik, Berlin/Heidelberg 1990, S. 157ff.
8 Ebd., S. 173
9 Ebd., S. 174
10 Bonus, a. a. O., S. 236
11 Mohssen Massarrat: Endlichkeit der Natur und Überfluß in der Marktökonomie, Marburg 1993, S. 60
12 Dietrich Dickertmann: Erscheinungsformen und Wirkungen von Umweltabgaben aus ökonomischer Sicht, in: Umweltschutz im Abgaben- und Steuerrecht, Köln 1993, S. 33ff.
13 Ebd., S. 37f.
14 Ebd., S. 38f.
15 Ebd., S. 39
16 Die Aufzählung folgt der ausgezeichneten Übersicht bei Dickertmann, a. a. O., S. 42f.
17 Ebd., S. 43
18 Ebd.
19 Ebd., S. 45
20 Huber, a. a. O., S. 77f.
21 Vgl. auch: v. Weizsäcker, a. a. O.,S. 156
22 Dieter Ewringmann/Dieter Gawel: Informationsdienst des IÖW 3–4/1993, S. 1ff.
23 Heiner Jüttner: Umweltpolitik mit Umweltabgaben. Ein Gesamtkonzept, Bonn [2]1992, S. 25ff.
24 Dickertmann, a. a. O., S. 61
25 Müller-Witt, a. a. O., S. 330ff.
26 v. Weizsäcker: a. a. O., S. 163ff.
27 Hans Jochen Luhmann, in: Das Parlament 4–5/1994, S. 18
28 Dieter Ewringmann: Ökologische Steuerreform? Bemerkungen zum gleich-

namigen Buch von Ernst Ulrich v. Weizsäcker u. a. sowie zur Notwendigkeit eines Forschungsprogramms (= Finanzwissenschaftliche Diskussionsbeiträge, Nr. 93, hrsg. v. Finanzwissenschaftlichen Forschungsinstitut der Universität Köln), Köln 1993, S. 7

29 Ebd., S. 9

30 Handelsblatt, 8. 9. 1993, S. 2

31 Ewringmann, a. a. O., S. 10f.

32 Hermann Scheer: Sonnenstrategie, München 1993, S. 246ff.

33 Huber, a. a. O., S. 249

34 Klaus Tipke: Steuerrecht, Köln [9]1983, S. 17

35 Ebd., S. 55

36 Ebd., S. 1

37 Ebd., S. 13

38 Ebd., S. 408

39 Ebd., S. 60

40 Benediktus Hardorp: Konsumsteuer und Gesellschaft, in: Konsumorientierte Neuordnung des Steuersystems, Berlin 1991, S. 103

41 Karl Häuser: Opfer und Steuer, in: Mit dem Zehnten fing es an. Eine Kulturgeschichte der Steuer, München 1986, S. 19

42 Ebd., S. 21

43 Ebd.

44 Deutsches Wörterbuch von Jakob und Wilhelm Grimm, München 1984, Sp. 2585

45 Ebd., Sp. 2596

46 Häuser, a. a. O., S. 23

47 Achatz von Müller, in: Mit dem Zehnten fing es an, a. a. O., S. 105

48 Günter Schmölders: Kuriosa der Steuergeschichte, in: Mit dem Zehnten fing es an, a. a. O., S. 246f.

49 Die Steuern auf Zucker, Salz, Tee und Leuchtmittel sind allerdings im Zuge der Umsatzsteuerharmonisierung in der EG ab 1. Januar 1993 gestrichen worden.

50 Tipke, a. a. O., S. 31

51 Ebd., S. 143

52 Ebd.

53 Ebd., S. 144

54 Joachim Lang, in: Manfred Rose (Hrsg.): Konsumorientierte Neuordnung des Steuersystems, Berlin 1991, S. 316

55 Benediktus Hardorp, in: ebd., S. 93

56 Ebd.

57 Joseph A. Schumpeter: Aufsätze zur Wirtschaftspolitik, Tübingen 1985, S. 132

58 Rudolf Steiner: Soziale Zukunft. Sechs Vorträge, 24.–30. 10. 1919, Dornach 1977, S. 60f.

59 Schumpeter sieht sogar jede Steuer als Störfaktor für die Wirtschaft an. »Es liegt im Wesen jeder Steuer, daß sie ein Fremdkörper im kapitalistischen Wirtschaftsprozeß sein muß.« Aufsätze zur Wirtschaftspolitik, a. a. O., S. 108

60 Richard A. Musgrave, in: Konsumorientierte Neuordnung des Steuersystems, a. a. O., S. 40

61 Zit. nach: ebd.

62 Schumpeter, Aufsätze ..., a. a. O., S. 125f.

63 Rose, a. a. O., S. 9

64 Ebd., S. 14

65 Ebd., S. 15

66 Hardorp, a. a. O., S. 104

67 Bürgersteuer – Entwurf einer Neuordnung von direkten Steuern und Sozialleistungen (= Schriftenreihe des Frankfurter Instituts für wirtschaftspolitische Forschung, Nr. 4), Frankfurt a. M. 1986

68 Rose, a. a. O., S. 10

69 Ebd., S. 10f.

70 Vgl. Monika Kaiser: Konsumorientierte Reform der Unternehmensbesteuerung, Heidelberg 1993

71 Schumpeter, Aufsätze ..., a. a. O., S. 125f.

72 Hardorp, a. a. O., S. 105

73 Schumpeter, Aufsätze ..., a. a. O., S. 111

74 Rose, a. a. O., S. 29

75 Ebd.

76 Klaus Tipke: Die Steuerrechtsordnung, Köln 1993, Bd. 2, S. 570ff.

77 Hardorp, a. a. O., S. 106

78 Ebd.

79 Joachim Lang, in: Hardorp, a. a. O., S. 292; ders.: Verwirklichung von Umweltschutzzwecken im Steuerrecht, in: Umweltschutz im Abgaben- und Steuerrecht, hrsg. v. Paul Kirchhof, Köln 1993, S. 149

80 »Auch aus einem anderen Grunde könnte die frappierend einfache Gedankenkette Ziel – Konsum – zu besteuernde Leistungsfähigkeit unvollständig erscheinen. Es fragt sich, ob nicht auch die Art der Staatsausgaben zu betrachten ist. Ein Teil der Staatsausgaben tritt nicht an die Stelle gegenwärtigen privaten Konsums, sondern weist eher Bezug zu Vermögensbeständen

auf. Daher kann wohl eine Einkommenssteuer, die ja nicht nach konsumtiver und sparend/investiver Verwendung des Einkommens unterscheidet, stärker mit einem gesellschaftlichen Konsens rechnen.« Theodor Siegel, in: Hardorp, a. a. O., S. 522

81 Tipke, Die Steuerrechtsordnung, Bd. 3, S. 1065

82 Wirtschaftsecho 8/1993, S. 13

83 BVerfGE 16.147(161)

84 Ebd.

85 Tipke, Die Steuerrechtsordnung, Bd. 1, S. 79

86 Joachim Lang, in: Kirchhoff (Hrsg.): Umweltschutz im Abgaben- und Steuerrecht,a. a. O., S. 133

87 Paul Kirchhof: Verfassungsrechtliche Grenzen von Umweltabgaben, in: ebd., S. 5

88 Ebd.

89 Ebd., S. 11

90 Ebd., S. 23

91 Süddeutsche Zeitung, 22./23. 8. 1992, S. 13

92 Günter Schmölders, Kuriosa des Steuerrechts, in: Mit dem Zehnten fing es an, a. a. O., S. 250

93 Ebd.

94 Vgl. Flockermann: Stellenwert des Umweltschutzes im Rahmen der Steuerpolitik, in: Kirchhoff (Hrsg.): Umweltschutz im Abgaben- und Steuerrecht, a. a. O., S. 70f.

95 Ebenso inzwischen der nordrhein-westfälische Umweltminister Klaus Matthiessen. Vgl. Der Tagesspiegel, 17. 11. 1992, S. 2

96 Handelsblatt, 12. 7. 1992, S. 6

97 Vgl. Bericht in: Ökologische Briefe 27/1993

98 Vgl. dazu: Eberhard Moths: Die Preise schweigen, in: Merkur 5/1993, S. 455ff.

99 Als Dirigismus gilt auch staatliche Preisfestsetzung. Vgl. dazu: Gabler Wirtschaftslexikon, Sp. 1268

100 Boris Groys, in: FAZ, 16. 5. 1992 (Beilage)

101 Ebd.

102 Frankfurter Allgemeine Zeitung, 26. 8. 92, S. 11

103 Stanislav Lem, in: Frankfurter Rundschau, 22. 8. 1992, S. 3 (Beilage)

104 »Die Hotelling-Regel besagt, daß der Ressourcenpreis (Verkaufs- oder Schattenpreis) mit dem Realkapitalzinssatz bzw. mit der Grenzproduktivität des Kapitals steigen muß. Begründung in einem Marktmodell: Die einzige Möglichkeit des Ertrages eines nicht abgebauten Ressourcenbestandes

für seinen Eigentümer besteht im steigenden Preis, die Preissteigerungsrate der Ressource entspricht deshalb deren Verzinsung, die für alle Vermögensarten, auch für Realkapital, gleich sein muß.« Gabler Wirtschaftslexikon, Sp. 2434

105 Dickertmann, in: Umweltschutz im Abgaben- und Steuerrecht, a. a. O., S. 52

106 Claus Thomasberger, in: Ökologisch wirtschaften, hrsg. v. Hans Glauber/Reinhard Pfriem, Frankfurt a. M. 1992

107 Vgl. dazu S. 102

108 Mohssen Massarrat: Endlichkeit der Natur und Überfluß in der Marktökonomie, Marburg 1993, S. 214

109 Ebd., S. 216

110 Thomas von Randow, in: Die Zeit, 16. 8. 1991, S. 58

111 Ulrich Beck, in: Der Spiegel 33/1991, S. 50

112 Die Spareinlagen mit gesetzlicher Kündigungsfrist betrugen im Jahr 1991 rund 500 Milliarden DM. Ungeachtet des erheblich gestiegenen Zinsniveaus für Ausleihungen hielten die Banken an einem »Eckzins« von 2,5 Prozent für Spareinlagen mit gesetzlicher Kündigungsfrist fest. Die Zinsen für solche Spareinlagen hätten um mindestens 1 Prozent angehoben werden müssen. Die Sparer sind damit um eine Zinseinnahme von 5 Milliarden DM gebracht worden. Inzwischen gewähren die Banken und Sparkassen bei nahezu der Hälfte der gesamten privaten Spareinlagen Sonderkonditionen. (Deutsche Bundesbank, Monatsbericht Mai 1994, S. 35)

113 Vgl. dazu S. 81

114 Mitgliedverbände sind der Bundesverband der Deutschen Volksbanken und Raiffeisenbanken e. V., der Bundesverband Deutscher Banken e. V., der Deutsche Sparkassen- und Giroverband e. V., der Verband der Lebensversicherungs-Unternehmen e. V., der Verband der Privaten Bausparkassen e. V., der Verband Deutscher Hypothekenbanken e. V. und der Verband öffentlicher Banken e. V.

115 Jahresbericht 1988/1989 der Gemeinschaft zum Schutz der deutschen Sparer, Bonn, S. 4

116 Ebd., S. 4ff.

117 Ebd., S. 12

118 Ebd., S. 14

119 Vgl. dazu Dieter Duwarday u. a., Geldtheorie und Geldpolitik Köln ^{4}1993, S. 425, sowie Mitteilungen und Kommentare zur Geldwertstabilität Nr. 6, Bonn 1994, S. 1 ff.

120 »Das breite Geldmaß M 3 rennt davon. Warum genau, ist nicht klar.« Financial Times, 21. 5. 1992, S. 3
121 Schaal, a. a. O., S. 228
122 Claus Noé, in: Die Zeit, 21. 8. 1992, S. 35
123 Die Zeit, 17. 7. 1992, S. 19
124 Handelsblatt, 17./18. 7. 1992, S. 4
125 Geschäftsbericht 1992 der Deutschen Bundesbank, S. 15
126 Gabler Wirtschaftslexikon, Sp. 1016
127 Ebd., Sp. 1009
128 Immler, a. a. O., S. 227
129 Peter Koslowski: Die postmoderne Kultur, München 1987, S. 113
130 Ebd.
131 Nikolaus K. A. Läufer, in: Die Bank 9/1990, S. 484
132 Geschäftsbericht der Deutschen Bundesbank für das Jahr 1990, S. 18
133 Ebd., S. 19
134 Zit. nach: Dritter Bericht der Enquête-Kommission des 11. Deutschen Bundestages: Vorsorge zum Schutz der Erdatmosphäre, Bd. 1, Bonn 19, S. 331
135 Siehe dazu S. 269f
136 Schaal, a. a. O., S. 291
137 Issing, a. a. O., S. 188ff.
138 Schaal, a. a. O., S. 283
139 Mit den Prioritätsstufen setzt sich ausführlich J. Niehaus auseinander. Vgl. dazu: Schaal, a. a. o., S. 283; vgl. auch Otmar Issung, Einführung in die Geldpolitik, München [4]1992, S. 235ff.
140 Ebd.
141 Ebd.
142 Ebd., S. 284
143 Laut Geschäftsbericht 1992 der Deutschen Bundesbank erreichte die Staatsausgabenquote 1992 die Rekordzahl von 53 Prozent des gesamtdeutschen nominalen Bruttosozialprodukts, die Abgabenquote stieg auf 41,5 Prozent des Sozialprodukts, womit sie den höchsten Stand seit Bestehen der Bundesrepublik erreichte.
144 Schaal zeigt leider en passant ein sehr eigenartiges Verständnis von sozialer Absicherung von Arbeitslosen und Erwerbsunfähigen, wenn er insinuiert, der Staat wolle die soziale Absicherung von »nicht Arbeitswilligen« verbessern.
145 Schaal, a. a. O., S. 284
146 Ebd., S. 230

147 v. Weizsäcker, a. a. O., S. 165
148 Hans-Peter Dürr: Ökologische Zähmung der widerspenstigen Ökonomie, in: Frankfurter Rundschau, 13. 7. 1992, S. 8
149 Vgl. Leipert, a. a. O.
150 Konrad Seitz, in: Wirtschaftswoche 36/1991
151 Herald Tribune 23/1991; vgl. auch Streib/Ellers, a. a. O.
152 DPA-Bericht, 19. 9. 1991
153 Die Welt, 29. 11. 1991, S. 14
154 George Friedman/Meredith Lebard: The Coming War with Japan, New York 1991
155 Ivan Botskor: Der Technostaat plant seine Zukunft, in: Politik und Zeitgeschichte, B19, 6. 5. 1988, S. 19
156 Die Zeit, 25. 1. 1991, S. 78
157 Zit. nach: Treibhaus Mars als Ersatz für die Erde, in: Frankfurter Rundschau, 24. 6. 1991, S. 3
158 Der Tagesspiegel, 26. 9. 1991
159 International Herald Tribune, 24./25. 12. 1992, S. 7
160 VDI Nachtichten 50/1991, S. 13
161 Ebd.
162 Luzifer-Gnosis, 1903–1908, S. 191
163 Rudolf Steiner: Inneres Wesen des Menschen und Leben zwischen Tod und neuer Geburt, in: Gesamtausgabe, Dornbach 1959, 6. Vortrag, S. 164f.
164 Stephan Schmidheiny: Kurswechsel, München 1992, S. 27
165 Gabler Wirtschaftslexikon, Bd. 4, Sp. 2797
166 Schmidheiny, ebd., S. 129ff.
167 Vgl. Benediktus Hardorp: Preis, Einkommen, Steuer, in: Ökonomie und Ethik, Freiburg 1990, S. 104
168 Hans Diefenbacher, in: Informationsdienst IÖW/VÖW 2/1992, S. 2
169 Ebd., S. 1
170 Der Tagesspiegel, 28. 2. 1992
171 Ebd.
172 Winfried Wolf: Warum fahren wir nicht einfach alle Taxi?, in: Natur 9/1991

Wege aus der Krise

1 Hartmut Kunstmann, in: Wirtschaftswoche, 3. 4. 1992, S. 172
2 Der Spiegel 3/1990, S. 93

3 Die kleine Verfassungsrevision des Jahres 1994 hat leider die Verbraucherrechte ausgespart.

4 Wirtschaftswoche 36/1991, S. 12

5 Seit 1991 beziehen sich die Zahlen auf Gesamtdeutschland, also West- und Ostdeutschland zusammen.

6 Monatsbericht der Deutschen Bundesbank 5/1992

7 Der Tagesspiegel, 30. 10. 1992, Beilage »Geldmarkt und Kapitalanlage«, S. 1

8 Bundesbankbericht, Mai 1992, S. 20

9 Issing, a. a. O., S. 140

10 Ebd.

11 Schmidheiny, Kurswechsel, S. 91

12 Ebd.

13 Ebd., S. 99

14 Süddeutsche Zeitung, 17./18. 11. 1992

15 Ebd.

16 Thomas Fröhlich, in: Süddeutsche Zeitung, 13./14. 6. 1992, S. 33

17 Wirtschaftswoche 22/1992, S. 53

18 Ebd.

19 Zit. nach: Frankfurter Rundschau, 5. 6. 1992, S. 5

20 Hafez Sabet: Die Schuld des Nordens. Der 50-Billionen-Coup, Bad König 1991, S. 81

21 Wilhelm Hankel: John Maynard Keynes, München 1986, S. 134

22 Ebd., S. 70ff. und S. 133f.; Wesen und Funktion des Geldes, Stuttgart 1989, S. 323ff.

23 Hankel, a. a. O., S. 133

24 John Maynard Keynes: Vorschläge zu einer Internationalen Clearing-Union, in: Wesen und Funktion des Geldes, a. a. O., S. 327f.
In den Bestimmungen des Planes heißt es: »Für jeden Mitgliedsstaat wird die Höhe seiner maximal erlaubten Verschuldung gegenüber der Union festgelegt und als seine Quote bezeichnet. Die Anfangsquoten könnten unter Bezugnahme auf die Summe aller Exporte und Importe eines jeden Landes, basierend auf dem Durchschnittswert der letzten drei Jahre, festgelegt werden.« Kritisch dazu: Hajo Riese, Theorie zur Inflation, Tübingen 1986, S. 286f.

25 Hankel, a. a. O., S. 98f.

26 Hans Christoph Binswanger/Heinz Frisch/Hans Georg Nutzinger u. a.: Arbeit ohne Umweltzerstörung, Frankfurt a. M. 1983, S. 254f.

27 Süddeutsche Zeitung, 25. 4. 1991, S. 43

28 Wirtschaftswoche, 29. 5. 1992, S. 31

29 EG-Informationen 3/1992, S. 1

30 Hermann Priebe: Die subventionierte Naturzerstörung, München 1990, S. 124

31 Der Unternehmensertrag der ökologischen Landbaubetriebe wäre 1993 um 18 267 DM geringer gewesen, wenn man entsprechend den Vergleichszahlen von Priebe für das Jahr 1988 die bei Getreide, Kartoffeln und Milch erzielten Erlöse auf das Preisniveau der konventionellen Betriebe abgesenkt hätte. Umgerechnet wäre das eine Verminderung des Betriebseinkommens auf 522 DM je Hektar landwirtschaftlich genutzter Fläche. Da die Marktordnungskosten mit 800 DM je Hektar landwirtschaftlich genutzter Fläche seit 1988 in etwa gleich geblieben sind, könnten den Bio-Bauern sogar noch höhere Preise zugestanden werden, wenn die Marktordnungskosten entfallen und den Verbrauchern in sozial gerechter Relation durch Steuerentlastung und Aufstockung von Sozialleistungen zugute kommen. Berücksichtigt man außerdem die Finanzhilfen des Bundes und der Länder für die Landwirtschaft, die sich laut Agrarbericht 1994 im Jahr 1993 auf 17 Milliarden sumierten, ergibt sich eine Subvention des konventionellen Landbaus in Höhe von 1 790 DM je Hektar landwirtschaftlich genutzter Fläche. Wird diese Subvention gestrichen, bleibt damit ein sehr breiter finanzieller Spielraum für Preiserhöhungen zugunsten einer Landwirtschaft, die auf die Einhaltung strikter ökologischer Rahmenbedingungen verpflichtet wird. Auf mittlere Sicht dient daher die Umstellung der Landwirtschaft auf ökologische Methoden nicht nur der Umwelt, sondern auch der dringend notwendigen Rückführung der Staatsausgaben.

32 Vgl. dazu Uli Zerger: Ökologischer Landbau im Agrarbericht der Bundesregierung, in: Landwirtschaft 94. Der kritische Agrarbericht, hrsg. vom Agrar-Bündnis, Bonn 1994, S. 39ff.

33 Hans Christoph Binswanger, in: Neue Zürcher Zeitung, 3./4. 5. 1992, S. 9

34 Ebd.

35 Der Spiegel 22/1992, S. 244

36 Binswanger, a. a. O., S. 9f.

37 Günter Pommer, in: Lebendige Erde 6/1989, S. 414f.

38 Ebd., S. 415

39 Zeitung für kommunale Wirtschaft 4/1992

40 Ebd.

41 Frankfurter Allgemeine Zeitung, 16. 6. 1992, S. 15

42 Arnim Beckmann u. a.: Ökologischer Landbau ist flächendeckend machbar, in: Politische Ökologie, H. 33, Sept./Okt. 1993

43 Titus Bahner: Ökonomische Rationalität im ökologischen Landbau, in: Lebendige Erde 2/1990

44 Ebd.

45 Ebd.

46 Iring Fetscher, in: Der Tagesspiegel, 1. 9. 1991, S. 23

47 Friedrich Cramer, in: Erkennen als geistiger und molekularer Prozeß, Weinheim 1991, S. 226

48 Hans Immler: Welche Wirtschaft braucht die Natur? Frankfurt a. M. 1993, S. 160

49 Massarrat, a. a. O., S. 228

50 William H. Calvin: Die Symphonie des Denkens. Wie aus Neuronen Bewußtsein entsteht, München 1993